U0104050

禮記鄭王比義發微

史應勇　著

序

六經之傳，發軔於夫子，導源於王官。王官之書，若今所見西周銅器古籀銘文，雖偏旁不無增省變化，要當相去不遠。逮及夫子之傳七十子，七十子之傳經四方也，字跡蛻演於東西，聲韻暌離於南北。西漢魯壁所出古文經，其字體和出土六國古文相當與否，誠不敢必，而其倉促各記方音，師心隨意增損，是可責而知者也。不然，何以戰國諸子引經，同篇異名，同文異字，致有不知所云不可卒讀者歟！始皇睥睨六國，高祖劍指嬴秦，六經省籀化篆成隸，去古益遠，以致張蒼能釋讀古文，目為稀有。漢代經典文字，多從秦博士篆文轉譯，秦音楚聲，各互乖舛；復有魯壁古文之出，山巖奇字所獻，同言異字，百人千面。昔荀悅有言：「仲尼邈而靡質，昔先師歿而無聞，將誰使折之者。秦之滅學也，書藏於屋壁，義絕於朝野，逮至漢興，收摭散滯，固已無全學矣。文有磨滅，言有楚夏，出有先後，或學者先意有所借定，後進相放，彌以滋蔓，故一源十流，天水違行，而訟者紛如也。」[1]已矣夫！伊經師之傳經也，非唯不能盡釋古文，於舛亂無法卒讀之今文，亦莫能展籌，於是不得已而自我作古，不得已而破壞形體，是讀曰、讀為、讀若、當為之辭應用而生矣。當其讀甲為乙，破假借而得其本字，使文意豁然貫通，疑義渙然冰釋，還原夫子、王官

---

1 荀悅撰、黃省曾注、孫啓治校補《申鑒注校補·時事第二》，中華書局，2012年，頁54。

原義，口授簡傳，固足為群從子弟師法家法矣。然籀篆之變，古文之亂，有非讀曰讀為所能解者，若經師不守尼父闕慎之戒，則唯有專務便辭巧說，不惜碎義逃難矣。然碎義巧說未能得經義、洽聖意，乃有後之經師讀丙讀丁之說生焉，勢所必也。更有斷簡闕句，殘簡缺字，壞簡滅跡，錯簡舛義種種，更非讀曰讀為所可通者，經師或知或不知，強為之讀說，乃有後之經師讀戊讀己之說出而糾之，亦勢所必也。然雖解者歧出，訟者紛如，其能得幾多夫子、王官本意，予猶有疑焉。甚矣，周秦八百年中，籀篆文字劇變，諸子學說爭競，經典解說更替，欲確得周公、孔父製作、傳述之深意，殊非易也。兩漢經學之發生發展，實乃一部由經師恪守承繼師法與移易突破師說交互作用之演進史。予嘗閱《周禮注》，有杜子春讀說，有鄭司農讀說，有鄭大夫讀說，亦有康成祖杜祖鄭乃至置杜置鄭而自讀自說者；閱《毛傳鄭箋》，康成亦時有非毛背毛而自讀自解者。歷觀漢魏六朝經師五經傳注解詁，或是乙非甲，或立新破舊，或黨同伐異，或遞相是非，師法之內，家法之外，莫不皆然。可覘經師傳經解經，有師承恪守之同，亦有私意紛爭之異，其同者使人易忽，而異者示人多警。

　　康成碩儒，囊括大典，薈萃眾說，遍注群經。前賢師說，是則是之取之承之，非則非之申之補之，即毛公、子春、司農甚或乃師馬融，亦不稍寬假。此經師康成所以為百世大儒之康成也。夫稟天資，懷雄才，立偉業，留鴻著，享盛名，殆事理所趨，人情所許，然亦有事功相壘而情理向背、為物論所非者，王子雍是已。子雍生長名門，從學名師，仕宦亨通，識廣見多，彼其縱天資，逞雄才，亦遍注《書》、《詩》、《三禮》、《論語》、《左氏傳》及《易》，且於康成之注，駁斥非難，亦不稍寬假。然其學雖盛極一時，其人終致被以造偽經、傳偽書，專與大儒康成作對為敵之罵名。

　　予嘗按跡鄭王紛爭公案，其曲折有可說者：子雍生當康成末年，

開蒙初學，即為鄭學。既而自成一家，欲剔發鄭謬，逆流而行，方際鄭學風行一統之際，遂成鄭王對壘證聖之局。及清儒舉許鄭之大纛，暢六書之字學。索斑求玼，疑《家語》、《孔叢》非真；求異勘同，闢《尚書》古文之偽。乃溯源於魏晉，追本於子雍，淪為箭靶，頻遭攻訐。

予又嘗按跡集矢於子雍之原委，其心曲亦有可噭點者：子雍《家語序》云：「鄭氏學行五十載矣，自肅成童，始志於學，而學鄭氏學矣。然尋文質實，考其上下，義理不安，違錯者多，是以奪而易之。」[2]志學於鄭學風行之時，學鄭學也固宜；鄭學有義理不安，違錯乖舛，亦著述學術之常也；糾之正之，以還經義之真，正後學之責，其誰曰不然乎？何以橫心必欲「奪而易之」？其爭勝之心、伐異之情躍然紙上。以此心理，出示孔猛所藏《家語》，而師古指為非《漢志》之原書，非真即偽，遂有造作之嫌矣。由偽《家語》進而造《古文》、製《孔叢》，所謂疑人偷斧，惡歸下流者也。

然予更進而深究子雍所以欲「奪而易之」者，亦可鑒其不得已之時局隱情。夫漢武立五經博士，光武更為十四博士，所傳皆今文，故熹平鐫刻石經，全取今文家文本。火德生土，魏祚易漢，黃初掃太學之灰燼，正始復古文之官學，歷經丕叡芳髦，波及《詩》、《書》、《易》、《禮》。子雍官拜太常，姻聯司馬，學率群儒，氣盛同儕，當今古文盛衰交替之時，而欲因革雜糅今古、牽涉讖緯之鄭學，則奪而易之，亦學術變遷、我是人非時勢使然者也。必欲糾責子雍居叵測之心，盜欺世之名，亦微有過矣。

王學之興於曹魏，行於兩晉，偃息於陳隋，至李唐頒行義疏，一統學術，頓成碎義陳說，不為人重。今取《聖徵論》觀之，有多採

2　高尚舉、張濱鄭、張燕《孔子家語校注》，中華書局，2021年，頁664。

《家語》者，如《尚書》「禋于六宗」引《家語》以四時、寒暑、日、月、星、水旱為六宗，同於孔傳，異於康成星、辰、司中、司命、風師、雨師之解；《周禮》「凡王之獻」引《家語》「臣取於君曰取，與於君謂之獻」，異於康成「古者致物於人，尊之則曰獻」之訓；人由此攻之，以為造《家語》以駁詰康成也。然《家語》有同於先秦《尸子》者，如〈樂記〉「昔者舜作五絃之琴，以歌〈南風〉」，康成未聞其辭，乃云「南風，長養之風，以言父母之長養己」。子雍則據《尸子》、《家語》所載，謂「昔者舜彈五弦之琴，其辭曰：『南風之薰兮，可以解吾民之慍兮；南風之時兮，可以阜吾民之財兮。』」而謂「鄭云其辭未聞，失其義也」。若《家語》子雍所造，以獨得之秘勝康成，則何必更揭《尸子》？《漢志》載《尸子》二十篇，先秦書也，康成未見，亦屬正常。

其有採賈逵說者，如《禮記》「天子犆礿祫禘祫嘗祫烝」引賈逵說，與康成異解，並云「《逸禮》又云皆合升於其祖，所以劉歆、賈逵、鄭眾、馬融皆以為然」，有採馬融說者，如《詩·生民》「履帝武敏歆」引馬融說，與康成異解。觀子雍所採之劉歆、賈逵、鄭眾、馬融等，皆古文大家，亦可悟其所祖在古文，而不斤斤於攻鄭以自立也。

子雍以《家語》所載駁康成，見諸《聖徵論》者多矣，然其亦有採鄭說以注《家語》者，如《詩·小雅·節南山》「天子是毗，俾民不迷」毛傳：「毗，厚也。」鄭箋：「毗，輔也。」《釋文》：「毗，王作埤，厚也。」今《家語·始誅》引此詩作「毗」，子雍注：「毗，輔也。」此條可論者，王學《詩》文本作「天子是埤」，子雍注同毛傳，而其注《家語》卻同鄭箋。若必欲處處與鄭為敵，其取古文毛傳之「厚」可矣，何必從古今雜糅之鄭箋？更有明言用鄭義者，《通典》卷七九載魏明帝崩，尚書問子雍，以明帝之諡告四祖，祝文對高皇帝是否自稱「玄孫之子」，子雍明確云：「禮稱『曾孫某』，謂國、

家也。荀爽、鄭玄說皆云天子、諸侯事。」[3]此稱謂未有今古文經說之別，故子雍援康成說為準。此見其絕非見鄭必反者，所欲異者，多在堅守古文經說而已。

論者又謂子雍為與康成爭名，康成遍注《易》、《書》、《詩》、《三禮》、《孝經》、《論語》，子雍亦注之；康成不注《公》、《穀》、《爾雅》、《孟子》，子雍亦不注。子雍之注《左傳》，殆以康成有《左傳注》稿，因見服子慎所注與己多同而與之，[4]遂謂「王氏注之異服者，亦所以異鄭也」。[5]予謂此論皮相，未得今古文興替之實也。夫《爾雅》義類訓詁，乃注經用書；《孟子》百家子書，不在太學研習之列，鄭、王不注，宜也。《公羊》今文，《穀梁》亦在今古之間，鄭、王不注，亦宜也。《左傳》古文，康成欲注，經也，不得已而與子慎，權也。若以爭勝為懷，《左傳》既無鄭注，子雍再注，可謂無的放矢。考正始刻三體石經，兼刊《左傳》，此見齊王時已立學官，子雍治《左》，殆為當時所立古文博士故也，[6]與康成注否無涉。

子雍群經之注，唐以後多散佚不傳。清人輯佚成風，多有衰輯，然散在各處，難以比觀。李振興博士窮蒐典獻，匯王肅群經傳注殘文於一編，分經編排，遍徵學者之說，斷以己意，蓋為近代以來研究王肅之最詳盡者。唯李氏雖時有是王非鄭平心之論，然其篤信子雍編造偽書，爭勝康成，故諷王袒鄭，顧此失彼，不無纇疵。予友史君應勇，繼李氏之後，嘗著《鄭玄通學及鄭王之爭研究》，亦徵輯子雍殘文，與康成一一比勘，識其同異。既而更張體式，專就鄭王經義比其

3　杜佑《通典》卷七九，中華書局，1988年，頁2132。

4　事見劉義慶著、徐震堮校箋《世說新語·文學》，中華書局，1984年，頁105。

5　見李振興《王肅之經學》，國立政治大學中國文學研究所博士論文，台灣嘉新水泥公司文化基金會研究論文第三六六種，1980年，第780頁。

6　魏初樂詳從南陽步詣謝該問疑難，著有《左氏樂氏問七十二事》，黃初中微拜博士，見《三國志·魏志·杜畿傳》裴松之注引魚豢《魏略》，中華書局，1959年，頁507。

義訓，發其微旨，先成《〈尚書〉鄭王比義發微》，予嘗序之矣，繼又作《〈毛詩〉鄭王比義發微》，今《禮記鄭王比義發微》又殺青待刊，復來徵一言弁首。予度其志，必將遍徵子雍存世殘文，一一與康成比勘，以畢一功，是極可喜者也。蓋鄭王經義異同之梳理，非唯關涉兩漢魏晉今古文經學升沉興替，其於經學乃至經學史諸多學術公案，如何既不吠影更不吠聲，而能由經義異同推之今古文異同、推之心曲異同以至觀照歷史背景，平其心，同其情，作客觀之評述，有借鑒意義。學術研究、歷史研究，首當注重心術，而研究歷史人物心術，更首當檢視吾人之心術，恪遵夫子勿意勿必勿固勿我之教。此予讀應勇兄鄭王公案諸書之一得，敢書以質諸世之博雅君子，敬祈教誨云爾。

辛丑仲冬初六日虞萬里於榆枋齋

凡例

一、本稿比勘之《禮記》鄭、王注，所指為小戴《禮記》。

二、書中《禮記》本文及鄭注文字，均以新刊呂友仁整理本《禮記正
　　義》（上海市：上海古籍出版社，2008年）為據。

三、唐宋人文獻中徵引王肅注經語涉及《禮記》者頗多，本稿所錄只
　　收其中可與鄭玄《禮記》注文對應比勘者，不可對應比勘者則不
　　收。所謂可對應比勘者，指鄭、王解義文字具有比勘意義，有些
　　鄭釋此而王釋彼，文義不相關，無對應比勘意義，此類筆者不
　　收；還有的鄭不為注，王肅則為之注，此類亦無比勘意義，亦不
　　收。然有些經文下《正義》所引王肅注雖與本條鄭注無對應比勘
　　意義，然與它經鄭注有直接比勘意義，此類筆者亦收錄。

四、王肅經學注述文獻後世均不存，殊為學界憾事。本稿在清人輯佚
　　及近人進一步研探王肅學術的基礎上，盡可能窮盡所有可搜集到
　　的王肅注經文字，然後與鄭注加以比勘分析。

五、全稿共集錄鄭、王《禮記》注可對應比勘條目一二五條，內容
　　涵蓋小戴《禮記》中的二十八篇，餘〈文王世子第八〉、〈禮運第
　　九〉、〈學記第十八〉、〈祭統第二十五〉、〈經解第二十六〉、〈孔子
　　閒居第二十九〉、〈中庸第三十一〉、〈緇衣第三十三〉、〈奔喪第
　　三十四〉、〈問喪第三十五〉、〈間傳第三十七〉、〈三年問第三十
　　八〉、〈深衣第三十九〉、〈大學第四十二〉、〈冠義第四十三〉、〈昏
　　義第四十四〉、〈鄉飲酒義第四十五〉、〈射義第四十六〉、〈燕義第
　　四十七〉、〈聘義第四十八〉、〈喪服四制第四十九〉二十一篇，清

人輯佚及傳世文獻中未能搜到可與《禮記》鄭注可對應比勘之王
肅注文。

六、鄭、王注經文字均質略，不借助後人解讀難究其詳，故本稿在分
析鄭、王注義時，廣泛徵引孔穎達《正義》及歷代相關《禮記》
注解文字，不可稱備引，但主要的歷代《禮記》相關注解文字都
已引及，對於解決鄭、王《禮記》比義的問題可稱文獻佐證完備。

目次

曲禮上第一

一　敖不可長，欲不可從，志不可滿，樂不可極。

鄭注：「四者，慢遊之道，桀紂所以自禍。」[1]

王注：「敖，五高反，遨遊也。長，直良反。」[2]

案：《釋文》：「敖，五報反，慢也。王肅五高反，遨遊也。長，丁丈反，盧植、馬融、王肅並直良反。……從，足用反，放縱也。樂，舊音洛，皇侃音岳。……」孔穎達《禮記正義》：「此一節承上人君敬慎之道。此亦據人君恭謹節儉之事，故鄭引桀、紂以證之。『敖不可長』者，敖者，矜慢在心之名；長者，行敖著跡之稱。夫矜我慢物，中人不免。若有心而無跡，則於物無傷；若跡著而行用，則侵虐為甚，傾國亡家，必由於此，故戒不可長。……注『四者』至『自禍』○案《尚書》、《史記》說紂惡甚多，不可具載。皇氏云：『斮朝涉之

1　以下《禮記》經文及鄭注文字均以新刊呂友仁整理本《禮記正義》（漢‧鄭玄注，唐‧孔穎達正義，主編：張豈之，副主編：周天游、王興康、金良年，執行編輯：王立翔、呂健，呂友仁整理，上海市：上海古籍出版社，2008年9月第1版。以下簡稱「呂友仁整理本」）為據。

2　唐宋人文獻中所引王肅注經語涉及《禮記》者頗多，以下所錄只收鄭、王義解可對應比勘者，不可對應比勘者則不收。所謂可對應比勘者，指鄭、王解義文字具有比勘意義。有些鄭釋此而王釋彼，文義不相關，無對應比勘意義，此類筆者不收；還有的鄭不為注，王肅則為之注，此類亦無比勘意義，亦不收。然有些經文下《正義》所引王肅注雖與本條鄭注無對應比勘意義，然與它經鄭注有直接比勘意義，此類筆者亦收。

脛，剖賢人之心，是長敖也。……」」[3]敖，依《廣韻》五勞切，即王
肅音五高反。而《釋文》音五報反。其義當溯自《尚書》〈益稷〉：禹
敬勸「帝」「無若丹朱傲，惟慢遊是好」。此「傲」即此〈曲禮〉之
「敖」。《釋文》曰「慢也」，即今所謂散慢不自律也，與後世所謂
「傲慢」，意略有別。孔穎達《正義》曰「無若丹朱之傲，惟慢褻之
遊是其所好」。此為其本意。《尚書》言丹朱之「傲慢」之具體表現為
「傲虐是作，罔晝夜頟頟，罔水行舟，朋淫於家，用殄厥世」。孔
傳：「傲戲而為虐，無晝夜常頟頟肆惡無休息。朋，群也。丹朱習於
無水陸地行舟，言無度。群淫於家，妻妾亂用，是絕其世，不得
嗣。」[4]其實王肅所謂「遨遊」，亦當為此意，非後世所謂「遨遊太
空」之「遨遊」也，是散慢不自律、放任之閑遊也。鄭所謂「慢遊」
亦為此意，非後世俗語謂「漫遊全國各地」之「漫遊」也。《詩》〈鹿
鳴〉注疏文頗可互證此義。〈鹿鳴〉曰：「呦呦鹿鳴，食野之蒿。我有
嘉賓，德音孔昭。視民不恌，君子是則是傚。我有旨酒，嘉賓式燕以
敖。」《毛傳》：「敖，遊也。」孔疏：「……嘉賓之賢如是，故我有旨
美之酒，與此嘉賓用之，燕飲以敖遊也。」[5]是敖遊有縱樂之意。

　　由此可見，鄭、王於此處訓詁並無不同，合王肅注《禮》有補鄭
注之未備例[6]。鄭此條未具體解讀「敖」、「長」二字，王肅則補之。

3　呂友仁整理本：《禮記正義》，頁7-8。

4　《尚書正義》，十三經注疏整理本編纂委員會，主編：張豈之；黃懷信整理；上海
　　市：上海古籍出版社，2007年，頁175。據考，經文「無若丹朱傲」一句前有「帝
　　曰」二字，「偽傳脫之也。史公有之。(詳《尚書今古文注疏》卷二)孫說甚是，今
　　從之。」(王世舜：《尚書譯注》，成都市：四川人民出版社，1982年，頁39)若依
　　此說，則此句說丹朱語，非禹敬勸「帝」語，而為「帝」自言。

5　《毛詩正義》，漢・毛亨傳，漢・鄭玄箋，唐・孔穎達疏，龔抗雲、李傳書、胡漸
　　逵、肖永明、夏先培整理，劉家和審定(北京市：北京大學出版社，2000年版)，頁
　　652。

6　王肅注經，多有補鄭注之未備者，非句句異鄭。

「傲」，後世多用為「傲慢」意。此實為漢語詞語意義在使用中逐漸發生意義重心偏移之例。「傲」與「慢」，由優遊閒散不自律意，逐漸變為「傲慢」之意。此二義自有前後承接關係，優遊閒散不自律至久，必生傲慢不敬意。且不同時代，人們隨著對於詞義理解、用法的變化，對於經義的理解也會發生變化。後之釋此句者，多解「敖」為傲慢、矜慢之意，皇侃、《釋文》、孔穎達《禮記正義》釋之如上，似已與鄭、王之解略有不同，已近今意。元・陳澔《禮記集說》引「應氏曰：敬之反為敖，情之動為欲，志滿則溢，樂極則反。」是敖，不敬之謂也。近古義。[7]清・孫希旦《集解》曰：「矜己淩物謂之敖」[8]。孫氏之解已用今意解之。然與古意之別，不可不注意。

二　……是以君子恭敬、撙節、退讓以明禮。鸚鵡能言，不離飛鳥；猩猩能言，不離禽獸。今人而無禮，雖能言，不亦禽獸之心乎？……

鄭注：「君子，卿大夫有異德者。」
王注：「君上位，子下民。」
案：孔穎達《禮記正義》：「『是以君子恭敬、撙節、退讓以明禮』者，君子是有德有爵之通稱。王肅云：『君上位，子下民。』又康成注〈少儀〉云：『君子，卿大夫若有異德者。』凡禮有深疑，則舉君子以正之。」[9]本條未見鄭康成解「君子」一詞。然《正義》所引王

7　元・陳澔《禮記集說》，上海古籍出版社影印世界書局本，1987年，頁1。（下引同，不再出注）
8　清・孫希旦：《禮記集解》，十三經清人注疏本，沈嘯寰、王星賢點校，中華書局，1989年第1版，1995年第2次印刷，頁4。（下引同）
9　呂友仁整理本：《禮記正義》，頁21。

蕭說，可與〈少儀〉首句「聞始見君子……」之鄭注文[10]比勘，故亦
列於此。可見對「君子」一詞之詮釋，鄭解注重德行意義，王注補其
政治意義。

三　惟薄之外不趨，堂上不趨，執玉不趨。堂上接武，堂
　　下布武，室中不翔。……

鄭注：「武，跡也。跡相接，謂每移足，半躡之。中人之跡尺二
　　　　寸。」「武，謂每移足，各自成跡[11]，不相躡。」

附注：接武，「王云『足相接也』。」布武，「王云『謂跡間容足』。」

案：孔穎達《禮記正義》：「此一節言趨步授受之儀。……『堂上接
武』者，武，跡也。既不欲疾趨，故跡相接也。鄭云『每移足，半躡
之』。王云『足相接也』。庾云『謂接，則足連非半也。』『武跡相
接，謂每移足，半躡之也，中人之跡一尺二寸』[12]，半躡之，是每進
六寸也。○『堂下布武』者，鄭謂『每移足，各自成跡，不半相
躡。』王云『謂跡間容足』。若間容足則中武。王說非也。」[13]

　　此條鄭、王義解可對應比勘者在「堂上接武，堂下布武」一句。
依鄭之義，步尤小；依王之義，步稍大。孔穎達引「庾云」以為鄭說

---

10 參呂友仁整理本：《禮記正義》，頁1369。

11 「武謂每移足各自成跡」，阮本、撫本、互注本同，嘉靖本同。岳本「武」上有
　　「布」字。毛居正《六經正誤》以為「武」字當作「布」，因為上句注已云「武，
　　跡也」，不當又云「武」。阮校則以為當從岳本。張敦仁《考異》不同意毛、阮二家
　　之說，認為「武」也是衍字，認為此注是總解經文「布武」二字，不復出經文，注
　　例如此者多矣。──呂友仁整理本：《禮記正義》，頁82。

12 呂友仁整理本《禮記正義》將「武跡相接，謂每移足，半躡之也，中人之跡一尺二
　　寸」一句亦標點為庾氏語。筆者不敢苟同，以為此當為孔穎達復述鄭玄注文，下一
　　句「半躡之，是每進六寸也」，即為孔疏鄭之語。

13 呂友仁整理本：《禮記正義》，頁52-53。

似步伐太小了，以王肅說為是。孔穎達以鄭說為是。清‧王夫之《禮記章句》：「武，足跡也。接武，跡相接，每移足躡前跡之半，其步密也。」[14]是亦以鄭說為是。孫希旦《集解》：「堂上接武，即徐趨；堂下布武，即疾趨也。疾趨張足，則布武矣。」[15]孫希旦解經頗取宋人說，頗多以大義解之，不關注其具體儀度。

四　若非飲食之客，則布席席間函丈。……

鄭注：「謂講問之客也。函，猶容也。講問宜相對，容丈，足以指畫也。飲食之客，布席於牖前。丈，或為杖。」

附注：「王肅以為『杖』，言古人講說，用杖指畫，故使容杖也。」

案：《釋文》：「函，……容也。丈，如字，丈尺之丈。王肅作『杖』。」孔穎達《禮記正義》：「此一節明客主之禮儀。……非飲食客，謂來講問者。布席，謂舒之，令相對。若飲食之客，不須相對。若講問之客，布席相對，須講說指畫，使相見也。『席間函丈』者，函，容也。既來講說，則所布兩席中間，相去使容一丈之地，足以指畫也。〈文王世子〉云：『侍坐於大司成，遠近間三席。』席之制，三尺三寸三分寸之一，則三席是一丈，故鄭云『容丈』也。○注『講問』至『為杖』○凡飲食燕饗，則賓位在室外牖前，列筵南饗，不得布席相對。相對者唯講說之客耳，不在牖前，或在於室。云『丈，或為杖』者，王肅以為『杖』，言古人講說，用杖指畫，故使容杖也。然二家可會。」[16]

---

14 清‧王夫之撰：《禮記章句》，影印上海辭書出版社圖書館藏清同治四年湘鄉曾氏金陵節署刻船山遺書本，《續修四庫全書》經部禮類（98）。（下引同，不再出注。）

15 清‧孫希旦：《禮記集解》，頁32-33。

16 呂友仁整理本：《禮記正義》，頁55-56。

　　此條鄭、王義解可對應比勘者仍在儀節度數之解，即「席間函
丈」。鄭經文作「丈」，解為「容丈，足以指畫也。」《正義》疏鄭義
為「所布兩席中間，相去使容一丈之地，足以指畫也。」然鄭注文尾
又曰：「丈，或為杖。」或鄭於此處亦存疑，以為作「杖」字亦可
通，只是自己所依據之文本作「丈」，故作「丈」解。王肅作「杖」，
或因所依據之經文本作「杖」？抑或因自己以為當作「杖」而逕改經
文作「杖」？存疑。作「杖」，意指兩席中間當容一杖之地，因「古
人講說，用杖指畫，故使容杖也。」又或一丈與一杖之地大略相同？
故《正義》又曰「二家可會」。王夫之《禮記章句》卷一：「函，空處
所容也。飲食之客，賓主各有定位，相去疏遠。若非飲食則講說須密
邇，故相對設席，去一丈。古一丈當今官尺六尺。凡言丈尺者放
此。」王夫之多尊鄭說。

五　水潦降，不獻魚鼈。獻鳥者佛其首⋯⋯

鄭注：「為其喙害人也。佛，戾也。蓋為小竹籠以冒之。」

附注：「『獻鳥者佛其首』者，王云：『佛，謂取首戾轉之，恐其喙害
　　　人也。』」

案：《釋文》：「拂，本又作『佛』，⋯⋯戾也。⋯⋯戾，力計反。」孔
穎達《禮記正義》：「此一節明獻遺人物及授受之儀，今各隨文解
之。⋯⋯『獻鳥者佛其首』者，王云：『佛，謂取首戾轉之，恐其喙
害人也。』鄭云：『佛，戾也。蓋為小竹籠以冒之。』案王、鄭義
同，而加籠籠之，為其喙害人也。」[17]

　　此條鄭、王義解可對應比勘者在「獻鳥者佛其首」一句。鄭、王

17　呂友仁整理本：《禮記正義》，頁88-90。

經文均作「佛」而不如《釋文》作「拂」，雖此「佛」有「拂」意。蓋古本作「佛」而後人因義而改經文作「拂」。就解義而言，《正義》以為鄭、王無不同。王夫之《禮記章句》卷一亦以為鄭、王義無不同：「佛，違戾也。為小竹籠籠其首，繫向後，恐其妄啄也。」然孫希旦《集解》曰：「鳥喙能傷人，故執以將命，必佛其首於翼下。鄭謂用小竹籠冒之，未知何據，豈因當時有此法而言之與？」[18] 此恐是孫希旦因尊宋人說而有意駁鄭也。

六 卒哭乃諱。

鄭注：「敬鬼神之名也。諱，辟也。生者不相辟名。衛侯名惡，大夫有名惡，君臣同名，《春秋》不非。」[19]

王注：「周人以諱事神，名終將諱之。始死哀遽，故卒哭乃令諱。」（《通典》卷一百四）[20]

案：《釋文》：「辟，音避，下皆同。」[21] 此條就諱名之事本身而言，鄭、王無不同義解。然鄭引《春秋》說解之，王則引周禮解之，角度不同。就本條經文而言，王肅之說較帖近經文本義。陳澔《禮記集說》：「葬而虞，虞而卒哭。凡卒哭之前，猶用事生之禮，故卒哭乃諱其名。」王夫之《禮記章句》卷一：「卒哭之前不忍以神事其親，故未諱。」

---

18 清・孫希旦：《禮記集解》，頁64。

19 呂友仁整理本：《禮記正義》，頁114。

20 唐・杜佑《通典》卷一百四，《禮》六十四，中華書局據原商務印書館萬有文庫十通本影印，1984，頁552。（下引同）

21 呂友仁整理本：《禮記正義》，頁114。

七　禮不諱嫌名，二名不偏諱[22]。

鄭注：「為其難辟也。嫌名，謂音聲相近，若禹與雨，丘與區也。偏，謂二名不一一諱也。[23]孔子之母名徵在，言『在』不稱『徵』，言『徵』不稱『在』。[24]……」

附注：《通典》卷一百四「禮不諱嫌名」下引王肅曰：「音相似者也。」[25]

案：《釋文》：「案漢和帝名肇，不改京兆郡；魏武帝名操，陳思王詩云『脩阪造雲日』；是不諱嫌名。」孔穎達《禮記正義》：「此一節論諱與不諱之事，各依文解之。……○『禮不諱嫌名』○注『若禹與雨、丘與區』○今謂禹與雨，音同而義異，丘與區，音異而義同。此二者各有嫌疑，禹與雨有同音嫌疑，丘與區有同義嫌疑，如此者不諱。若其音異義異，全是無嫌，不涉諱限，必其音同義同，乃始諱

22　「二名不偏諱」，《唐石經》同，各本同。阮校引毛居正略云：「偏，本作『徧』，與『遍』同，作『偏』誤。《正義》云『不偏諱者，謂兩字不一一諱也。』此義謂二字為名，同用則諱之，若兩字各隨處用之，不於彼於此一皆諱之，所謂『不徧諱』也。若謂二字不獨諱一字，亦通，但與鄭康成所注文意不合。」後之《九經三傳沿革例》、段玉裁《經韻樓集》等家皆主毛說。張敦仁《考異》則云：「毛說非也。鄭云『不一一諱』者，乃以『一』解『偏』，蓋一一者，皆偏有其一者也。毛誤讀鄭注及《正義》，造此臆說。又《檀弓下》同此文，亦可證。」俞樾《群經平議》是張說。朱大韶欲折衷二說，則云「偏」字不誤，而「偏與徧，古字通。」詳《實事求是齋經說》。——呂友仁整理本：《禮記正義》，頁144。楊天宇：《禮記譯注》楊天宇：《禮記譯注》（上海市：上海古籍出版社，1997年，頁38）逕改經文作「二名不徧諱」。

23　「偏謂二名不一一諱也」，各本同。《通典》卷一百四「謂」作「諱」。——呂友仁整理本《禮記正義》，頁144。

24　「言在不稱徵言徵不稱在」，各本同。《考文》引古本上「稱」字作「言」，《通典》卷一百四引「言徵不言在」句。阮校以為二「稱」字俱當作「言」，方與疏合。——呂友仁整理本《禮記正義》，頁144。

25　唐·杜佑《通典》卷一百四，《禮》六十四，頁552。

也。○『二名不偏諱』○注『孔子』至『稱在』……」[26]

　　此條鄭、王義解可對應比勘者主要在「禮不諱嫌名」一句，無不同。不贅。

八　廟中不諱

鄭注：「為有事於高祖[27]則不諱曾祖以下，尊無二也。於下則諱上。」[28]

王注：「祝則名君，不諱君也。」（《通典》卷一百四《禮》六十四）

案：孔穎達《禮記正義》：「『廟中不諱』者，謂有事於高祖廟，祝嘏辭說，不為曾祖已下諱也，為尊無二上也。於下則諱上也。若有事於禰，則諱祖已上。」[29]《通典》卷一百四《禮》六十四「廟中不諱」條下引「盧植曰：『不諱新君，壓於祖廟也。』鄭玄曰：『謂有事於高祖，則不諱曾祖以下，尊無二也。於下則諱上也。』王肅曰：『祝則名君，不諱君也。』」[30]

　　參證《禮記正義》及《通典》所引，可知此條鄭、王注義無不同，只是解說角度不同而已，二人皆中明諱上而不諱下之禮。王肅說淵自盧植。

九　……卜筮不過三

鄭注：「求吉不過三。魯四卜郊，《春秋》譏之。」「鄭意不過三者，

26　呂友仁整理本：《禮記正義》，頁115。

27　「為有事於高祖」，各本同，唯《考異》引古本和衛氏《集說》「為」作「謂」。張敦仁《考異》云作「謂」是也。——呂友仁整理本《禮記正義》，頁144。

28　呂友仁整理本：《禮記正義》，頁114-115。

29　呂友仁整理本：《禮記正義》，頁116。

30　唐·杜佑《通典》卷一百四，《禮》六十四，頁552。

謂一卜不吉而凶，又卜，以至於三，三若不吉則止。若筮亦然
也。故魯有四卜之譏。」

王注：「禮以三為成也。上旬、中旬、下旬，三卜筮不吉，則不舉
也。」

案：此條就其大義而言，鄭、王無不同。孔穎達《禮記正義》：「此一
節明卜筮及用日之法，各依文解之。……『卜筮不過三』○王肅云：
『禮以三為成也。上旬、中旬、下旬，三卜筮不吉，則不舉也。』鄭
意『不過三』者，謂一卜不吉而凶，凶而又卜，以至於三，三若不
吉，則止。若筮，亦然也。故魯有四卜之譏。」孔氏《正義》又詳引
崔靈恩之說以解「三」為何意。「崔靈恩云：『謂不過三用。若大事
龜、筮並用者，先用三王筮，次用三王龜，始是一也，三如是乃為三
也。若初始之時，三筮三龜皆凶，則止；或逆多從少，或從多逆少，
如此者皆至於三也。單卜單筮，其法唯一用而已，不吉則擇遠日，不
至於三也。前以用三王之龜、筮者，有逆有從，故至三也。此唯用
一，故不至三也。』案崔解，亦有三王龜筮也。」又曰：「注『魯四
卜郊，《春秋》譏之』○卜郊之事，或三或四或五。襄七年夏四月，
三卜郊，不從，乃免牲。僖三十一年及襄十一年夏四月，四卜郊，不
從。成十年夏四月五卜郊，不從。三《傳》之說，參差不同。若《左
氏》之說，魯郊，常祀，不須卜可郊與否，但卜牲與日，唯周之三月
為之，不可在四月，雖三卜[31]，亦為非禮。故僖三十一年《左傳》云
『禮不卜常祀』。是常祀不卜也。襄七年《左傳》云：『啟蟄而郊，
郊而後耕。今既耕而卜郊，宜其不從也。』是用周之三月，不可至四月
也。若《公羊》之義，所云卜者，皆為卜日。故僖三十一年《公羊
傳》云：『三卜，禮也。四卜，非禮也。』又成十七年《公羊傳》

---

31 「雖三卜」，古鈔殘本此句上另有「四月」二字。——呂友仁整理本《禮記正義》，
頁145。

云：『郊用正月上辛。』何休云：『魯郊博卜三正。[32]三王之郊，一用夏正。』又定十五年：禮三卜之運也。[33]何休云：『運，轉也。已卜春三正不吉，復轉卜夏三月、周五月，得二吉[34]，故五月郊。』如休之意，魯郊轉卜三正，假令春正月卜不吉，又卜殷正，殷正不吉，則用夏正郊天。若此三正之內有凶不從，則得卜夏三月，但滿三吉日則得為郊。此《公羊》及何休之意也。《穀梁》之說《春秋》卜者，皆卜日也。哀元年《穀梁傳》云：『郊，自正月至三月，郊之時也。我以十二月下辛卜正月上辛，卜如不從，則以正月下辛卜二月上辛，如不從，則以二月下辛卜三月上辛，如不從，則不郊。』如是《穀梁》三正正月卜吉，則為四月、五月則不可。與《公羊》之說同，與何休意異。休以四月、五月卜滿三吉則可郊也。若鄭玄意，禮不當卜常祀，與《左氏》同。故鄭《箴膏肓》云：『當卜祀日月爾，不當卜可祀與否。』鄭又云：『以魯之郊天，惟用周正建子之月，牲數有災，不吉，改卜後月。故或用周之二月三月，故有啟蟄而郊，四月則不可。』故《駁異義》引〈明堂〉云：『孟春正月，乘大路祀帝於郊。』又云：『魯用孟春建子之月，則與天子不同明矣。魯數失禮，牲數有災，不吉，則改卜後月。』如鄭之言，則與《公羊》、《穀梁傳》卜三正不同也。此云『魯四卜郊，《春秋》譏之』，用《公羊》、《穀梁傳》，三卜，正；四卜，非正也。是四卜為譏，三卜得正，與《左氏》意違。《左氏》三卜，亦非故也。』[35]

---

32 「魯郊博卜三正」，按：作「博」與何休注合，而張元濟：《古鈔殘本跋》云當依古鈔作「特」。——呂友仁整理本：《禮記正義》，頁145。

33 「又定十五年禮三卜之運也」，阮本同。浦堂校云，「禮」當「傳」字之誤。古鈔殘本無「禮」字，是。今《春秋傳》文正如此。——呂友仁整理本：《禮記正義》，頁145。

34 「得二吉」，「二」原作「一」，據古鈔殘本、《考文》引宋板改。按作「二」與《公羊》注合。——呂友仁整理本：《禮記正義》，頁145。

35 呂友仁整理本：《禮記正義》，頁122-123。

　　關於「卜筮不過三」之詳解，因上古之卜筮制度詳情已不可得知，故難於詳論。孔氏《正義》解鄭注曰：「鄭意『不過三』者，謂一卜不吉而凶，凶而又卜，以至於三，三若不吉，則止。若筮，亦然也。故魯有四卜之譏。」所引王肅說恐亦與鄭無大不同，只是明確三卜筮之時間間隔為上旬、中旬、下旬，此為三成。非連續不停卜筮三次。崔靈恩以為若依古禮用三王龜筮，則每卜筮必三，後人「唯用一，故不至三也」，與鄭、王解義不同。黃以周曰：「鄭注〈士喪禮〉『卜葬日』云：『占者三人，掌玉兆、瓦兆、原兆者也。』鄭意筮時《連山》、《歸藏》、《周易》並用，三人各占一易；卜時三龜並用，於玉、瓦、原三人各占一兆。或說卜筮同用一龜，三人共占之。」此當為崔靈恩所述之義，故依崔靈恩義，「卜筮不過三」者，謂「三人占則從二人之言，不復再占，亦止於三也」。崔靈恩曰「此唯用一，故不至三也」，謂〈曲禮〉此處所述「卜筮不過三」，因已不再用三王卜筮法，只用后王一種卜筮法，故不至於用三卜三筮法。而鄭、王義，則與崔靈恩不同，當是指後人用一種卜筮法，依然有為了卜吉，有最多不能超過連續三次卜筮之制，此即黃以周所謂「先儒皆以三卜不吉則止，不祭，故《春秋》有免牲之文」。褚寅亮曰：「三卜不吉，則止不祭，順鬼神之意，且可思鬼神不歆之故，而恐懼修省也。」[36]亦同鄭、王義。至於「卜筮不過三」究竟如王肅所說為上旬、中旬、三旬三成，抑或可連續不停卜筮三次，清代經學家因不重視王肅之經說，故亦未有詳考，不得其詳也。推測當如王肅說，上旬、中旬、下旬為卜筮之三成，非當下連續卜或筮三次。宋人有用崔靈恩之說者，如金華唐氏（唐仲友，字與政）曰：「兆有三兆，易有三易，故卜以三龜

---

36 清・黃以周：《禮書通故》，十三經清人注疏本，中華書局，2007年，頁316-317。
　　（下引版本同）

而筮以三易，則占者固三人矣。」[37]清・孫希旦《集解》：「愚謂卜筮不過三，言卜筮不從者至於三則止，不可以更卜筮也。《春秋傳》曰：『三卜，禮也；四卜，非禮也。』是也。」[38]皆籠統引述前人之解，未能詳究也。

十　卜筮不相襲

鄭注：「卜不吉則又筮，筮不吉則又卜，是瀆龜筮也。晉獻公卜取驪姬，不吉，公曰『筮之』是也。」

王注：「三筮及三卜不相襲。三者，初各專其心也。」

案：孔穎達《禮記正義》：「『卜筮不相襲』○襲，因也。前卜不吉則止，不得因更筮；若前筮不吉則止，不得因更卜，是不相襲也。若相因不止，是瀆龜筮，則神不告也。王云：『三筮及三卜不相襲。三者，初各專其心也。』○注『卜不』至『是也』○晉獻公初卜不吉，故公云更筮之，是因襲也。〈表記〉云『卜筮不相襲』。鄭云：『襲，因也。大事則卜，小事則筮。』然與此注不同者，明襲有二義，故兩注各舉其一，一則大事、小事各有所施，不得因龜卜小事，因蓍筮大事也；二則筮不吉，不可復卜，卜不吉，不可復筮也。」[39]

　　此條基本意義鄭、王無不同。鄭又引《春秋》事解之。王肅則就其基本意義解其文意，言之所以不相襲，是「各專其心也」。王注強調三筮、三卜不相襲，三者，各專其心，當與前引崔靈恩三王筮、三王卜說相同，與鄭注略有差異。鄭注並不強調三筮、三卜之說。（參上條）孔穎達云：「天子諸侯大事，卜筮並用，皆先筮後卜，即事之

37　宋・衛湜：《禮記集說》卷九，四庫本。

38　清・孫希旦《禮記集解》，頁94。

39　呂友仁整理本：《禮記正義》，頁123。

漸。次事則唯卜不筮，〈表記〉云『天子無筮』是也。小事無卜唯筮，
鄭注『不卜而徒筮之，則用九筮』是也（鄭注見〈占人職〉。但鄭意
不如孔所說，賈疏得之。）」賈公彥云：「〈洪範〉云『龜從筮從』，又
云『龜、筮共違於人』。彼有先卜後筮、筮不吉又卜者，箕子所用殷
法，故與此不同。」[40]其實清人並不主要關注於鄭、王經注之區別，
主要關注卜、筮之禮究竟如何，然文獻不足徵，眾說紛紜，難有確
論。前引崔靈恩三王龜筮說，似更合王肅意。其詳待考。清·孫希旦
《禮記集解》曰：「卜筮不相襲，言卜、筮既從者，不可以更卜、筮
也。」[41]恐不合鄭、王注意，亦不合經義。

十一　……故曰：疑而筮之，則弗非也；日而行事，則必
　　　　踐之。

鄭注：「弗非，無非之者。日，所卜筮之吉日也。『踐』讀曰『善』，
　　　　聲之誤也。筮，或為『蓍』。」
王注：「踐如字，履也。卜得可行之日，必履而行之。」
案：《釋文》：「……踐，依注音善。王如字，云履也。蓍，音尸。」
孔穎達《禮記正義》：「……筮為筮者……謂蓍為筮者，筮以謀筮為
義……聖王制此卜筮，使民擇慎而信時日與吉凶也。……『故曰：疑
而筮之，則弗非也』者，引舊語以結之。卜筮所以定是非也。若有疑
而筮之，則人無非之也。不言『卜』者，從可知也。○『日而行事，
則必踐之』者，踐，善也。言卜得吉而行事，必善也。王云：『卜得
可行之日，必履而行之。踐，履也。弗非，無非之者也。』」[42]

---

40 清·黃以周：《禮書通故》，頁215。
41 清·孫希旦：《禮記集解》，頁94。
42 呂友仁整理本：《禮記正義》，頁118-124。

　　此條鄭、王經注可對應比勘者有二：（一）「疑而筮之，則弗非也」，鄭、王大略相同。（二）「日而行事，則必踐之」，王顯然不同意鄭「改字以解經」，以為當從本讀。清代經學家多駁鄭「改字以解經」，是否意味著褒獎王肅呢？由此條可推論前第四條「函丈」句，當是王肅認為字當作「杖」，不只是因為所見傳本作「杖」。相較而言，鄭對於字當作「丈」抑或作「杖」，尚有疑惑，王則傾向當作「杖」而不當作「丈」。此或可證王肅對於經文中的正字問題，一較鄭玄大膽，二較鄭玄肯定，三則反對鄭玄「改字以解經」。這樣，或從學術本身更加堅定了王肅駁鄭的信心，增加了王肅經學詮釋的可靠性。宋・衛湜《禮記集說》引長樂劉氏（彝，字執中）說，亦從王肅而不從鄭。[43]清・王夫之《禮記章句》卷一：「……事之將舉，未有定期，或且以他事移易。筮日已定，不可更改，則人必踐其期，無廢事也。……」則看似解字與王肅同，但解義與鄭、王解義均有不同。孫希旦《集解》則從宋人說，以「踐」讀如字為是[44]，不從鄭說。

---

43 詳宋・衛湜：《禮記集說》卷九，四庫本。

44 清・孫希旦：《禮記集解》，頁94。

曲禮下第二

十二　……去國三世，爵祿有列於朝，出入有詔於國。若
　　　兄弟宗族猶存，則反告於宗後。去國三世，爵祿無
　　　列於朝，出入無詔於國。唯興之日，從新國之法。

鄭注：「三世，自祖至孫，踰久可以忘故俗，而猶不變者，爵祿有列
　　　於朝，謂君不絕其祖祀，復立其族。若臧紇奔邾，立臧為矣。
　　　詔，告也。謂與卿大夫吉凶往來相赴告。」
王注：「世，歲也。萬物以歲為世。」
案：《釋文》：「去國三世，鄭云『自祖至孫』。盧、王云：『世，歲。
萬物以歲為世。』」孔穎達《禮記正義》：「此一節論臣去本國行禮之
事。各隨文解之。……『去國三世』，謂三諫不從，及他事礙被黜
出，入新國已經三世者，則鄭注云『三世，自祖至孫』也。」[1]
　　此條鄭、王注義可對應比勘者在「三世」之訓，鄭、王大不同。
鄭解為「自祖至孫」，王解「世」為「歲」。王肅說同盧植說而異鄭。
參前條可見，王肅解經不止有「好賈、馬而不好鄭氏」之傾向，亦多
有用盧植說而不用鄭說之傾向。鄭義之「去國三世」較王義之「去國
三世」在時間上久遠許多。宋‧衛湜《禮記集說》所引宋人說多不究
「三世」之義。此種「三世」之異解，非常要緊，本不可忽視。清‧
王夫之《禮記章句》從鄭而不從王，不贅引。孫希旦《集解》：「愚謂

1　呂友仁整理本：《禮記正義》，頁141-142。

三世，言其遠也。……」[2]是從宋人之解經路徑，卻不究「三世」究竟所指為何。

十三　諸侯見天子，曰「臣某侯某」。其與民言自稱曰
　　　「寡人」。其在凶服，曰「適子孤」……既葬見天
　　　子，曰類見，言諡曰類。……

鄭注：「代父受國。類，猶象也。執皮帛，象諸侯之禮見也。其禮
　　　亡。使大夫行，象聘問之禮也。言諡者，序其行及諡所宜。其
　　　禮亡。」[3]

王注：「謂類象其行，言於天子以求諡也。」（《通典》卷一百四）[4]
　　　「請諡於天子，必以其實為諡，類於平生之行也。」

案：孔穎達《禮記正義》：「此一節明諸侯及臣稱謂之法。各隨文解
之。……『既葬見天子，曰類見』○此諸侯世子父死葬畢而見於天子
禮也。類，象也。言葬後未執玉而執皮帛，以象諸侯見，故曰『類
見』。然《春秋》之義，三年除喪之後乃見，而今云『既葬』者，謂
天子或巡守至竟，故得見也。若未葬，未正君臣，故雖天子巡守亦不
見也。『言諡曰類』者，言諡，謂將葬就君請諡也。凡諡，既是表
德，故由尊者所裁，故將葬之前，親使人請之於天子。若〈檀弓〉
云：『其子戎請諡於君曰：日月有時，將葬矣，請所以易其名者。』
是言諡於君也。而曰『類』者，王肅云：『請諡於天子，必以其實為
諡，類於平生之行也。』何胤云：『類其德而稱之，如經天緯地曰文
也。』鄭云『使大夫行，象聘問之禮也。』今案鄭旨，謂吉時遣大夫

2　清·孫希旦：《禮記集解》，頁112。
3　呂友仁整理本：《禮記正義》，頁191。
4　唐·杜佑：《通典》卷一百四，《禮》六十四「諸侯卿大夫諡議」條，頁550。

行則曰聘，今請謚遣大夫不得曰聘，而名曰類，言類象聘而行此禮也，故云『言謚曰類』也。○注『使大』至『禮亡』○言『象聘問之禮』者，解經中『類』字，言比類聘問之禮，請謚於天子。」[5]

此條鄭康成二言「其禮亡」，一指諸侯「凶服」之時見天子之禮，二指此時之謚禮。王肅注顯然補鄭之未備，具體說明謚禮之內容。此是否意味著王肅不同意鄭氏「其禮亡」之說？至少此條符合王肅注禮有補鄭注之未備例。孔氏《正義》引〈檀弓〉一句，乃是卿大夫請謚於國君，非諸侯請謚於天子。王肅之說依據為何？不得而知。孔氏《正義》在鄭注基礎上詳解其禮，或即融合了王肅說及其他禮說。可以看出，孔氏《正義》之所謂「禮是鄭學」，只是就基本依據而言，並非一依鄭說而概不取他說，甚至對於與鄭立異的王肅說，需要時仍然要引徵以疏解說明。這是後人必須要明瞭的。宋·衛湜《禮記集說》引廬陵胡氏（銓，字邦衡）曰：「《周官》〈典命〉諸侯之嫡子未誓於天子，攝其君，朝則以皮帛繼子男。故既葬見天子，亦執皮帛，象父見禮也。見天子而請父之謚，是能象賢也，故曰類。……鄭云『使大夫行』亦非。」由胡銓之說可見鄭注之說由《周禮》而來。衛湜又引長樂陳氏（祥道）曰：「……則諸侯既葬而類見天子，宜矣。……則在喪而朝王，其為禮可知也。……」[6]清·王夫之《禮記章句》卷二：「諸侯五月而葬，嗣子三年喪畢乃以士服見天子。既葬見者，謂天子巡守至其國，不容不見也。類，似也。執皮帛從其等之諸侯後，似君非君，似世子非世子也。」依此，則鄭氏不應該說「其禮亡」。孫希旦《集解》：「愚謂凡禮之象正禮而行者皆曰類，故祭禮有類，朝、聘之禮亦有類。類見，象諸侯見於天子之禮也。言謚曰類，象諸侯使大夫聘於天子之禮也。蓋未受王命，不敢自居於諸侯之

5　呂友仁整理本：《禮記正義》，頁191-194。
6　宋·衛湜：《禮記集說》卷十三，四庫本。

禮，故其朝聘於天子皆曰類，言依於諸侯之禮而為之爾。」[7]

十四　凡祭宗廟之禮，牛曰一元大武……黍曰薌合，粱曰薌萁，稷曰明粢……

鄭注：「萁，辭也。」

王注：「萁音期。期，時也。」

案：《釋文》：「薌音香。……萁，字又作箕，[8]同音姬，語辭也；王音期，期，時也。」孔穎達《禮記正義》：「……『粱曰薌萁』者，粱，謂白粱、黃粱也。萁，語助也。」[9]

　　此條鄭、王義解可對應比勘者唯「萁」之字訓。鄭與《釋文》、孔氏《正義》皆以為語助，即辭也；王則以為實詞，訓為「時」，或義指時粱也。宋‧衛湜《禮記集說》引藍田呂氏（大臨，字與叔）曰：「……如黍稷之有馨香也。黍可以為酒，敦之則黏，聚而不散，可搏而食之，故曰『薌合』，既香既合，則黍之美者也。萁，其也，有所別也。粱之薌與黍同，其實與黍異，又為加食，故曰『薌萁』。粱，五穀之長也。……」[10]是呂氏既不用鄭，也不用王，另立新解也。清‧王夫之《禮記章句》卷二：「五穀芬芳之氣曰薌合，黏也。黍於穀屬最黏者也。萁，莖也。粱莖高美。明，猶正也。稷為五穀之長，粢之正也。」是此「萁」字之訓，經學家各自不同。臧琳《經義雜記》以為王肅說「足備一義」而不從鄭說。今人李振興以為王夫之

7　清‧孫希旦：《禮記集解》，頁142-143。

8　「字又作箕」，各本同。盧文弨《釋文考證》云：「箕，疑當作『其』。」——呂友仁整理本：《禮記正義》，頁220。

9　呂友仁整理本：《禮記正義》，頁207-208。

10　宋‧衛湜：《禮記集說》卷十四，四庫本。

說得其旨。[11]段玉裁曰：「『其』，各本作『萁』，此沿唐石經之誤也。注曰：『其，辭也。』辭，謂語助，與《詩》毛傳『薄，辭也』，『思，辭也』，『忌，辭也』，⋯⋯皆同。《釋文》曰：『其字又作萁，同音姬，語辭也。王音期，時也。』按王本亦作『其』，改讀為『期』，訓時。鄭意則讀如姬，如『何居』音『姬』，『彼其之子』音『記』也。《正義》云：『粱曰薌其者，粱謂白粱、黃粱。其，語助也。』孔本亦作『其』甚明。蓋禮家以『其』字足句，古行禮時讀文如此。唐石經乃誤為『萁』。從艸之萁，乃訓豆莖，渠之切，未聞他用。陸氏時已有此誤本。而陸氏不能正其是非，合併之曰『同音姬』，蓋其疏也。近刻《釋文》乃改之，曰『萁』字又作『箕』。於是古經作『薌其』者，罕知之矣。『其』可以訓助語，『萁』不可以訓助語。」[12]是段玉裁以文字訓詁學考訂，證鄭說為長。

十五　天子死曰崩，諸侯曰薨⋯⋯死寇曰兵⋯⋯

鄭注：「異於凡人，當饗祿其後。」[13]
王注：「兵，死也。」（《通典》卷八十三）[14]
案：孔穎達《禮記正義》：「此一節論死後稱謂尊卑不同之事。各隨文解之。⋯⋯『死寇曰兵』，謂父祖死君之寇而子孫為名也。言人能為國家捍難禦侮，為寇所殺者，謂為兵。兵，器仗之名，言其為器仗之用也。故君恆祿恤其子孫，異於凡人也。故鄭云『當饗祿其後』，『春

---

11 李振興：《王肅之經學》，頁605。

12 清・段玉裁：《經韻樓集（附補編、年譜）》，鍾敬華校點（上海市：上海古籍出版社，2008年），頁54-55。

13 呂友仁整理本：《禮記正義》，頁210。

14 唐・杜佑《通典》卷八十三，《禮》四十三，頁447。

饗孤子』是也。」[15]

　　此條鄭、王義解可對應比勘者在「死寇曰兵」四字。王肅訓
「兵」為「死」，其義未明。宋・衛湜《禮記集說》引藍田呂氏曰：
「兵者，死於寇難之稱也。有兵死而可襃者……有兵死而可貶者，如
〈冢人〉凡死於兵者不入兆域，戰陣無勇者也。」[16]是呂氏承《正
義》之解而略廣之。清・王夫之《禮記章句》卷二：「異於凡死者，
示當哀恤之。」李振興《王肅之經學》以為王肅所謂「兵，死也」，
其義如朱芹《十三經劄記》之說，此「寇」不當指寇仇之寇，當指司
寇之寇，「猶《左傳》所云歸死於司寇者是也。注、疏之說皆非。又
《周官》〈冢[17]人〉：凡以兵死者不入兆域。《左》昭二十九年傳：齊人
葬莊公於北郭。杜注：兵死不入兆域。故葬北郭。」[18]據此則王肅義
為，「死寇曰兵」者，乃指死於兵火之非正常死亡者。王夫之說亦當
同此義。鄭注則以為此當指為國捐軀者，是有國家貢獻者，故其死後
國家當照顧其後人。王肅說則指戰陣之非正常死亡者。顯然王肅以為
此「兵」字沒有鄭玄所言那麼宏大之意義。此鄭、王不同之關鍵。

---

15 呂友仁整理本：《禮記正義》，頁211。
16 宋・衛湜：《禮記集說》卷十四，四庫本。
17 李振興原文作「墓人」，誤。
18 李振興：《王肅之經學》，頁605-606。

檀弓上第三

十六　曾子曰：朋友之墓，有宿草而不哭焉。

鄭注：「宿草，謂陳根也。為師心喪三年。於朋友期可。」[1]

王注：「謂過期不復哭。」（《通典》卷一百一）[2]

案：孔穎達《禮記正義》：「曾子，孔子弟子，姓曾，名參，字子輿，魯人也。宿草，陳根也。草經一年則根陳也。朋友相為哭，一期，草根陳乃不哭也。所以然者，朋友雖無親而有同道之恩。言朋友期而猶哭者，非謂在家立哭位以終期年。張敷云：『謂於一期之內如聞朋友之喪，或經過朋友之墓及事故須哭，如此則哭焉。若一期之外，則不哭也。』」[3]此條鄭、王義解無不同，不贅。[4]

十七　子思曰：「喪三日而殯……喪三年，以為極亡[5]，則弗之忘矣。故君子有終身之憂，而無一朝之患。故忌日不樂。」

鄭注：「去已久遠而除其喪。『則』之言『曾』。」

1　呂友仁整理本：《禮記正義》，頁233。
2　唐‧杜佑《通典》卷一百一，《禮》六十一「朋友相為服議」，頁538。
3　呂友仁整理本：《禮記正義》，頁233。
4　參李振興：《王肅之經學》，頁606。
5　「喪三年以為極亡」，《釋文》、孔疏並如此斷句。王肅以「極」字絕句，「亡」字屬下。後世學者多從王肅句讀。——呂友仁整理本：《禮記正義》，頁246。

附註：「王以『極』字絕句，『亡』作『忘』，向下讀。」

案：《釋文》：「『以為極亡』，並如字。極，已也，徐紀力反。王以『極』字絕句，『亡』作『忘』，向下讀。孫依鄭作『亡』，而如王分句。」孔穎達《禮記正義》：「此一節論喪之初死及葬送終之具，須盡孝子之情及思念父母不忘之事。今各隨文解之。……『喪三年以為極亡』○此亦子思語辭也。言服親之喪，以經三年，以為極亡，可以棄忘，而孝子有終身之痛，曾不暫忘於心也。……」[6]

　　此條鄭、王義解可對應比勘者主要在「極亡」一句，鄭以「亡」字絕句，王以「極」字絕句；鄭作「亡」，王作「忘」。依鄭義，「極」字訓「已也」，依王肅義則指今所謂極限、期限也。因唐初欽定三禮以「禮是鄭學」為原則，故後世傳本大多與鄭本文字同，殊不知王肅校注群經，經字亦多有與鄭不同者。宋・衛湜《禮記集說》引嚴陵方氏（慤，字性夫）曰：「經曰緦小功以為殺，期九月以為間，三年以為隆。故三年之喪，所以為喪之極也。『亡則弗之忘矣』者，死者之形雖亡而生者之心未嘗忘之也。」[7]是方氏依《釋文》所引孫氏說作解。元・陳澔《禮記集說》亦以「極」字絕句。清・王夫之《禮記章句》卷三：「極，止也。亡，亦忘也。……喪雖三年以為極，而釋服以後，豈遂忘乎？」是王夫之依王肅義解「極」字。孫希旦《集解》斷句依王肅而不依鄭，「亡」字則依鄭如字。[8]劉台拱則斷句、經字皆依王肅而不用鄭，曰：「王說是也。猶云『以云忘，則未嘗忘也。』」[9]王引之《經義述聞》亦以為當從王肅：「劉氏端臨曰：

6　呂友仁整理本：《禮記正義》，頁234-235。
7　宋・衛湜：《禮記集說》卷十五，四庫本。
8　詳清・孫希旦：《禮記集解》，頁170。
9　清・朱彬：《禮記訓纂》，十三經清人注疏本，饒欽農點校，中華書局，1996年，頁81。（下引同）劉台拱，字端臨，一字江嶺，江蘇寶應人，清代著名經學家、藏書家，二十一歲中試舉人，會試禮部不第，留京師，授生徒。乾隆五十年（1785年）

當從王肅『忘則弗之忘矣』。猶曰『以云忘，則未嘗忘也。』引之案：喪三年以為極（案：極，終也。言喪服至此而終也。），所謂先王制禮而不敢過也。若謂其服除而忘哀，則終身弗忘，故曰『忘則弗之忘矣』。上言『忘』，下言『弗之忘』，一句之中，自相呼應。《大戴禮》〈曾子立事篇〉『備則未為備也』，文義與此相似。」李振興《王肅之經學》亦以劉、王之說為是。[10]楊天宇《禮記譯注》斷句從王，「亡」字仍如舊。[11]

十八　孔子少孤，不知其墓，殯於五父之衢。人之見之者，皆以為葬也。其慎也，蓋殯也。問於郰曼父之母，然後得合葬於防。……

鄭注：「孔子之父郰叔梁紇與顏氏之女徵在野合而生孔子，徵在恥焉，不告。慎，當作『引』，禮家讀然，聲之誤也。殯引，飾棺以輤；葬引，飾棺以柳翣。孔子是時以殯引，不以葬引，時人見者，謂不知禮。」[12]

附注：晉‧張華《博物志》引《禮記》此句後曰：「蔣濟、何晏、夏侯玄、王肅皆云無此事，注記者謬。時賢咸從之。（周日用曰：

方任丹徒縣訓導。後又多次會試，不中，遂絕意科舉。為學自天文律呂至於聲音文字，莫不深究，無漢宋門戶之見，擇善而從之，與王念孫、段玉裁、汪中、阮元等學人相交甚深。傳世著作有廣雅書局所刻《劉氏遺書》，內含《論語駢枝》、《經傳小記》、《國語補校》、《荀子補注》、《淮南子補校》、《方言補校》、《漢學拾遺》、《文集》等共8卷。

10 李振興：《王肅之經學》，頁606。

11 楊天宇：《禮記譯注》，中華古籍譯注叢書（上海市：上海古籍出版社，1997年），頁77。

12 呂友仁整理本：《禮記正義》，頁235。

『四士言無者，後人何故而述之？在愚所見，實未之誤矣。且徵在與梁紇
野合而生，事多隱之，況孔子生而父已死，既隱，何以知之？非問曼父之
母，安得合葬於防也？』）」[13]

案：《釋文》：「郰，側留反，又作鄒。……曼，音萬。慎，依注作
引，羊刃反。輴，七見反。翣，所甲反。」孔穎達《禮記正義》：「此
一節論孔子訪父墓之事。云孔子既少孤失父，其母不告父墓之處，今
母既死，欲將合葬，不知父墓所在，意欲問人，故若殯母於家，則禮
之常事，他人無出怪己，故殯於五父之衢，欲使他人怪而致問於己。
外人見柩行路，皆以為葬，但葬引柩之時，飾棺以柳翣。其殯引之
禮，飾棺以輴。當夫子飾其所引之棺以輴，故云『其引也，蓋殯
也』。殯不應在外，故稱『蓋』，為不定之辭。於時郰曼父之母素與孔
子母相善，見孔子殯母在外，怪問孔子。孔子因其所怪，遂問郰曼父
之母，始知父墓所在，而後得以父母尸柩合葬於防。○注『孔子』至
『不告』○案《史記》〈孔子世家〉云：『叔梁紇與顏氏女野合而生孔
子。』鄭用〈世家〉之文，故注言：野合，不備於禮也。若《論語》
云『先進於禮樂，野人也』及『野哉由也』，非謂草野而合也。但徵
在恥其與夫不備禮為妻，見孔子知禮，故不告言。『不知其墓』者，
謂不委曲適知柩之所在，不是全不知墓之去處，其或出辭入告，總望
本處而拜。今將欲合葬，須正知處所，故云不知其墓。今古不知墓
處，於事大有，而講者誼誼，競為異說，恐非經記之旨。案《家語》
云：叔梁紇年餘七十無妻，顏父有三女，顏父謂其三女曰：『鄒大夫
身長七尺，武力絕倫，年餘七十，誰能與之為妻？』二女莫對。徵在
進曰：『從父所制，將何問焉？』父曰：『即爾能矣。』遂以妻之。為
妻而生孔子，三歲而叔梁紇卒。王肅據《家語》之文，以為《禮記》

---

13 晉・張華《博物志》卷八《史補》引，四庫本。

之妄。又《論語緯撰考》[14]云：『叔梁紇與徵在禱尼丘山感黑龍之精以生仲尼。』今鄭云叔梁紇與顏氏之女徵在野合，於《家語》文義亦無殊。何者？七十之男始取徵在，灼然不能備禮，亦名『野合』。又徵在幼少之女而嫁七十之夫，是以羞慚，不能告子。又梁紇生子三歲而後卒，是孔子少孤，又與《撰考》之文禱尼丘山而生孔子，於野合之說，亦義理無妨。鄭與《家語》、《史記》並悉符同，王肅妄生疑難，於義非也。」[15]

此條所記事，為古來爭議之熱點，亦所謂古來之「大事」。鄭、王解義顯然大不同。鄭玄並未明確解釋此處之「殯」為「殯父」抑或「殯母」，《正義》解為「殯母」。關於「不知墓處」的原因，鄭以為即是因為「野合」的身世所致，其母顏徵在恥之，就沒有告訴孔子其父之墓所在，故孔子不知道父親究竟葬在什麼地方。《正義》以為《禮記》此處所述，即指孔子母親過世，要與父親合葬，當初母親沒有告訴父墓所在，故無法合葬，只好先殯母於五父之衢。王肅之所以無法接受鄭玄的說法，主要是因為：（一）不能接受「野合」之說；（二）孔子不知父墓之所在，實在有辱孔子這個聖人身分。王肅究竟如何反駁鄭玄之說，其原話我們已經看不到，我們現在只能根據時人的引述看到王肅等人針對《禮記》此條記述以及鄭注，說過「無此事，注記者謬」七個字。「無此事」究竟具體指什麼？根據孔氏《正義》及張華《博物志》的引述，似主要就是指「野合」與不知父墓之所在之事。《博物志》還特別引述到，雖然王肅等四人不信此事，而且「時賢咸從之」，但周日用其人則相信《史記》、鄭玄之說。隨著孔

14 「論語緯撰考」，浦堂校云：「『緯撰考』當作『撰考讖』。」按孫㲄《古微書》卷二十五云：「《論語》不入經，亦不立緯，唯讖八卷。」——呂友仁整理本：《禮記正義》，頁247。

15 呂友仁整理本：《禮記正義》，頁235-236。

子身上的光環越來越多，人們越來越不願意接受司馬遷、鄭玄以來的
這種有損於孔子神聖性的說法。孔子這樣神聖偉大的人物，怎麼可以
是出生於「野合」？這麼偉大的人物，號稱最知禮，怎麼可能連父親
的墓之所在都不知道？到唐代，孔子的神聖性繼續抬升，當然就更容
易接受王肅之傾向，而不願接受鄭玄之說法。孔穎達《禮記正義》的
總原則是「禮是鄭學」，可遇到這種難以接受的鄭說，自然就會竭力
彌縫，說「野合」其實與王肅《家語》所述不矛盾，王肅「妄生疑
難」，所謂「野合」，就是指「不備於禮」，就是指兩人年紀懸殊過
大，非「草野而合」。《正義》此說，從何而來，今已不得而知。但我
們知道後來司馬貞作《史記索隱》、張守節作《史記正義》都與《正
義》說如出一轍，說明此說是唐以後人們的一貫說法。[16]鄭玄並沒有
明確解釋「野合」到底是怎麼回事，孔氏《正義》這種彌縫，其實有
此地無銀三百兩之嫌。經學史上歷來有根據個人心中的價值邏輯予以
解經的取向。王肅此種解經即是。孔氏《正義》這種彌縫也是。自王
肅以後，尊孔者越來越不願意相信孔子「野合」的身世，也不願意相
信孔子不知父墓的記述。關於「不知其墓」，元‧陳澔《禮記集說》：
「不知其墓者，不知父墓所在也。殯於五父之衢者，殯母喪也。禮無
殯於外者，今乃在衢。先儒謂致人疑問，或有知者告之也……按《家
語》：孔子生三歲而叔梁紇死。是少孤也。然顏氏之死，夫子成立久

---

16 司馬貞：《史記》〈孔子世家〉索隱：「《家語》云：『梁紇娶魯之施氏，生九女。其
　妾生孟皮，孟皮病足，乃求婚於顏氏徵在，從父命為婚。』其文甚明。今此云『野
　合』者，蓋謂梁紇老而徵在少，非當壯室初笄之禮，故云野合，謂不合禮儀。故
　《論語》云『野哉由也』，又『先進於禮樂，野人也』，皆言野者是不合禮耳。」張
　守節《史記》〈孔子世家〉正義：「男八月生齒，八歲毀齒，二八十六陽道通，八八
　六十四陽道絕。女七月生齒，七歲毀齒，二七十四陰道通，七七四十九陰道絕。婚
　姻過此者皆為野合。故《家語》云『梁紇娶魯施氏女，生九女，乃求婚於顏氏，顏
　氏有三女，小女徵在。』據此，婚過六十四矣。」

矣。聖人人倫之至，豈有終母之世不尋求父葬之地、至母殯而猶不知父墓乎？且母死而殯於衢路，必無室廬而死於道路者，不得已之為耳。聖人禮法之宗主，而忍為之乎？馬遷為野合之誣，謂顏氏諱而不告，鄭注因之以滋後世之惑……此經雜出諸子所記，其間不可據以為實者多矣……愚亦謂：終身不知父墓，何以為孔子乎！其不然審矣！此非細故，不得不辨。」陳澔更加不相信「野合」之說，也不信「不知其墓」之事。明代郝敬《禮記通解》：「按此侮聖滅禮之言，何但齊東野人之語耳！父早死，終母之世不識父墓，何以為子？五父之衢是道旁也，豈殯柩之所？子不識父墓而問諸行道人，不已悖乎？自六經道喪，百家橫議，惑世誣民，不可勝數。鄭玄之徒，一切以為聖經，附會其說而不折諸理，可怪也！……」[17]清·王夫之《禮記章句》（卷三）之解略有不同：「孔氏以華督之難自宋奔魯，家世未顯，宗族未盛，至叔梁大夫始以力事魯襄公，而又早喪，其先世寓葬於魯，非有墓人之掌，故孔子不知。五父之衢，道名。杜預曰在魯國東南。叔梁大夫之卒，未得葬而殯於外，至夫子長，以不知先墓，故不敢葬焉。然葺至深固，人見之者皆謂為葬。蓋殯者，掘肂厝之畢，塗其上而又加甚焉，故有似乎葬也。郰，魯下邑，叔梁氏所食地。《春秋傳》稱叔梁大夫為郰人紇，蓋以邑氏。曼父，或其族人。合葬，謂合於先人之墓也。葬必從祖禰，示不忘本。夫子不知先墓，姑慎於殯以待訪得而後葬。以道寧親而勿之有悔也。」王夫之迴避了孔子「少孤」之事，也迴避了「野合」之事，而且認為「殯於五父之衢」是指「殯父」而不是「殯母」，這與以前的解說大不同。王夫之似乎用這樣一種不同的解釋，既不徹底否認《禮記》的這條記述，又保住了孔子的

---

17 明·郝敬《禮記通解》，明萬曆郝千秋郝千石刻《九部經解》本，收入《續修四庫全書》經部禮類（97）。（下引同，不再出注。）

形象。但是，叔梁紇早喪之說似也與事實不符。到孫希旦《禮記集
解》，則又回到宋人的老路上：「愚謂野合者，謂不備禮而婚耳，未足
深恥也。且野合與葬地，事不相涉，恥野合而諱葬地，豈人情哉？孔
子成立時，當時送葬之人必多有在者，即顏氏不告，豈不可訪問而得
之？既殯之後，孝子廬於中門之外，朝夕不離殯宮，其慎之如此。若
殯於五父之衢，則與棄於道路何異？此記所言，蓋事理之所必無
者。」[18]孫希旦乾脆認為《禮記》此條文字近乎胡說。今人張舜徽認
為，關於《禮記》此段文字，從司馬遷、鄭玄到後來的人，都句讀錯
了，所以引出大疑惑。此句本應斷為「孔子少孤，不知其墓殯於五父
之衢。人之見之者，皆以為葬也。其慎也，蓋殯也。問於郰曼父之
母，然後得合葬於防。……」這樣就一順百順了。意思是：孔子年
幼，不懂得父親其實是「殯」在五父之衢那個地方，而不是「葬」在
那個地方。「殯」是指淺葬，「墓」是指深葬。大概因為慎重起見，叔
梁紇死時，不知道先世墓地所在，所以臨時「殯」於此。到孔子長大
後，才問郰曼父之母，知孔氏墓地在防，於是將父「殯」遷於防。這
樣，「慎」字也無須如鄭玄一般改字以讀，從本讀即可。〈孔子世家〉
中「孔子母死，乃殯五父之衢，蓋其慎也。郰人輓父之母誨孔子父
墓，然後往合葬於防焉」一句，也是因斷錯了《禮記》的句讀而加的
一句解釋。張舜徽先生說此種較為合理的句讀法，源自清代雍正年間
江蘇高郵的一位學者孫濩孫（字遂人）。[19]照此說，孔子「殯母」之說
完全是司馬遷的彌合，未見有其事。此說恐有疑。暫不贅。

18 清・孫希旦：《禮記集解》，頁171。

19 詳參張舜徽：《中國古代史籍校讀法》，中華書局，1962年，頁16-18。

十九　孟獻子禫，縣而不樂，比御而不入。

鄭注：「可以御婦人矣，尚不復寢。孟獻子，魯大夫仲孫蔑。」[20]
　　　《儀禮》〈士虞禮〉：「中月而禫。」鄭注：「中，猶間也。禫，
　　　祭名也，與大祥間一月，自喪至此凡二十七月。禫之言澹，澹
　　　然平安意也。古文『禫』或為『導』。」[21]「鄭康成則二十五月
　　　大祥，二十七月而禫，二十八月而作樂，復平常。」
附注：「王肅以二十五月大祥，其月為禫，二十六月作樂。所以然
　　　者，以下云『祥而縞，是月禫，徙月樂』，又與上文『魯人朝
　　　祥而暮歌』，孔子云『踰月則其善』，是皆祥之後月作樂也。又
　　　〈間傳〉云『三年之喪，二十五月而畢』。又〈士虞禮〉『中月
　　　而禫』，是祥月之中也。與《尚書》『文王中身享國』謂身之中
　　　間同。又文公二年冬，公子遂如齊納幣，是僖公之喪至此二十
　　　六月。《左氏》云：『納幣，禮也。』故王肅以二十五月禫除喪
　　　畢。」「王肅難鄭云：『若以二十七月禫，其歲末遭喪，則出入
　　　四年。〈喪服小記〉何以云再期之喪三年？」
案：孔穎達《禮記正義》：「此一節論獻子除喪作樂得禮之宜也。依
　　禮，禫祭暫縣省樂而不恆作也，至二十八月，乃始作樂。又依禮，禫
　　後吉祭，乃始復寢。當時人禫祭之後則恆作樂，未至吉祭而復寢。今
　　孟獻子既禫，暫縣省樂而不恆作，比可以御婦人而不入寢，雖於禮是
　　常，而特異餘人，故夫子善之，云：『獻子加於人一等矣。』不謂加
　　於禮一等。其祥、禫之月，先儒不同。王肅以二十五月大祥，其月為
　　禫，二十六月作樂。所以然者，以下云『祥而縞，是月禫，徙月

20　呂友仁整理本：《禮記正義》，頁258。
21　唐・賈公彥：《儀禮注疏》，王輝整理（上海市：上海古籍出版社，2008年），頁
　　1333。（以下簡稱「王輝整理本《儀禮注疏》」）

樂』，又與上文『魯人朝祥而暮歌』，孔子云『踰月則其善』，是皆祥
之後月作樂也。又〈間傳〉云『三年之喪，[22]二十五月而畢』。又〈士
虞禮〉『中月而禫』，是祥月之中也。與《尚書》『文王中身享國』謂
身之中間同。又文公二年冬，公子遂如齊納幣，是僖公之喪至此二十
六月。《左氏》云：『納幣，禮也。』故王肅以二十五月禫除喪畢。而
鄭康成則二十五月大祥，二十七月而禫，二十八月而作樂復平常。鄭
必以為二十七月禫者，以〈雜記〉云：『父在，為母為妻十三月大
祥，十五月禫。』為母為妻尚祥、禫異月，豈容三年之喪乃祥、禫同
月？若以父在為母，屈而不申，故延禫月，其為妻當亦不申祥、禫異
月乎？若以『中月而禫』為月之中間，應云『月中而禫』，何以言
『中月』乎？案〈喪服小記〉云『妾祔於妾祖姑，亡則中一以上而
祔』，又〈學記〉云『中年考校』，皆以『中』為『間』，謂間隔一
年，故以『中月』為間隔一月也。下云『祥而縞，是月禫，徙月
樂』，是也，謂大祥者縞冠，是月禫，謂是此禫月而禫。二者各自為
義，事不相干。故《論語》云：『子於是日哭，則不歌。』文無所
繼，亦云『是日』。文公二年公子遂如齊納幣者，鄭《箋膏肓》：『僖
公母成風主婚，得權時之禮。』若《公羊》，猶譏其喪娶。其『魯人
朝祥而暮歌』及〈喪服四制〉云『祥之日，鼓素琴』及『夫子五日彈
琴不成聲，十日成笙歌』，並此獻子禫縣之屬，皆據省樂忘哀，非正
樂也。其八音之樂，工人所奏，必待二十八月也，即此下文『是月
禫，徙月樂』是也。其『朝祥莫歌』，非正樂，歌是樂之細別，亦得
稱樂，故鄭云『笑其為樂速』也。其〈三年問〉云：『三年之喪，二
十五月而畢。』據喪事終，除衰去杖，其餘哀未盡，故更延兩月，非

---

22 「又間傳云三年之喪」，「間傳」，蓋「三年問」之誤，以引文出〈三年問〉
　也。——呂友仁整理本：《禮記正義》，頁280。

喪之正也。王肅難鄭云:『若以二十七月禫,其歲末遭喪,則出入四年。〈喪服小記〉何以云再期之喪三年?』如王肅此難,則為母十五月而禫,出入三年,〈小記〉何以云『期之喪二年』?明〈小記〉所云,據喪之大斷也。又肅以『月中而禫』,案〈曲禮〉『喪事先遠日』,則大祥當在下旬,禫祭又在祥後,何得云『中月而禫』?又禫後何以容吉祭?故鄭云二十七月也。戴德《喪服變除禮》『二十五月大祥,二十七月而禫』,故鄭依而用焉。鄭以二十八月樂作,〈喪大記〉何以云『禫而內無哭者,樂作矣』?似禫後許作樂者。〈大記〉所謂禫後方將作樂,釋其『內無哭者』之意,非謂即作樂。〈大記〉又云:『禫而從御,吉祭而復寢。』〈間傳〉何以云『大祥,居復寢』?〈間傳〉所云者,去堊室,復殯宮之寢。〈大記〉云『禫而從御』,謂禫後得御婦人,必待吉祭,然後復寢。其吉祭者,是禫月值四時而吉祭。外而為之,其祝辭猶不稱以某妃配,故〈士虞禮〉云『吉祭猶未配』。……」[23]

　　此條為「鄭、王之爭」中又一熱點。依鄭說,三年之喪要服滿二十七月;依王說,只有二十五月。其關節點是:鄭以為祥、禫異月,即二十五月大祥,二十七月禫祭,二十八月始復平常;王肅則以為二十五月大祥並行禫祭,二十六月復平常。鄭、王皆有依據。「戴德《喪服變除禮》:禮二十五月大祥,二十七月而禫。故鄭依而用焉。」而王肅的主要駁鄭理由是:如鄭所言,則「歲末遭喪,則出入四年」,與三年之喪制不符。[24]孔氏《正義》遵「禮是鄭學」原則,自要疏鄭義,但詳引王肅說,說明對王肅說也相當重視。宋‧衛湜《禮記集說》引長樂陳氏(祥道,字用之)曰:「蓋三年之喪則久矣,故

---

23 呂友仁整理本:《禮記正義》,頁256-257。

24 宋‧魏了翁《禮記要義》,國家圖書館藏宋淳祐十二年(1252)魏克愚徽州刻本,收入《續修四庫全書》經部禮類(96),頁557。

祥月而禫者，以義斷恩也，期之喪則近矣，故閒月而禫者，以恩伸義也。」[25]是陳祥道以為鄭、王之說各有道理，均不為錯，要依具體情況而定，需要以義斷恩，則可祥、禫同月；需要以恩申義，則可「閒月而禫」。魏了翁尊鄭說。[26]元・陳澔《禮記集說》：「禫，祭名。禫者，澹澹然平安之意。大祥後閒一月而禫，故云中月而禫。或云祥月之中者，非。」是從鄭說而不從王肅說。清・孫希旦《集解》：「愚謂祥、禫之月，鄭、王二說各有據依，而先儒多是王氏，朱子亦以為然。然魯人朝祥莫歌，孔子謂『踰月則善』，而孔子既祥十日而成笙歌，祥後十日已為踰月，則孔氏據喪事先遠日，謂祥在下旬者，確不可易，而祥、禫之不得同月亦可見矣。祥後所以有禫者，正以大祥雖除衰杖，而餘哀未忘，未忍一旦即吉，故再延餘服，以伸其未盡之哀，以再期為正服，而以二月為餘哀，此變除之漸而制禮之意也。若祥、履吉祭同在一月，則祥後禫前不過數日，初無哀之可延，而一月之間頻行變除，亦覺其急遽而無節矣。『父在為母為妻十一月而練，十三月而祥，十五月而禫』，祥、禫相去二月，此正準三年祥、禫相去之月數而制之者，又何疑於三年之禫哉！」[27]孫希旦亦從鄭。黃以周《禮書通故》：「吳廷華云：『諸經皆言三年之喪，惟《小戴記》乃有二十五月而畢之說，……唐王玄感主三年非二十五月之說，張柬之據《春秋》駁之。……愚謂喪服自期至緦，皆月之實數，獨三年則以二十五月畢之，本自可疑。又漢文帝作短喪之俑，其以日易月也，則言三十六日，而不言二十五日。……』以周案：《荀子》、《戴記》、《公羊傳》並云二十五月，兩漢諸儒並無三十六月之說。毛、吳諸人

25 宋・衛湜：《禮記集說》卷十六，四庫本。
26 詳見上引宋・魏了翁：《禮記要義》。
27 清・孫希旦：《禮記集解》，頁181-182。

逞臆滅古，不足為訓。……」[28]是吳廷華從鄭說，而黃以周以王肅說為是也。晚清遵鄭的經學家皮錫瑞自亦從鄭說。[29]而據今人張煥君考證，秦漢以來實行多為二十五月，而非如鄭氏所言二十七月。「曹魏之世，民間或從鄭，或從王……晉初，因程猗之言，用王肅之說。但在太康之後，許猛、宋昌等又以鄭為是，『晉武從之』，王、杜遂敗，則數十年間，為之再變。」「……江左以來，……縉紳之士，多遵玄義。」南北朝時，北魏時則行鄭說為主。而實際社會生活中的施行，可能較此更為複雜。總之，二十五月、二十七月之爭，自王肅生前即開始，以後一直不斷。張煥君曰：鄭說有理想主義成分在，所謂「理論上的合理性，較之事實上的現實性更為重要……應該堅持禮稱情立文」；王說則偏「人間主義、實質主義」。而總體上兩晉南北朝時期，鄭玄之說從民間到朝廷，有逐漸取代王肅說之趨勢。[30]這大概就是後來形成「禮是鄭學」之觀念的背景原因。日人古橋紀宏亦曰「漢代以來的實際習慣就是二十五月，鄭玄提出二十七月，不合當時禮俗，所以王肅要主張二十五月。」而另一日本學者喬秀岩則曰：「漢代以來實際禮俗是二十五月這一點，未見任何根據，故不能證明王說比鄭說更接近實際禮俗。」[31]

---

28 清·黃以周《禮書通故》一，十三經清人注疏本，王文錦點校，中華書局，2007年，頁303。（下引同）

29 詳見清·皮錫瑞：《鄭志疏證》。此引自（日）喬秀岩：〈論鄭王禮說異同〉，刊氏著《北京讀經說記》（臺北市：萬卷樓圖書公司，2013年9月第2版），頁161。

30 張煥君：〈從鄭玄、王肅的喪期之爭看經典與社會的互動〉，刊《清華大學學報》（哲社版）2006年第6期。

31 日·喬秀岩：〈論鄭王禮說異同〉，刊氏著《北京讀經說記》（臺北市：萬卷樓圖書公司，2013年9月第2版），頁161。

二十　死而不弔者三：畏、厭、溺。

鄭注：「（死而不弔者三），謂輕身忘孝也。（畏），人或時以非罪攻
　　　　己，不能有以說之死之者。孔子畏於匡。（厭），行止危險之
　　　　下。（溺），不乘橋船。」[32]

附注：王肅曰：「犯法獄死謂之畏。《爾雅》曰：畏，刑者也。」王肅
　　　　《聖證論》難鄭玄曰：「孔子畏匡，德能自全也，使聖人卒離
　　　　不幸，可得不痛悼而罪之乎？非徒賢者，設有罪愚人，亦不得
　　　　不哀傷之也。」（《通典》卷八十三）[33]

案：孔穎達《禮記正義》：「此一節論非理橫死不合弔哭之事。畏，謂
　　有人以非罪攻己，己若不有以解說之而死者，則不弔。鄭玄注引《論
　　語》以證之，明須解說也。案〈世家〉云陽虎嘗侵暴於匡，時又孔子
　　弟子顏刻為陽虎御車，後孔子亦使刻御車從匡過，孔子與陽虎相似，
　　故匡人謂孔子為陽虎，因圍，欲殺之，孔子自說，故匡人解圍也。自
　　說者，謂卑辭遜禮。《論語》注云『微服而去』，謂身著微服，潛行而
　　去，不敢與匡人鬬，以媚悅之也。『厭』，謂行止危險之下，為崩墜所
　　厭殺也。『溺』，謂不乘橋船而入水死者。何胤云：『馮河、潛水，不
　　為弔也。』除此三事之外，其有死不得禮，亦不弔。故昭二十年衛齊
　　豹欲攻孟縶，宗魯事孟縶，是時齊豹欲攻孟縶，宗魯許齊豹攻之，不
　　告孟縶，及孟縶被殺而死，宗魯亦死之。孔子弟子琴張欲往弔之，孔
　　子止之曰：『齊豹之盜，而孟縶之賊，女何弔焉？』杜預云：『言齊豹
　　所以為盜，孟縶所以見賊，皆由宗魯。』是失禮者亦不弔也。」[34]

　　　　此條鄭、王注可對應比勘者主要在「畏」字，不同亦在此字。王

32　呂友仁整理本：《禮記正義》，頁258。
33　唐・杜佑《通典》卷八十三，《禮》四十三「三不弔議」，頁450。
34　呂友仁整理本：《禮記正義》，頁258-259。

肅於鄭解大不以為然。王肅特別對鄭玄舉「孔子畏于匡」之事以證「畏」字之義提出批評。《論語》所述「子畏于匡」事，其詳不可知，後人聚訟不已[35]。據《史記》，其事大略為：「陽虎嘗暴匡人」，某日孔子過匡[36]，因孔子形象酷似陽虎，故被匡人圍困，欲殺之，危難情勢下，孔子慨然曰：「天之未喪斯文也，匡人其如予何！」後來「孔子使從者甯武子臣于衛，然後得去。」[37]鄭氏注或許只是比方言之，以為「畏」字之義就好比孔子這種看起來凜然英雄氣，但不加據理力爭、設法擺脫就倉卒赴死，不值得提倡，屬於「死而不弔」的範圍。至於孔子當時究竟是否據理解釋、解圍，鄭氏並未詳說。據《史記》，孔子還是努力設法解圍了，並未無謂地慨然赴死。王肅或許誤解了鄭氏之義，以為鄭氏將孔子這樣的聖人也入於「死而不弔」的範圍，實在無法接受，申言即使孔子當時慨然赴死了，也萬萬不能入於「死而不弔」的範圍。王肅以為，鄭氏對於「畏」字之解根本不可取，此「畏」當指犯法獄死者。依情理推論，鄭氏當不會以為孔子屬「死而不弔」者。宋・衛湜《禮記集說》引橫渠張氏曰：「知死而不知生，傷而不弔。畏、厭、溺，可傷尤甚也，故特致哀死者不弔生者以異之，且如何不淑之詞，無所施焉。畏，畏懼而死者。三者皆不得其死，故君子傷之之甚，但知憫死者而已，哀有餘而不暇於文也。」是完全不用漢唐人之說。又引長樂陳氏（祥道，字用之）曰：「傷主於死者，弔主於生者，傷則傷其所終，弔則弔其所失。苟死者不足謂之終，則生者不足謂之失，此所以不足弔也。蓋怖畏而死則非勇，厭、溺而死則非

---

35 詳參程樹德：《論語集釋》，程俊英、蔣見元點校，新編諸子集成本，中華書局，1990年版，2008年第6次印刷，頁576。（下引版本同）

36 匡地所在，歷來亦有聚訟，或曰在鄭東，或曰在衛南，或曰宋邑。《讀史方輿紀要》謂「匡城在開封府洧川縣東北者」。——詳參詳參程樹德《論語集釋》，頁576-577。

37 詳參《史記》〈孔子世家〉。

智，……君子之所以不弔者不特此而已。……君子之行無他，要在生不為人之所不敬，死不為人之所不弔而已。」又引嚴陵方氏（慤，字性夫）曰：「戰陣無勇非孝也，其有畏而死者乎？君子不立巖牆之下，其有厭而死者乎？孝子舟而不遊，其有溺而死者乎？三者之死，皆非正命也。」又引廬陵胡氏（銓，字邦衡）曰：「畏，謂畏避不能死難而終不免於死者。」引慈湖楊氏（簡，字敬仲）曰：「畏死於兵，厭死於巖牆，溺死於水，非不弔也，不忍為弔，辭不忍言之也。使孔子果死於匡，則不可弔乎？屈原之死，亦不可弔乎？而先儒有謂直賤之而不弔，此乃固陋執言失意，人心之所不安也。」[38]宋代的經學家們雖然不論鄭、王之是非，但又都對「畏」字作了特別解釋，說明「鄭王之爭」的影響還在。元·陳澔《禮記集說》：「方氏曰：戰陣無勇，非孝也，其有畏而死者乎？君子不立巖牆之下，其有厭而死者乎？孝子舟而不遊，其有溺而死者乎？三者皆非正命，故先王制禮，在所不弔。○應氏曰：情之厚者，豈容不弔？但其辭未易致耳。若為國而死於兵，亦無不弔之理。若齊莊公於杞梁之妻，未嘗不弔也。○愚聞先儒言：明理可以治懼，見理不明者，畏懼而不知所出，多自經於溝瀆，此真為死於畏矣。似難專指戰陣無勇也。或謂鬪很亡命曰畏。」看來《禮記》此句，歷代經學家都難有一個圓滿的詮釋。清·王夫之《禮記章句》卷三：「畏者，死於盜刺。厭者，死於巖牆。溺者，死於徒涉。三者苟在親故之倫，哭之可也。弔以弔生者，而為人子者不能預防而諫免之，又不致身以殉難，不孝之尤，不足恤矣，何弔之有？」王夫之之解，似相對較為圓滿。朱彬《禮記訓纂》引「盧注：『畏者，兵刃所殺也。』」[39]《白虎通》〈喪服篇〉亦云：「畏者，

---

38 宋·衛湜：《禮記集說》卷十六，四庫本。

39 清·朱彬：《禮記訓纂》，頁88。

兵死也。」今人李振興以王肅說為是。[40]孫希旦（1736-1784）《集解》：「愚謂畏，謂被迫脅而恐懼自裁者。」[41]劉寶楠（1791-1855）《論語正義》：「《說文》云：『畏，惡也。』《廣雅》〈釋詁〉：『畏，懼也，恐也。』夫子見圍於匡，有畏懼之意，猶……人若因畏而死，亦稱畏。《禮》〈檀弓〉『死而不弔者三：畏、厭、溺』是也。」[42]是孫希旦、劉寶楠之說又與鄭說有不同。

二十一　曾子曰：小功不稅，則是遠兄弟終無服也，而可乎？

鄭注：「據禮而言也。日月已過乃聞喪而服，曰稅。大功以上然，小功輕，不服。言相離遠者，聞之恆晚。（而可乎），以己恩怪之。」「鄭康成義：若限內聞喪，則追全服。」

附注：「若王肅義：限內聞喪，但服殘日，若限滿即止。假令如王肅之義，限內祇少一日，乃始聞喪，若其成服，服未得成即除也。若其不服，又何名追服？」

案：《釋文》：「稅，徐他外反，……」孔穎達《禮記正義》：「此一節論曾子怪於禮小功不著稅服之事。曾子以為，依禮，小功之喪，日月已過，不更稅而追服，則是遠處兄弟聞喪恒晚，終無服。『而可乎？』言其不可也。曾子仁厚，禮雖如此，猶以為薄，故怪之。此據正服小功也。故〈喪服小記〉云：『降而在緦、小功者則稅之』，其餘則否。鄭康成義，若限內聞喪，則追全服。若王肅義，限內聞喪，但

---

40 李振興：《王肅之經學》，頁609。

41 清・孫希旦：《禮記集解》，頁182。

42 清・劉寶楠：《論語正義》，十三經清人注疏本，高流水點校（北京市：中華書局，1990年版，2007年第4次印刷），頁327-328。

服殘日，若限滿即止。假令如王肅之義，限內祇少一日，乃始聞喪，若其成服，服未得成即除也。若其不服，又何名追服？進退無理。王義非也。」[43]

　　此條鄭、王之異在「稅服」問題。值得注意的是，就禮經定制而言，當是「小功不稅」，可因為有曾子此言，故鄭、王皆以為小功當稅之。如何稅之？鄭以為「若限內聞喪，則追全服」，王則以為但服殘日。孔氏《正義》尊鄭說。宋・衛湜《禮記集說》引盧陵胡氏（銓，字邦衡）曰：「小功之服最多，親則叔父之下殤與適孫之下殤與兄弟下殤，尊則外祖父母，常服則從祖父母。其不可不服明矣。韓愈之意，似不可不追服。案〈喪服小記〉云：降而在緦、小功者則稅之，其餘則否。是據禮正服小功不稅也。稅者，謂日月已過始聞訃而服者，大功以上如此，小功否也。鄭義限內聞喪則追全服，王肅義限內聞喪但服殘日，若限滿即止。王義非也。然鄭亦不言限外聞喪則如何，是鄭亦不追服矣。」[44]則似追服者，必是「降而在緦、小功者」，正服小功則不用追服。清・孫希旦《集解》：「愚謂兄弟，謂族親也。〈喪服〉：從祖祖父母、從祖父母、從祖兄弟為三小功。先王之制服，以其實不以其文，故有其服必有其情，非虛加之而已。小功恩輕，若日月已過而服之，則哀微而不足以稱乎其服矣。曾子篤於恩，故疑不稅之非。然先王之於禮，則以人之可通行者制之也。」[45]則是孫希旦以為鄭氏之說有「虛加」之傾向乎？以為曾子之多慮也？黃以周《禮書通故》從鄭說而不從王說。然所引關於「稅」字之解，古來有不同說，頗值得注意：「〈奔喪〉：『聞遠兄弟之喪，既除喪而後聞喪，免袒成踊，拜賓則尚左手。』注云：『尚左手，吉拜。』是小功

43　呂友仁整理本：《禮記正義》，頁268-269。
44　宋・衛湜：《禮記集說》卷十六，四庫本。
45　清・孫希旦：《禮記集解》，頁190。

不稅服之證也。……唐韓退之申言小功不追服之不可……朱仲鈞申韓意，以為稅即〈服問〉『有本為稅』之稅。稅，變易也。前喪未畢，復遭後喪，以後喪之麻變前喪之葛，是謂之稅。小功不稅與小功無變義同。其說本之林氏《求義》。……林氏云：『禮之小功不稅者，謂先有重喪，後遭小功，不以小功之服變其前喪。而末俗見遭喪者不變後喪之小功，遂疑其日月已過即不為服，故曾子如其言以諷之。』其說較穩。」[46]茲補《通典》所引晉宋間議：「束皙問步熊，熊答曰：『禮已除，不追耳。未除，當追服五月。』賀循[47]曰：『小功不稅者，謂喪月都竟乃聞喪者耳。若在服內，則自全五月。』……宋・庾蔚之[48]謂鄭、王所說，雖各有理，而王議容朝聞夕除，或不容成服，求之人心，未為允愜；若服其殘月人心得衛，則應多少不同。今喪寧心制，既無其條則，是前朝已自詳定無服殘月之制。」[49]看來晉宋間還是鄭說占上風。

---

46 清・黃以周：《禮書通故》，頁427-428。

47 賀循，字彥先，會稽山陰人。先祖為漢代著名的禮學傳人慶普。族高祖純，博學有重名，漢安帝時為侍中，避安帝父諱，改為賀氏。曾祖齊，仕吳為名將。父邵，中書令，為孫皓所殺，徙家屬邊郡。循少嬰家難，流放海隅，吳平，乃還本郡。循先曾為武康令，後由朝中著作郎陸機舉薦，補太子舍人。兩晉之交，賀循曾任侍御史、丹陽內史、吳國內史、太常等職，曾屢徵而稱疾辭官。東晉初，朝中許多禮事均諮詢賀循，被稱當世儒宗。後官至太子太傅兼太常、左光祿大夫、開府儀同三司。東晉元帝太興二年（西元319年）卒，年六十。

48 庾蔚之，穎川人，南朝宋孝建（西元454-456年）中為太常丞，歷員外郎散騎常侍，有《禮記略解》十卷，《禮論鈔》二十卷，〈喪服〉三十一卷，《喪服世要》一卷，《喪服要記注》十卷。

49 唐・杜佑《通典》卷九十八，〈禮〉五十八「小功不稅服議」，頁525。

二十二　孔子蚤作，負手曳杖，消搖於門，歌曰：「泰山
　　　　其穨乎！梁木其壞乎！哲人其萎乎！」……夫子
　　　　曰：「……夫明王不興，而天下其孰能宗予？予
　　　　殆將死也！」

鄭注：「作，起。……泰山，眾山所仰。梁木，眾木所放。哲人，亦
　　　眾人所仰放也。……萎，病也。《詩》云：『無木不萎』。」
　　　「孰，誰也。宗，尊也。兩楹之間，南面鄉明，人君聽治正坐
　　　之處。今無明王，誰能尊我以為人君乎？是我殷家奠殯之象，
　　　以此自知將死。」[50]

王注：「萎，頓也。」「傷道之不行也。」（《史記》〈孔子世家〉裴駰
　　　《集解》引）

案：此條鄭、王義解可對應比勘者在「萎」字。《釋文》：「蚤，音
　　　早。……消搖，本又作『逍遙』。……放，方兩反。委，本又作
　　　萎……病也。」《釋文》用鄭說而不用王說。李振興《王肅之經學》：
　　　「考『無木不萎』乃《詩》〈小雅・谷風〉文。《集韻》云：『萎，草
　　　木枯死。』……是萎當訓枯死也。王氏訓萎為頓，頓有僵義。《廣雅》
　　　〈釋詁〉四：『頓，僵也。』又有頓仆義。如《三國志》〈吳志・諸葛
　　　恪傳〉：『士卒傷病，流曳道路，或頓仆坑壑。』就文義言，以萎訓
　　　病，似不若訓『頓』為理順。又案：王氏引之《經義述聞》以為『哲
　　　人其萎』四字乃後人據《家語》增入。其說似亦成理。」[51]據《家
　　　語》增入何以鄭注已有？清・王夫之《禮記章句》卷三：「萎，凋落
　　　也。」

50　呂友仁整理本：《禮記正義》，頁277-278。
51　李振興：《王肅之經學》，頁610。

二十三　曾子弔於負夏。主人既祖，填池，推柩而反之，
　　　　降婦人而後行禮。從者曰：「禮與？」……

鄭注：「負夏，衛地。祖，謂移柩車去載處，為行始也。填池，當為
　　　　『奠徹』，聲之誤也。奠徹，謂徹遣奠，設祖奠。反於載處，
　　　　榮曾子弔，欲更始。禮，既祖而婦人降。今反柩，婦人辟之，
　　　　復升堂矣。柩無反而反之，而又降婦人，蓋欲矜賓於此婦人。
　　　　皆非。」

王注：「『填池』如字。」

案：《釋文》：「填池，依注音『奠徹』，盧、王並如字。……」孔穎達
《禮記正義》：「此一節論負夏氏葬禮所失之事。○『既祖，填池』
者，案〈既夕禮〉啟殯之後，『柩遷於祖，重先，奠從，柩從，升自
西階，正柩於兩楹間，用夷牀』。鄭注云：『是時柩北首。』設奠於柩
西。此奠謂啟殯之奠也。質明，徹去啟奠，乃設遷祖之奠於柩西。至
日側，乃卻下柩，載於階間，乘蜃車[52]載訖降下。遷祖之奠，設於柩
車西，當前束，時柩猶北首，前束近北。前束者，謂棺於車束有前
後，故云前束。乃飾柩，設披，屬引，徹去遷祖之奠，遷柩嚮外而為
行始，謂之祖也。婦人降，即位於階間，乃設祖奠於柩西。至厥明，
徹祖奠，又設遣奠於柩車之西，然後徹之。苞牲，取下體以載之，遂
行。此是啟殯之後至柩車出之節也。曾子弔於負夏氏，正當主人祖祭
之明旦既徹祖奠之後、設遣奠之時而來弔，主人榮曾子之來，乃徹去
遣奠，更設祖奠，又推柩少退而返之嚮北，又遣婦人升堂，至明旦，
婦人從堂更降，而後乃行遣車禮。[53]從曾子者意以為疑……○注『祖

---

52 蜃車，載棺柩至墓地之車，亦名柩路。——錢玄、錢興奇編著：《三禮辭典》（南京
　　市：鳳凰出版社，2014年），頁954。

53 「而後乃行遣車禮」，阮本同。魏氏《要義》同。孫希旦《集解》云「遣車」疑當
　　作「遣奠」。——呂友仁整理本：《禮記正義》，頁307。

謂』至『祖奠』○『祖，謂移柩車去載處為行始』者，案〈既夕禮〉
注云：『束棺於柩車，賓出，遂、匠納車於階間。』柩從兩檻郤下，
載於車，乃迴車南出，是為祖也。祖，始也，謂將行之始也。云『奠
徹，謂徹遣奠，設祖奠』者，案〈既夕禮〉，祖日明旦，[54]徹祖奠，設
遣奠。曾子正當設遣奠時來，主人乃徹去遣奠，還設祖奠，似若不為
遣奠，然經云『主人既祖』，祖之明日既徹祖奠之時，故謂之既祖。
鄭云『祖，謂移柩車去載處』者，解正祖之名也。皇氏、熊氏皆云：
『曾子雖今日來弔，遙指昨日為既祖。』於文賒緩，其義非也。○注
『禮，既祖而婦人降』○〈既夕禮〉文。以既祖，柩車南出，階間既
空，故婦人得降立階間。今柩車反還階間，故婦人辟之升堂。婦人既
已升堂，柩車未迴南出，則婦人未合降也。今乃降之者，以曾子賢
人，欲矜誇賓於此婦人也。言『皆非』者，柩無反而反之，是一非；
既反之，未迴車南出，不合降婦人而降之，是二非也。」[55]

　　此條鄭、王義解可對應比勘者主要在「填池」之解。鄭、王詮釋
大不同。鄭以為指主人看到曾子來弔，本來已在「既祖」之後，已經
設了「遣奠」，於是「徹去遣奠，還設祖奠，似若不為遣奠」。奠，
《說文》曰：「置祭也。從酋。酋，酒也。下其丌也。」而王肅從本
讀，其具體意義未明。據本篇前經：「有虞氏瓦棺……周人牆置翣」
[56]，意為周人出殯，將棺柩載於車，在棺柩周圍置一如帳蓬形的尖頂
的木框架，叫柳；柳上覆以幕布，幕布的頂部叫荒，四周叫帷，荒、
帷即柳衣。[57]此載車之棺柩即所謂柳車。而據〈喪大記〉楊天宇注，

<hr>

54 「祖日明旦」，阮本同。阮校引浦鏜校云：「之」誤「日」。——呂友仁整理本：《禮
　　記正義》，頁307。

55 呂友仁整理本：《禮記正義》，頁290-291。

56 呂友仁整理本：《禮記正義》，頁237。

57 楊天宇：《禮記譯注》，中華古籍譯注叢書（上海市：上海古籍出版社，1997年），
　　頁79。（下引同）

「池」是設在柳衣簷處（即帷的上沿）的棺飾，以象死者生前所居宮寢屋簷下的承霤。[58]承霤，又名重霤，本為置於屋簷下承接雨水的天溝。惠棟曰：「承霤，以木為之，用以行水，亦宮之飾也。今宮中有承霤，以銅為之。」而棺飾之「池」，為一竹製的流水溝，外面蒙以青布，形如屋簷下的承霤。[59]李振興《王肅之經學》引朱芹[60]《十三經劄記》以為「填池」即填置柳車池，「謂既祖奠設池，而柩將行也，以重受曾子之弔，故推柩而反之。經文本自明白，不知鄭氏何意改『填池』為『奠徹』，故孔疏引《儀禮》支離附會，皆非也。」[61]是李振興以王肅說為是。宋・衛湜《禮記集說》引廬陵胡氏（銓，字邦衡）曰：「池，以竹為之，衣以青布，喪行之飾。所謂池，視重霤是也。填，謂縣同魚以實之，謂將行也。鄭改『填池』為『奠徹』，未詳。」[62]是胡銓亦以王肅說為是。或清人朱芹、今人楊天宇均承自胡銓。元・陳澔《禮記集說》：「劉氏曰：負夏，衛地也。葬之前一日，曾子往弔，時主人已祖奠，而婦人降在兩階之間矣，曾子至，主人榮之，遂徹奠推柩而反，向內以受弔，示死者將出行，遇賓至而為之暫反也。亦事死如事生之意。然非禮矣。柩既反，則婦人復升堂以避柩。至明日，乃復還柩向外，降婦人於階間，而後行遣奠之禮。故從者見柩初已遷，而復推反之；婦人已降，而又升堂，皆非禮，故問之。而曾子答之云：『祖者，且也。是且遷柩為將行之始，未是實行，又何為不可復反越宿至明日乃還柩遣奠而遂行乎？』疏謂其見主人榮己，不欲指其錯失，而紿說答從者。此以眾人之心窺大賢也。事

---

58 楊天宇：《禮記譯注》，頁782。

59 楊天宇：《禮記譯注》，頁127。

60 朱芹，又名朱亦棟，字獻公，號碧山。浙江上虞人，乾隆舉人。

61 李振興：《王肅之經學》，頁611。

62 宋・衛湜：《禮記集說》卷十七，四庫本。

之有無不可知，其義亦難強解。或記者有遺誤也。所以徹奠者，奠在
柩西，欲推柩反之，故必先徹而後可旋轉也。婦人降階間，亦以奠在
車西，故立車後。今柩反，故亦升避也。○填，音奠。池，音徹。
推，他回切……」是陳澔所引劉氏說，解鄭義較孔氏《正義》為明
晰。清‧王夫之《禮記章句》卷三：「負夏，衛地。祖者，古者遠行
將行而飲酒為始行。孝子事死如事生，故於遷柩朝祖廟之後，日昃而
設祖奠，為將就墓而餞之也。填、置，古字通用，設也。池，以竹為
之，衣以青布，象宮室之承霤，設於荒下，為棺飾。飾棺者，先設
帷，次設荒，而後加池。既置池，則棺飾備矣。葬之前日，還柩向外
而陳，祖奠，商祝飾柩，主人降，婦人降，即位於階間。於時或有弔
者，主人拜於柩車東，柩不復還，則因柩以為位也。今推柩車而反
之，使如在殯，主人復升，即未祖以前之位，而婦人不復反堂上。則
其造次不成禮亦可見矣。」是王夫之亦從王肅說而不從鄭注。孫希旦
《集解》逕曰此經義難曉[63]。難道孫希旦未讀陳澔《集說》？江永
曰：「『填』當讀如『鎮』，鎮即有奠定之義……既朝祖……日昃時乃
還轉柩車，向外南首為行始，謂之祖……主人榮其弔，復推柩而反，
使復北首，若未祖者然。先時婦人在堂，降婦人，即位於階間，而後
行弔禮。如此釋之，似可通。」[64]

二十四　公叔木有同母異父之昆弟死，問於子游，子游
　　　　曰：「其大功乎？」狄儀有同母異父之昆弟死，
　　　　問於子夏，子夏曰：「我未之前聞也。魯人則為
　　　　之齊衰。」……

---

63 詳清‧孫希旦：《禮記集解》，頁203。
64 清‧朱彬：《禮記訓纂》，頁100。

鄭注：「『木』當為『朱』，《春秋》作『戌』，衛公叔文子之子，定公十四年奔魯。（子游）疑所服也。親者屬，大功是。」[65]

附注：《通典》卷九十一「大功成人九月」條：「周制：同母異父昆弟相為服。〈檀弓〉云：公叔木有同母異父之昆弟死，問於子游，子游曰：其大功乎？」引王肅云：「母嫁則祖父母外無服，所謂絕族無施服也。唯母之身有服，所謂『親者屬』也。異父同母昆弟不應有服，此謂與繼父同居，為繼父期，故為其子大功也。禮無明文，是以子游疑而答也。」[66]

案：《釋文》：「木，音式樹反，又音朱，徐之樹反。」孔穎達《禮記正義》：「此一節論為同母異父昆弟死者服得失之事。各依文解之。……○注『疑所』至『功是』○為同母異父昆弟之服，〈喪服〉無文，故子游疑之。『其大功乎？』『乎』是疑辭也。云『親者屬，大功是』者，鄭意以為同母兄弟，母之親屬，服大功是也。所以是者，以同父同母則服期，今但同母，而以母是我親，生其兄弟，是親者血屬，故降一等而服大功。案《聖證論》王肅難鄭：『禮稱親者血屬，謂出母之身，不謂出母之子服也。若出母之子服大功，則出母之父母服應更重，何以為出母之父母無服？』王肅云：『同母異父兄弟服大功者，謂繼父服齊衰，其子降一等，故服大功。』馬昭難王肅云：『異父昆弟，恩繼於母，不繼於父。肅以為從繼父而服非也。』張融以為：『繼父同居有子，正服齊衰三月，乃為其子大功，非服之差。玄說是也。』」[67]

此條鄭、王詮義可對應比勘者在為同母異父之昆弟服何等喪服之問題。因〈喪服〉本經無文，故子游遇此事，疑而答之。子夏亦疑而

---

65 呂友仁整理本：《禮記正義》，頁316。

66 唐・杜佑《通典》卷九十一，《禮》五十一「大功成人九月」條，頁496。

67 呂友仁整理本：《禮記正義》，頁316。

答之。鄭玄首先肯定子游所言大功為是，理由是「親者屬」。王肅主
要針對鄭玄「親者屬」三字加以駁正，認為母是「親者屬」，已出之
母之子，與己不同父，非「親者屬」。王肅也承認子游大功之說可
取，但《正義》所引王肅說認為，這裡之所以為同母異父昆弟服大
功，是因為為繼父服齊衰，其子降一等，故服大功。《通典》所引王
肅則更明確說，本來同母異父昆弟不應有服，只是因為與繼父同居，
此後為繼父服齊衰期，其子降一等服大功。這樣依王肅說，則為同母
異父昆弟服大功，主要依據在繼父，而不在生母。馬昭以為王肅的說
法不對，為同母異父昆弟服大功，依據在母而不在父。張融亦以為，
如果為同居繼父服齊衰，那也應當是齊衰三月，不應當是齊衰期，再
為其子服大功九月，恐其喪期等差級數亦不合適，還是鄭說可取。
宋・衛湜《禮記集說》引嚴陵方氏（慤，字性夫）曰：「繼父同居則
服期焉。服其父以期，則其子相為服以大功，乃其稱也。」[68]是用王
肅說也。元・陳澔《禮記集說》：「公叔木，衛公叔文子之子。同父母
之兄弟期，則此同母而異父者當降而為大功也。禮經無文，故子游以
疑辭答之。」清・王夫之《禮記章句》卷三：「同母異父之昆弟，父
死而母改嫁所生者。子游疑其當服大功。蓋降於兄弟一等，視為人後
者為其昆弟，及女子適人為其昆弟之服，亦非禮之正也。」是陳澔、
王夫之皆迴避了鄭、王爭議的關鍵問題。黃以周《禮書通故》：「子夏
曰：『我未之前聞也。魯人則為之齊衰。』盧植云：『子游為近是。禮
家推之以為當小功。』……高堂隆云：『外親正服不過緦麻。若以同
居，從同爨服，云大功，過也。』馬昭、淳于睿等說此恩係於母，不
於繼父，宜從子游大功說。以周案：王肅意母嫁己不從，即不為此等
昆弟服，是也。其謂繼父同居期，其子大功，失之。繼父有子即為異

---

68 宋・衛湜：《禮記集說》卷十八，四庫本。

居。繼父不同居，齊衰三月，乃為其子大功，非服之差。高堂隆說較近正。（右同母異父之子，應附繼父後。）」[69]李振興《王肅之經學》引《鄭志》以為同母兄弟，母之親屬服大功是也。是申鄭此注之義也。然李氏曰鄭、王、孔所云，其義相同。[70]則似不盡然。

二十五　孔子之喪，有自燕來觀者，舍於子夏氏。子夏曰：「聖人之葬人，與人之葬聖人也，子何觀焉？……」

鄭注：「與，及也。」

王注：「聖人葬人與？」屬上句以言。若「聖人葬人與？」則人庶有異聞，得來觀者。若人之葬聖人，與凡人何異，而子何觀之？

案：孔穎達《禮記正義》：「此一節論葬夫子封墳之法。燕國人聞葬聖人，恐有異禮，故從燕來魯觀之，舍於子夏氏。舍，住也。燕人來住子夏家也。子夏曰：『聖人之葬人，與人之葬聖人也，子何觀焉？』與，及也。子夏謂燕人云：『若聖人葬人，及人葬聖人，皆用一禮，而子遠來，何所觀乎？』王肅云『聖人葬人與？』屬上句以言。若『聖人葬人與？』則人庶有異聞，得來觀者。若人之葬聖人，與凡人何異，而子何觀之？然公西赤為志，徧用三王，而子夏謂葬聖人[71]與凡人不異者，今謂聖凡相葬，禮儀不殊，而孔子葬異，此是賢葬聖師，別自表義，不施世為法。而子夏恐燕人學教此禮，故懸而拒之，

---

69 清・黃以周：《禮書通故》，頁376。

70 詳參李振興：《王肅之經學》，頁612。

71 「徧用三王而子夏謂葬聖人」，阮本「而」作「禮」，屬上讀。阮校云：「閩、監、毛本同。惠棟校宋本『禮』下有『而』字，《考文》引宋版『禮』作『而』，與惠校不同。」——呂友仁整理本：《禮記正義》，頁343。

云其禮本應如一也。而下又述昔聞夫子見四封之異者，此處可共，是許燕人學之，故備陳其教，以赴遠觀之意。[72]」

　　此條鄭、王因句讀不同，句義詮釋大不同。鄭曰：子夏謂燕人曰：您遠道而來，究竟是想看聖人之葬凡人？還是想看凡人葬聖人？孔氏《正義》以為子夏意在說聖人葬人與人葬聖人無異，不必遠道而來觀效。王肅解為：子夏謂燕人曰：難道我們這是聖人葬凡人嗎？我們這是凡人葬聖人，與凡人之葬沒什麼區別，您還有什麼可看的！則意在聖人葬人，或有所不同。宋・衛湜《禮記集說》未見有相關解說。元・陳澔《禮記集說》解說不同，或更合文義：「延陵季子之葬其子，夫子尚往觀之。今孔子之葬，燕人來觀，亦其宜也。然子夏之意，以為聖人葬人，則事皆合禮；人之葬聖人，則未必皆合於禮也。故語之曰：子以為聖人之葬人乎？乃人之葬聖人也，又何觀焉？蓋謙辭也。」依陳澔說，則王肅之句逗更合理。清・朱彬《禮記訓纂》引王肅說而不引鄭說，或是從王而不從鄭也。[73]李振興《王肅之經學》亦以王說為勝。[74]

---

72 「以赴遠觀之意」，阮本同。阮校云：「許宗彥校『赴』作『副』。」——呂友仁整理本：《禮記正義》，頁343。

73 詳清・朱彬：《禮記訓纂》，頁115。

74 詳李振興：《王肅之經學》，頁612。

檀弓下第四

二十六　……重，主道也。……

鄭注：「始死未作主，以重主其神也。重，既虞而埋之，乃後作主。
　　　　《春秋傳》曰：虞主用桑，練主用栗。」[1]
王注：「重，未立主之禮也。」（北齊・魏收《魏書》卷一百八之二
　　　　《志》第十一《禮》四之二引）
案：此條鄭、王未有不同，不贅。

二十七　穆公問於子思曰：為舊君反服，古與？

鄭注：「仕焉而已者。穆公，魯哀公之曾孫。」[2]
附註：「王肅、賀循皆言老、疾、三諫去者為舊君服齊。」（《通典》
　　　　卷九十〈禮〉五十「齊衰三月」條引）[3]
案：李振興《王肅之經學》：「鄭氏用《儀禮》『齊衰三月』文為解
也。賈氏釋曰：『仕焉而已者，謂老若有廢疾而致仕者也』者，此解
『仕焉而已』，有仕已老者，〈曲禮〉云：大夫七十而致仕。云『有廢
疾者』，謂未七十而有廢疾亦致仕。是致仕之中有二也。由是而知
『仕焉而已』者，實含王氏所云之老、疾。至三諫，乃以道去君，為

1　呂友仁整理本：《禮記正義》，頁362。
2　呂友仁整理本：《禮記正義》，頁378。
3　唐・杜佑《通典》卷九十，《禮》五十「齊衰三月」條，頁493。

三諫不從，待放於郊未絕者，言爵祿尚有列於朝，出入有詔於國。賈氏釋曰：爵祿有列，謂待放大夫，舊位乃在。出入有列於國者，謂兄弟宗族猶存，吉凶之事，書信往來相告不絕。引〈曲禮〉此文，證大夫去君，掃其宗廟，詔使宗族祭祀。為此大夫雖去，猶為舊君服。其服皆為齊衰三月也。王氏之說，實較鄭氏為備。此言三有禮則為舊君反服，反之則否。《孟子》〈離婁篇〉所言三有禮焉，與此相若。」[4]

《儀禮》〈喪服〉第十一：「為舊君、君之母、妻。傳曰：為舊君者孰謂也？仕焉而已者也。何以服齊衰三月也？言與民同也。君之母、妻，則小君也。」鄭注：「仕焉而已者，謂老若有廢疾而致仕者也。為小君服者，恩深於民。」賈疏：「此經上下臣為舊君有二，故發問云『孰謂也』。云『仕焉而已者也』者，答辭也。傳意以下『為舊君』，是待放之臣，以此為致仕之臣也。云『何以服齊衰三月』者，怪其舊服斬衰，今服三月也。云『言與民同也』者，以本義合，且今義已斷[5]，故抑之使與民同也。云『君之母、妻，則小君也』者，雖前後不得同時，皆是小君，故齊衰三月，恩深於人故也。○注『仕焉』至『於民』○云『仕焉而已者，謂老若有廢疾而致仕者也』者，此解『仕焉而已』，有仕已老者，〈曲禮〉云大夫七十而致仕；云『有廢疾者』，謂未七十而有廢疾亦致仕，是致仕之中有二也。云『為小君服者，恩深於民也』者，下文『庶人為國君』無小君，是恩淺，此為小君，是恩深於民也。」[6]

　　此條鄭、王義解可對應比勘者主要在「為舊君反服」一句。就為「舊君」服齊衰三月之義，鄭、王無不同。不同主要在鄭解只言「仕

4　李振興：《王肅之經學》，頁613。

5　「且今義已斷」，阮校云《要義》、楊氏同，毛本「且」作「但」。——王輝整理本《儀禮注疏》，頁959。

6　王輝整理本《儀禮注疏》，頁944。

焉而已者」為「舊君」服齊衰三月，王說則多「三諫去者」一義，故李振興言王說較鄭說為備[7]。清‧孫希旦《集解》曰：「穆公所問，蓋謂大夫以道去國而服其舊君者」，是以為鄭注不得要領也，王注則稍靠點邊兒。「穆公以舊君反服為問，而子思之所以答之者如此，則知當時之服此服者，蓋已寡矣。若仕焉而已者為舊君之服與庶人為國君同，庶人為國君齊衰三月，未聞有服不服之異，豈仕焉而已者反得不服乎？」[8]

二十八　有子與子游立，見孺子慕者。有子謂子游曰：「予壹不知夫喪之踊也，予欲去之久矣，情在於斯，其是也夫？」子游曰：「禮有微情者，有以故興物者。有直情而徑行者，戎狄之道也。禮道則不然，人喜則斯陶，陶斯詠，詠斯猶，猶斯舞，舞斯慍，慍斯戚，戚斯歎，歎斯辟，辟斯踊矣。品節斯，斯之謂禮。人死，斯惡之矣，無能也，斯倍之矣。是故制絞、衾……」

鄭注：「喪之踊，猶孺子之號慕。」（禮有微情者），「節哭踊。」（有以故興物者），「衰絰之制。」（有直情而徑行者，戎狄之道也），「哭踊無節，衣服無制。」（禮道則不然），「與戎狄異。」「陶，鬱陶也。詠，謳也。猶，當為『搖』，聲之誤也。搖，謂身動搖也。秦人猶、搖聲相近。……」

附註：「王肅《禮記》本作『人喜則斯循，循斯陶。』」、「既與盧、鄭不同，亦當新足耳。」

7　李振興：《王肅之經學》，頁613。
8　清‧孫希旦：《禮記集解》，頁266。

案：慕者，鄭注謂「小兒隨父母啼呼。」孔穎達《禮記正義》：「此一
節論子游言制禮有節之事。有子與子游同立，見孺子號慕者。有子謂
子游曰：『予壹不知夫喪之踊也。』言我專壹不知夫喪之踊也，何須
有節？直似孺子慕者，其事足矣。予欲去此踊節，其意久矣。……言
孝子之情在於此小兒直號慕而已。○『其是也夫』○但如小兒其事即
是，何須為哭踊之節？子游乃對之曰『禮有微情者』。微，殺也。言
若賢者喪親，必致滅性，故制使三日而食，哭踊有數，以殺其內情，
使之俯就也。何胤云：『哭踊之情，心發於內，謂之微。微者，不見
也。』○『有以故興物者』○興，起也。物，謂衰絰也。若不肖之
屬，本無哀情，故為衰絰，使其覩服思哀，起情企及也。引由外來，
故云『興物』也。然衰絰之用，一則為孝子至痛之飾，二則使不肖之
人企及，今止說『興物』，以對『微情』之故。○『有直情而徑行
者，戎狄之道也』○謂直肆己情而徑行之也，無哭踊節制，乃是夷狄
之道。……『人喜則斯陶』者，為明踊次節，而踊由心哀，故此以下
極言哀樂之本也。……斯，語助也。陶者，鬱陶。鬱陶者，心初悅而
未暢之意也。言人若外竟會心，則懷抱欣悅，但始發俄爾，則鬱陶未
暢，故云『斯陶』也。《爾雅》云：『鬱、陶、繇，喜也。』何胤云：
『陶，懷喜未暢意也。』《孟子》曰：『鬱陶以思君。』○『陶斯詠』
者，詠，歌詠也。鬱陶情轉暢，故口歌詠之也。……○『舞斯慍』
者，慍，怒也，外竟違心之謂也。凡喜怒相對，哀樂相生，故若舞而
無節，形疲厭倦，事與心違，故所以怒生。怒生由於舞極，故云『舞
斯慍』也。故〈曲禮〉云『樂不可極』，即此謂也。何胤云：『樂終則
慍起，非始之慍，相連繫也。』○『慍斯戚』者，戚，憤恚也。怒來
戚心，故憤恚起也。此句對『喜斯陶』也。○『戚斯歎』者，歎，吟
息也。憤恚轉深，故因發吟息也。此句對『陶斯詠』。○『歎斯辟』
者，辟，撫心也。歎息不泄，故至撫心也。此句對『詠斯

猶』。……○『品節斯，斯之謂禮』者，品，階格也；節，制斷也；斯，此也。此之謂禮生於哀樂也。若喜而不節，自陶至舞，俄頃而慍生；若怒而不節，從戚至踊，踊極則笑。故夷狄無禮，朝殞夕歌[9]，童兒任情，倏啼欻笑。今若品節此二塗，使踊舞有數，有數則久長，故云『此之謂禮』。如鄭此《禮》本云『舞斯慍』者，凡有九句，首末各四，正明哀樂相對，中央『舞斯慍』一句，是哀樂相生，故一句之中，有『舞』及『慍』也。而鄭諸本亦有無『舞斯慍』一句者，取義不同。而鄭又一本云『舞斯蹈，蹈斯慍』，益於一句，凡有十句，當是後人所加耳，亦不得對。而盧《禮》本亦有『舞斯慍』之一句。而王《禮》本又長，云『人喜則斯循，循斯陶』，既與盧、鄭不同，亦當新足耳。……」[10]

此條鄭、王義解未見有異，唯所據經本文字有不同。不贅。

二十九　虞而立尸，有几筵。卒哭而諱，生事畢而鬼事始已。既卒哭，宰夫執木鐸以命於宮曰：「舍故而諱新。」[11]

鄭注：「木鐸，木舌也。」「故，謂高祖之父當遷者也。」

王注：「木鐸，鈴也，以木為舌也。」「故，謂五廟毀者。」（《通典》卷一百四）[12]

案：此條鄭、王義解可對應比勘者有二：（一）「木鐸」之解，鄭、王無不同。本經條下鄭注無釋「木鐸」，亦未見引王肅注，然《周禮》

---

9 「朝殞夕歌」，阮本同。閩、監、毛本「殞」作「殯」……——呂友仁整理本：《禮記正義》，頁405。

10 呂友仁整理本：《禮記正義》，頁387。

11 呂友仁整理本：《禮記正義》，頁418。

12 唐・杜佑《通典》卷一百四，《禮》六十四「卒哭後諱及七廟諱字議」條，頁553。

鄭注文字與《通典》所引王肅注文可對勘，故亦錄於此以備。《周禮》〈天官‧小宰〉：「徇以木鐸」。鄭注：「木鐸，木舌也。文事奮木鐸，武事奮金鐸。」[13]《說文》：「鐸，大鈴也。從金睪聲。」陳澔《集說》：「宰夫掌其戒令，故卒哭後，使宰夫執金口木舌之鐸振之。」[14]（二）「舍故」之解，鄭、王亦無不同。不贅。

三十　自寢門至於庫門。

鄭注：「百官所在。庫門，宮外門。〈明堂位〉曰：庫門，天子皋門。」

王注：「百官所在也。宮門，宮外門。」（《通典》卷一百四）[15]

案：此條鄭、王義解亦無不同。不贅。

三十一　晉獻文子成室，晉大夫發焉。張老曰：「美哉輪焉！美哉奐焉！歌於斯，哭於斯，聚國族於斯。」……

鄭注：「文子，趙武也。作室成，晉君獻之，謂賀也。諸大夫變發禮以往。（美哉輪焉，美哉奐焉），心譏其奢也。輪，輪囷，言高大。奐，言眾多。」

王注：「奐，言其文章之貌也。」

案：《釋文》：「奐，音喚，本亦作煥，奐爛，言眾多也。囷，起倫

13　清‧孫詒讓：《周禮正義》卷五，十三經清人注疏本，王文錦、陳玉霞點校，中華書局，1987年，頁186。（下引版本同）

14　李振興：《王肅之經學》，頁614。

15　唐‧杜佑《通典》卷一百四，《禮》六十四「卒哭後諱及七廟諱字議」條，頁553。

反。」孔穎達《禮記正義》:「此一節論文子成室,相禱頌之事。各隨文解之。○『晉獻文子成室』者,獻,謂慶賀也。文子,晉卿趙武也。成室,謂文子作宮室成也。文子宮室成,晉君往賀也。○『晉大夫發焉』者,發,禮也。晉君既賀,則朝廷大夫併發禮,同從君往賀之。○『張老曰美哉美輪焉』者,張老,亦往慶之一大夫也。心譏文子宮室飾麗,故佯而美之也。輪,謂輪囷,高大也。《春秋外傳》曰趙文子為室,斲其椽而礱之,張老諫之是也。○『美哉奐焉』者,奐,謂其室奐爛眾多也。既高,又多文飾,故重美之。王云:『奐,言其文章之貌也。』……」[16]

此條鄭、王義解可對應比勘者主要在「奐」字,鄭、王不同。孔氏《正義》顯然是融合了鄭、王兩解,或作疏者以為,王肅義值得重視,故引之以證,並融合之以為疏義。此種疏例《正義》多有之。鄭注曰「奐,言眾多」,本無《正義》所謂「多文飾」義,當指宮室眾多。「多文飾」義當源自王肅所謂「文章之貌」。孔子贊堯「煥乎其有文章」,「煥」當與此「奐」同,與王肅義合,則鄭注有失偏頗也。然陸德明《經典釋文》用鄭說而不用王說。今人習稱「美侖美奐」,語源於此。然今人用義顯然近王而遠鄭。清‧王夫之《禮記章句》卷四:「……奐,眾多也。國,國人賓也。族,同姓也。歌哭有事,同異姓皆聚也。……」是王夫之申鄭義而不用王肅說。王引之則以為:「王說為長。奐,古煥字。〈大雅‧卷阿篇〉『伴奐爾遊矣』,《毛傳》:『伴奐,廣大有文章也。』《論語》〈泰伯篇〉『煥乎其有文章』,何注:『煥,明也。』」[17]

---

16 呂友仁整理本:《禮記正義》,頁431-432。

17 清‧朱彬:《禮記訓纂》,頁156。

王制第五

三十二　冢宰制國用，必於歲之杪，五穀皆入，然後制國
　　　　用，用地小大，視年之豐耗，[1]以三十年之通制
　　　　國用，量入以為出。……

鄭注：「制國用，如今度支經用。杪，末也。小國大國，豐凶之年，
　　　　各以歲之收入制其用多少。多不過禮，少有所殺。通三十年之
　　　　率，當有九年之蓄。出，謂所當給為。」
附注：「王注以為二十七年有九年之蓄，而言『三十』者，舉全數。」
案：《釋文》：「杪，亡小反，末也。……耗，呼報反。殺，色戒反，
又色例反。量，音亮。率，音律，又音類，本又作繂。……」孔穎達
《禮記正義》：「此一節論冢宰制國用及年之豐耗，並喪祭及所蓄積之
法。各隨文解之。○『用地小大，視年之豐耗』者，用，謂制國之
用，凡制國用多少，必計地小大，又視年之豐耗，若地大年豐，則制
用多；若地小年耗，則制用少。故鄭云『多不過禮，少有所殺。』○
『以三十年之通制國用，量入以為出』者，言欲制國用之時，先以三
十年通融之法，留九年蓄外，計見在之物以制國用，假令一年有四萬
斛，以一萬斛擬三十年通融，積聚為九年之蓄，以見在三萬斛制國之
來歲一年之用，量其今年入之多少，以為來年出用之數。○注『通

1　「視年之豐耗」，耗，原作秏，各本同。《唐石經》作耗，唯撫本同。按作「耗」是
也。阮校亦謂「作耗是也。耗者乏無之謂。」因據改。——呂友仁整理本：《禮記
正義》，頁523。

三』至『給為』○『通三十年之率』者，每年之率，入物分為四分，一分擬為儲積，三分為當年所用，二年又留一分，三年又留一分，是三年總得三分，為一年之蓄。三十年之率，當有十年之蓄，此云『當有九年之蓄』者，崔氏云：『三十年之間，大略有閏月十二，足為一年，故唯有九年之蓄也。』王肅以為二十七年有九年之蓄，而言『三十』者，舉全數。兩義皆通，未知孰是也。○云『出，謂所當給為』者，給，謂給百官、賓客及民人也。為，謂為造國家器物也。……」[2]

　　此條王肅承鄭注「通三十年之率，當有九年之蓄」一句解之。依《正義》，每年留出四分之一收入作儲蓄，三年得「一年之蓄」，此演算法當為通律，故引崔氏說亦以之為則。然崔氏解何以三十年得「九年之蓄」，演算法似不妥，本當以年計之，不當以月計之，崔氏三十年得閏月十二之說，是以月計之，與每年留四分之一收入之年演算法相矛盾。王肅言二十七年得「九年之蓄」較合理。《正義》言兩義皆通，或有所疏漏。此條當為王肅補鄭注之未備也。

三十三　天子七廟，三昭三穆，與大祖之廟而七。……

鄭注：「此周制。七者，大祖及文王、武王之祧與親廟四。大祖，后稷。殷則六廟，契及湯與二昭二穆。夏則五廟，無大祖，禹與二昭二穆而已。」「鄭氏之意，天子立七廟，唯謂周也。」

附注：「若王肅則以為天子七廟者，謂高祖之父及高祖之祖廟為二祧，並始祖及親廟四為七。」（《正義》）「王肅注《禮記》：『尊者尊統上，卑者尊統下，故天子七廟，諸侯五廟，其有殊功異德，非太祖而不毀，不在七廟之數。』案王肅以為天子七廟，是通百代之言。又據〈王制〉之文『天子七廟，諸侯五廟，大

2　呂友仁整理本：《禮記正義》，頁509-511。

　　夫三廟』，降二為差，是則天子立四親廟，又立高祖之父、高
　　祖之祖，並太祖而為七。周有文、武、姜嫄，合為十廟。」
　　（《隋書》卷七）[3]

案：此條為「鄭王之爭」中又一熱點。孔穎達《禮記正義》：「此一節
明天子以下立廟多少不同之事。各隨文解之。〇注『此周』至『而
已』〇鄭氏之意，天子立七廟，唯謂周也。鄭必知然者，案《禮緯稽
命徵》云：『唐虞五廟，親廟四，始祖廟一。夏四廟，至子孫五。殷
五廟，至子孫六。』《鉤命決》云：『唐堯五廟，親廟四，與始祖五。
禹四廟，至子孫五。殷五廟，至子孫六。周六廟，至子孫七。』鄭據
此為說，故謂七廟，周制也。周所以七者，以文王、武王受命，其廟
不毀，以為二祧，並始祖后稷及高祖以下親廟四，故為七也。若王肅
則以為天子七廟者，謂高祖之父及高祖之祖廟為二祧，並始祖及親廟
四為七。故《聖證論》肅難鄭云：『周之文、武，受命之王，不遷之
廟，權禮所施，非常廟之數。殷之三宗，宗其德而存其廟，亦不以為
數。凡七廟者，皆不稱周室。〈禮器〉云：有以多為貴者，天子七
廟。孫卿云：有天下者事七世。又云：自上以下，降殺以兩。今使天
子、諸侯立廟，並親廟四而止，則君臣同制，尊卑不別。禮，名位不
同，禮亦異數，況其君臣乎？又〈祭法〉云：王下祭殤五。及五世來
孫，則下及無親之孫，而祭上不及無親之祖，不亦詭哉！《穀梁傳》
云：天子七廟，諸侯五。《家語》云：子羔問尊卑立廟制，孔子云：
禮，天子立七廟，諸侯立五廟，大夫立三廟。又云：遠廟為祧，有二
祧焉。』[4]又儒者難鄭云：『〈祭法〉：遠廟為祧。鄭注《周禮》云遷主

3　《隋書》卷七〈志〉第二〈禮儀二〉，中華書局點校本。
4　呂友仁先生連下文「又儒者難鄭云」一段亦斷入《聖證論》文，恐不妥。筆者以
　　為，《聖證論》文僅至「有二祧焉」，下文「又儒者難鄭」語當為與王肅同駁鄭說
　　者，不在《聖證論》中。

所藏曰祧，違經正文。鄭又云先公之遷主藏於后稷之廟，先王之遷主
藏於文、武之廟，便有三祧，何得〈祭法〉云有二祧？」難鄭之義，
凡有數條，大略如此，不能具載。鄭必為天子七廟唯周制者，馬昭難
王義云『案〈喪服小記〉：王者立四廟。』又引《禮緯》：『夏無大
祖，宗禹而已，則五廟。殷人祖契而宗湯，則六廟。周尊后稷，宗文
王、武王，則七廟。自夏及周，少不減五，多不過七。』〈禮器〉
云：『周旅酬六尸。』一人發爵，則周七尸七廟明矣。今使文、武不
在七數，既不同祭，又不享嘗，豈禮也哉？故漢侍中盧植說云：二
祧，謂文、武。〈曾子問〉：『當七廟無虛主。』〈禮器〉：『天子七廟，
堂九尺。』〈王制〉『七廟』，盧植云：『皆據周言也。』《穀梁傳》『天
子七廟』，尹更始說：『天子七廟，據周也。』《漢書》韋玄成四十八
人議[5]皆云：周以后稷始封，文、武受命。《石渠論》、《白虎通》云：
周以后稷、文、武，特七廟。又張融謹案：《周禮》〈守祧職〉：奄八
人，女祧每廟二人。自大祖以下與文、武及親廟四用七人，姜嫄用一
人，適盡。若除文、武，則奄少二人。〈曾子問〉孔子說周事而云
『七廟無虛主』。若王肅數高祖之父、高祖之祖廟，與文、武而九，
主當有九，孔子何云『七廟無虛主』乎？故云以《周禮》、孔子之言
為本，《穀梁》說及〈小記〉為枝葉，韋玄成、《石渠論》、《白虎通》
為證驗七廟斥言，玄說為長。是融申鄭之意。且天子七廟者，有其人
則七，無其人則五。若諸侯廟制，雖有其人，不得過五。則此天子、
諸侯七、五之異也。王肅云『君臣同制，尊卑不別』，其義非也。又
『王下祭殤五』者，非是別立殤廟。七廟外親盡之祖，禘祫猶當祀
之，而王肅云『下祭無親之孫，上不及無親之祖』，又非通論。且
《家語》云，先儒以為肅之所作，未足可依。案周禮，唯存后稷之廟

5　「漢書韋玄成四十八人議」，阮本同。按今《漢書》〈韋玄成傳〉「四十八」作「四
十四」。──呂友仁整理本：《禮記正義》，頁523。

不毀。案昭七年《傳》云『余敢忘高圉、亞圉』，注云：『周人不毀其廟，報祭之。』似高圉、亞圉廟亦不毀者。此是不合鄭說，故馬融說云[6]：周人所報而不立廟。」[7]

　　此條鄭、王異解主要在：鄭以為天子七廟之制乃周之特制，因為有文、武二祧廟；王肅則以為天子七廟之制乃通行之制，所謂「通百代之言」，七廟中不包括文、武二「有殊功異德」之廟，而是指「高祖之父及高祖之祖廟為二祧，並始祖及親廟四為七」。這是自漢以來國家政治生活中的一個熱點問題。王肅說承自漢劉歆說。班固亦以劉歆說為可取。「至景初間，乃依王肅，更立五世、六世祖，就四親而為六廟。……江左中興，賀循知禮，至於寢廟之儀，皆依魏、晉舊事。……降及齊、梁，守而弗革，……」隋煬帝大業元年，詔有司議定廟制，禮部侍郎、攝太常少卿許善心，與博士褚亮等議定時，亦以為王肅說較鄭說可取，所謂「校以優劣，康成止論周代，非謂經通，子雍總貫皇王，事兼長遠。今請依據古典，崇建七廟。」[8]《正義》明言鄭氏之說主要取自緯書。宋‧衛湜《禮記集說》引嚴陵方氏（愨，字性夫）曰：「天子廟七，即〈祭法〉所言考廟、王考、皇考、顯考、祖考廟及二祧是也。諸侯五，則以無二祧故也。大夫三，則以顯考、祖考又無廟故也。士一廟，則以王考又無廟故也。庶人則祭於寢。〈祭法〉言庶人無廟，正謂此也。然〈祭法〉又言適士二廟，而此不言者，主於降殺以兩而略之也。天子七廟止於七何也？大祖之廟，創業之所始，萬世所不遷也。而昭穆則合而為六者，蓋四世其服已窮矣，然猶緦也，五世同姓已殺矣，然猶免也，至於六世，然

6　「故馬融說云」，阮本同。孫詒讓：《校記》云：「此『馬融』疑『張融』之誤。」——呂友仁整理本：《禮記正義》，頁523。

7　呂友仁整理本：《禮記正義》，頁516-518。

8　《隋書》卷七〈志〉第二〈禮儀二〉，中華書局點校本。

後親屬絕，故止於三昭三穆與大祖之廟而七也。」引馬氏（晞孟，字彥醇）曰：「自上而下，降殺以兩，禮也。故天子七廟，至士三廟，合於降殺以兩之意也。祖以功建，故無可毀之禮而有百世不遷者也，昭穆以親崇，故有可毀之禮，親盡則有祧。說者以為周制則七廟，夏則五廟，殷則六廟，蓋非是也。」引石林葉氏（夢得，字少蘊）曰：「天子七廟，見於〈祭法〉者明甚。鄭氏獨以為周制而為夏五廟、殷六廟之說，全無所據。蓋三昭三穆與大祖之廟而七，此總數也，自考差而上之曰考廟，曰王考廟，曰皇考廟，曰顯考廟，即高祖止矣，高祖而上不可考，曰祖考廟者，大祖廟也，故謂之祧，稱二祧焉，合而言之為七廟，分而言之則廟有五而祧有二，皆在三昭三穆之數。餘見〈祭法〉。」引長樂陳氏（祥道，字用之）曰：「積厚者流澤廣，積薄者流澤狹，故天子七廟，諸侯五廟，大夫三廟，士一廟……則七廟之制，其來尚矣。……庶人則生非異宮，死則祭於寢而已。……《家語》曰：天子七廟，諸侯五廟，自虞至周之所不變也。……則虞周七廟可知矣。……《禮記》、《荀卿》、《穀梁》皆言天子七廟不特周制也，則自虞至周七廟又可知矣。……鄭康成之徒以〈喪服小記〉言王者立四廟，則謂周制七廟……是臆說也……」[9]是宋人皆不從鄭而從王也。清‧王夫之《禮記章句》亦以王肅說為是。萬斯大亦以王肅說為是，曰：「周制天子七廟，加文、武二世室為九廟……注疏載天子廟制，王、鄭不同。余從王說。蓋七廟者，天子之常數，三代所同也，世室之有無，多寡不可定，此非常數也，三代所異也。據〈祭法〉，夏后氏祖顓頊而宗禹，則七廟之外，更有禹廟，又鯀列於郊，亦當有廟，是夏有九廟也。殷人祖契而宗湯，則七廟之外，更有湯廟，又冥列於郊，與《書》稱大戊為中宗，武丁為高宗，皆當有廟，

---

9 宋‧衛湜：《禮記集說》卷三十，四庫本。

是殷有十一廟也。周則初以后稷為始祖，合文、武世室而為九，東遷之後，祖文王，合武世室而為八。（說詳《質疑》）要之，宗無定數，而七廟之有常者三代曷有變哉！」[10]孫希旦《集解》：「劉歆曰：……天子七廟者，其正法可常數者也。宗不在此數中，苟有功德則宗之，不可預為設數。……繇是言之，宗無數也。然則所以勸帝者之功德博矣。」朱熹曰：「前代說者，多是劉歆，愚亦意其或然也。」孫希旦亦以王肅說為是。[11]孫星衍則用鄭說，「疑七廟為常制」，曰「天子五廟，合文、武廟為七。」[12]且孫星衍極端地反王護鄭，曰「王肅叛經，於大禮事事與鄭康成異。肅小人儒，不足言，宋之議禮者多承其誤，亦可怪也。」[13]黃以周《禮書通故》：「以周案：漢韋玄成等議云：『周之所以有七廟者，以后稷始封，文王、武王受命而王，是以三廟不毀，與親廟四而七。』《石渠論》、《白虎論》並云『周以后稷、文、武特七廟』，是即鄭說所本也。王肅據劉歆說，謂文、武非常廟之數。然劉歆據〈王制〉、《穀梁傳》以為天子三昭三穆，與太祖之廟而七，與韋玄成二昭二穆、文、武世室及太祖廟而七之說異。其云宗不在正廟數中者，舉殷三宗，斥言周成王，而謂文、武受命之王亦如三宗，不在七廟之數。此王肅之臆說，劉歆無此言也。……則王肅疑鄭君言天子之四親廟無以異於諸侯，其說非也。……王肅疑天子之廟依鄭注止祭四親而不及高祖以上，其說又非也。」[14]

---

10 《清儒學案》，徐世昌等編，沈芝盈、梁運華點校，中華書局，頁1247。（下引版本同）

11 詳清‧孫希旦：《禮記集解》，頁343-346。

12 參《清儒學案》，頁5448。

13 清‧孫星衍：《問字堂集》〈五廟二祧辨〉，刊《問字堂集、岱南閣集》合編本，駢宇騫點校，中國歷史文集叢刊，中華書局，1996年。

14 清‧黃以周：《禮書通故》，頁724-725。

三十四　天子犆礿，祫禘，祫嘗，祫烝。

鄭注：「犆，猶一也。祫，合也。天子、諸侯之喪畢，合先君之主於
　　　　祖廟而祭之，謂之祫。後因以為常。天子先祫而後時祭，諸侯
　　　　先時祭而後祫。凡祫之歲，春一礿而已，不祫，以物無成者，
　　　　不殷祭。周改夏祭曰礿，以禘為殷祭也。魯禮三年喪畢而祫於
　　　　大祖，明年春，禘於群廟。自爾之後，五年而再殷祭，一祫一
　　　　禘。」

附注：「其禘、祫大小」，鄭玄以為祫大禘小，「若王肅、張融、孔
　　　　晁，皆以禘為大，祫為小。」

案：《釋文》：「礿，餘若反……犆，音特。祫，音洽，合也。」孔穎
達《禮記正義》：「此一節論夏、殷天子諸侯大祭及時祭之事。各隨文
解之。○天子之祭，當祫之歲，以春物未成，不為祫祭，唯犆為時祭
之礿[15]，故云『犆礿』。夏、秋、冬之時，先為祫祭，後為時祭，故云
『祫禘，祫嘗，祫烝』。○注『天子』至『禘』○案文二年『八月丁
卯，大事於大廟』，《公羊傳》云：『大事者何？大祫也。』案僖公三
十三年十二月薨，至文二年八月，二十一月，於禮少四月，未得喪
畢，是喪畢當祫。諸侯既爾，明天子亦然。故云『天子、諸侯之喪
畢，合先君之主於祖廟而祭之，謂之祫。』云『後因以為常』者，案
《禮緯》『三年一祫，五年一禘』，故知每三年為一祫祭，是後因以為
常。○云『天子先祫而後時祭』者，以經云『祫禘，祫嘗，祫烝』，
天子位尊，故先為大禮也。○云『諸侯先時祭而後祫』者，以下文云
『諸侯嘗祫，烝祫』。諸侯位卑，取其漸備，故先小禮，後大禮。此
等皆殷已前之制，但不知幾年一祫。《禮緯》云『三年一祫，五年一

---

15 本經前文曰：「天子諸侯宗廟之祭，春曰礿，夏曰禘，秋曰嘗，冬曰烝。」——呂
　　友仁整理本：《禮記正義》，頁520。

禘』，鄭云『百王通義』，則虞夏及殷，皆與周同，祫亦三年為一也。皇氏取先儒之義，以為『虞夏祫祭，每年皆為』，又云『三時祫者，謂夏、秋、冬或一時得祫則為之，不三時俱祫。』然案鄭云：『三年一祫，五年一禘，百王通義。』鄭又注此云『春一礿而已，不祫，以物無成者，不殷祭。』又《禘祫志》云：『〈王制〉記先王之法，祫為大祭，祫於秋，於夏，於冬。周公制禮，祭不欲數。』如鄭此言，則夏、殷三時俱殷祭，皇氏之說非也。○云『魯禮三年喪畢而祫於大祖』者，僖公以三十三年十二月薨，文二年八月『大事於大廟』，於禮少四月。文公應合二年十二月而祫大祖廟也。是新君即位之二年，而云『三年喪畢』者，通死君之年為三年。○云『明年春，禘於群廟』者，以僖公八年禘於大廟，宣公八年辛巳『有事於大廟』。有事，禘也，為仲遂卒，略言有事。僖也、宣也，皆八年禘。既五年一禘，則後禘去前禘五年也。前禘當三年，今二年而祫，故云明年春禘於群廟。案閔二年五月『吉禘於莊公』，昭十五年『禘於武宮』，昭二十五年『將禘於襄公』，禘皆各就廟為之，故云群廟。○云『自爾之後，五年而再殷祭』者，《公羊傳》文。云『自爾』者，謂自三年禘群廟之後，每五年之內再為殷祭。故鄭《禘祫志》云：『閔公之喪，僖三年禘，僖六年祫，僖八年禘。凡三年喪畢，新君二年為祫，新君三年為禘，皆祫在禘前。』閔公二年五月吉禘於莊公，則祫當在吉禘之前。故《禘祫志》云：『四月祫，五月禘，不譏祫者，慶父作亂，國家多難，故莊公既葬，絰不入庫門。閔公早厭其亂，故四月祫，不譏，五月即禘，比月而為大祭，又於禮少四月，故書譏其速也。』鄭《禘祫志》云：『魯莊三十二年八月公薨，閔二年五月吉禘。時慶父殺子般之後，公懼於難，不得時葬，葬則去首絰於門外乃入，務自尊

成，以厭其禍，若已練然，免喪又速。二年四月夏則祫，[16]既祫，又即以五月禘於其廟，比月大祭，故譏其速也。閔公之服凡二十一月，於禮少四月，又不禫，云吉禘，譏其無恩也。閔公以二年八月薨，至文二年除喪，始祫大廟，明年禘於群廟。自此而後，五年再殷祭，六年祫，故八年禘。僖公以三十三年十二月薨，至文二年七月，間有閏，積二十一月，明月即祫，經云八月丁卯，大事於大廟，躋僖公，於文公之服亦少四月。以其逆祀，故特譏之。文公十八年二月薨，宣二年除喪而祫，三年禘於群廟。自此之後，亦五年再殷祭，與僖同。六年祫，故八年禘。昭十一年五月夫人齊歸薨，十三年平丘之會，歸不及祫。冬，公如晉。昭十四年春，歸乃祫。故十五年春乃禘，經云二月癸酉，有事於武宮。至十八年祫，二十年禘，二十三年祫，昭二十五年禘於襄公也。」此是鄭論魯之禘祫。鄭又云：『〈明堂位〉曰：魯，王禮也。』以此相推況可知。是鄭以天子之禮與魯同也。案《穀梁傳》以年數者不數閏，而鄭數莊公及僖公之喪皆云『通閏二十一月』者，鄭欲盛言日月闕少，假令通閏，止有二十一月耳。鄭於《禘祫志》除莊公之喪少四月，而答趙商云『於禮少六月』者，通禫月言之也。哀姜之喪，僖三年乃除，僖二年得除閔公喪而祫者，以是喪祭，雖在前喪之內，亦得為後喪之祭。故〈雜記〉云：三年之喪，則既穎，其練祥皆行。是也。[17]○此云『三年喪畢祫於大祖廟，明年春，禘於群廟』，案〈玄鳥〉箋云『三年既畢，禘於其廟，而後祫祭於大祖』，更有『禘於其廟』之文。不同者，謂練時遷主遞廟，新死

---

16 校勘記：「二年四月夏則祫」，阮本同。「四月夏」，《詩》〈商頌・玄鳥・正義〉引作「夏四月」，疑是。──呂友仁整理本：《禮記正義》，頁541。

17 呂友仁先生整理本《禮記正義》自「答趙商云」之後至「是也」一段均標點為鄭答趙商語。今筆者核《鄭志》文，以為非是，僅「於禮少六月」五字為答趙商文，其餘當為《正義》述語。故此處標點不從呂友仁先生。──參皮錫瑞《鄭志疏證》卷七，《續修四庫全書》經部群經總義類（171）。

者當禘祭於其廟以安之，故〈鬯人〉云『廟用脩』，注云『謂始禘
時』。《左氏》說禘謂既期之後，然則『禘於其廟』，在於練時。而
〈玄鳥〉箋云『喪三年既畢，禘於其廟』，未知然否。○其禘、祫大
小，鄭以《公羊傳》云：『大事者何？大祫也。毀廟之主，陳於大
祖，未毀廟之主，皆升合食於大祖。』故為大事。若王肅、張融、孔
晁，皆以禘為大，祫為小。故王肅《論》引賈逵說：『吉禘於莊公，
禘者，遞也，審諦昭穆，遷主遞位，孫居王父之處。』又引『禘於大
廟』，《逸禮》『其昭尸穆尸，其祝辭總稱孝子孝孫，則是父子並列。』
《逸禮》又云皆升合於大祖。所以劉歆、賈逵、鄭眾、馬融等皆以為
然。鄭不從者，以《公羊傳》為正，《逸禮》不可用也。又〈曾子
問〉云：『七廟、五廟無虛主。虛主者，唯天子崩與祫祭，祝取群廟
之主。』明禘祭不取群廟之主可知。《爾雅》云：『禘，大祭也。』謂
比四時為大也。故孫炎等注《爾雅》云，皆以禘為五年一大祭。若
《左氏》說及杜元凱皆以禘為三年一大祭，在大祖之廟。傳無祫文，
然則祫即禘也。取其序昭穆謂之禘，取其合集群祖謂之祫。鄭康成
祫、禘及四時祭所以異者，此祫，謂祭於始祖之廟，毀廟之主及未毀
廟之主皆在始祖廟中，始祖之主於西方，東面，始祖之子為昭，北
方，南面；始祖之孫為穆，南方，北面。自此以下皆然，從西為上。
禘則大王、王季以上遷主祭於后稷之廟，其坐位乃與祫相似，其文、
武以下遷主，若穆之遷主，祭於文王之廟，文王東面，穆主皆北面，
無昭主；若昭之遷主，祭於武王之廟，武王東面，其昭主皆南面，無
穆主。又祭親廟四。其四時之祭，唯后稷、文、武及親四廟
也。……」[18]

　　此條所涉為又一「鄭王之爭」熱點，也是古來禮制問題之難點。

---

18 呂友仁整理本：《禮記正義》，頁526-529。

爭議關鍵在禘與祫兩種祭祀何者為大。然而，只有弄清禘與祫各自是
怎樣一種祭祀，才可知何者為大。問題在於，這兩種祭祀究竟如何，
自來說法不一致，因此實難判定誰是誰非。我們只知，鄭以為祫大禘
小，王肅以為禘大祫小。自漢以來，劉歆、賈逵、鄭眾、馬融、張
融、孔晁等皆同王肅說而與鄭異，鄭說似成獨樹一幟。禘祭之說參下
文〈喪服小記〉第六十條。宋·衛湜《禮記集說》引秦溪楊氏（復）
曰：「……本朝禘、祫用鄭康成之說，則三年一祫以孟冬，五年一禘
以孟夏。慶曆中，用徐邈之說，則每三十月而一禘。……知禘者，禘
其祖之所自出，不兼群廟之主，而惟以其祖配之，則禘與祫異，不容
混矣。知大祫兼群廟之主，則自大祖而下，毀廟、未毀廟之主皆合食
於大祖矣。……」引長樂陳氏（祥道，字用之）曰：「祭祀之禮，有
大有小……周禘祫與異代同而祫之時與異代不同。蓋周之春、夏謂之
祠、禴，而異代之春、夏謂之礿、禘，周之祫常在十月而異代之祫未
必十月。……考之經傳，蓋天子之禮，春則犆祭，夏、秋、冬則合
享，犆祭各於其廟，合享同於大廟。……是天子春犆而三時皆祫……
有三年之祫，有時祭之祫。時祭之祫，小祫也。三年之祫，大祫
也。……蓋小祫止於未毀廟之主，大祫則及於毀廟之主。……」引嚴
陵方氏（慤，字性夫）曰：「……祫者，三年之間祀。礿、禘、嘗、
烝者，四時之常祀。間祀之禮為大，常祀之禮為小。……天子先間祀
而後常祀，故曰『犆礿』，下言『祫禘，祫嘗，祫烝』。諸侯先常祀而
後間祀，故曰『礿犆』，下言『嘗祫，烝祫』。蓋尊者先大，卑者先小
故也。……」是楊氏、陳氏、方氏皆申鄭說而未見駁鄭。衛湜又引馬
氏（睎孟，字彥醇）曰：「祫者，合也。以人生前有會遇之歡，而死
則不可無會遇之禮，故合群廟之主祭於大廟。天子三時祭皆有祫，此
虞殷之制也。至於周，則三年一祫，五年一禘，一祫則在於五年之
間。禘祫之制，說者辨其大小先後不同，有以為禘大於祫，有以為祫

大於禘。蓋古者三年一祫，五年一禘，而祫則先禘，則知祫有大於禘
也。故《周官》以肆灌獻享先王，此祫也；以饋食享先公，此禘也。
以肆灌獻享先王，則以飲為主；以饋食享先公，則以食為主。」是馬
氏同鄭而不同王。衛湜又引引三山林氏曰：「事有出於一時之陋見，
行之數千百載莫有悟其非者，良可歎也。夫禘祫之說，諸儒聚訟久
矣，論年之先後，則鄭康成、高堂隆謂先三而後二，徐邈謂先二而後
三；辨祭之小大，則鄭康成謂祫大於禘，王肅謂禘大於祫，賈逵、劉
歆謂一祭而二名，禮無差降。又或謂禘以夏，不以春，祫以冬不以
秋。矛盾相攻，卒無定論。此皆置而弗辨……鄭氏之說曰：魯禮三年
喪畢而祫於大祖，明年禘於群廟，自爾以後，五年而再殷祭……周禮
廢絕久聚，鄭氏何據而云為之？說者曰：周禮盡在魯，鄭氏據《春
秋》魯禮，則周禮可知矣。僖公薨，文公即位二年秋八月大事於大
廟。大事，祫也。推此是喪畢祫於大祖也。明年春禘，雖無正文，約
僖公、定公八年皆有禘又可知。蓋以文公二年祫，則知僖、宣二年亦
皆有祫。僖、宣二年既有祫，則明年是三年春禘，四年、五年、六年
秋祫。是三年祫，更加七年、八年並前為五年禘。故禘於群廟也。自
後三年一祫，五年一禘。嗚呼！鄭氏不知《春秋》，固妄為此說，後
學又不察，故為所惑也。當春秋時，諸侯僭亂，無復禮制，魯之祭
祀，皆妄舉也。……《春秋》常事不書，其書者皆悖禮亂常之
事，……使魯之祭祀如周之禮，則《春秋》不書矣。據僖公以三十二
年冬十二月薨，至文公二年秋八月，喪制未畢，未可以祫也，而乃大
事焉，一惡也；……鄭氏乃謂三年喪畢而祫於大祖者，果禮邪？又
曰：明年春禘。經無三年禘祭之文，何自知之？……魯之設祭，何常
之有！聖人於其常又不書之，何得約他公之年……況宣公八年經書
『有事於大廟』，則是常制也，……且閔公二年《春秋》書『吉禘於
莊公』，是魯常以二年即禘矣，何待三年與八年乎？閔有禘文而不之

據，宣無禘文而妄據之，傅會可見也。……取亂世之典以為治世之
制，鄭氏豈知《春秋》哉！諸儒波蕩而從之，歷代祀典咸所遵用，益
可悲也夫！其論禘祫之制既繆，至其言祭之時亦非矣。……雖然，魯
禮誠非矣，先王之制可得聞乎？曰：孟氏之時不聞周禮之詳矣，矧加
秦火之酷乎！夫子曰多聞闕疑，鄭氏惟不知闕疑之理，乃妄說以惑
世，……求之聖經，禘祫之文不詳，所可知者，禘尊而祫卑矣。禮：
不王不禘。或問禘之說，夫子答以不知。譏魯僭禘也。《春秋》之
法，所譏在祭，則書其祭名，不然則否。書郊、書望、書禘則所譏在
郊、望與禘也。若文公之祫，則譏其短喪逆祀……禘者，以始祖之廟
未足以盡追遠尊先之義，故推始祖所自出之君而追祀之，則謂之禘。
此天子祭名，諸侯無禘禮，魯用之，僭也。若祫，則毀廟、未毀廟之
主，皆合食於大祖，非惟天子有祫，諸侯亦得有祫也。詳二祭之名，
則禘尊祫卑可謂明矣。先儒據鄭氏說率以祫大於禘，是以諸侯之制加
天子之制，可乎？考之經籍，禘祫之文可知者此耳。至於年數之久
遠，祭時之先後，則經無所據，學者當闕其疑，不得據漢儒臆論也。
（之奇）」是林氏大駁鄭氏說也。然駁鄭不知《春秋》，略有過也。衛
湜又引新安王氏曰：「大禘，大祭也。祫，三年一祭，其禮次於大
禘。礿、禘、嘗、烝，時祭也。……春則為礿，一祭而已，不行祫
祭，故曰犆礿。夏祭則先祫而後禘，秋祭則先祫而後嘗，冬祭則先祫
而後烝，故曰祫禘、祫嘗、祫烝，言祫與禘並行於夏，祫與嘗並行於
秋，祫與烝並行於冬，非若春之犆礿也。鄭曰魯禮三年喪畢，祫於大
廟，明年春禘於群廟，是後五年而再殷祭。一祫一禘，魯之失禮，
《春秋》所譏，不可為證也。五年再殷祭之說，自漢至今，學者從
之，未有與鄭氏辨者；三年喪畢，祫於大祖，明年春禘於群廟，亦未
有言其非者。嘗試論之：周之禘，大祭也。《記》曰：禮不王不禘。
嗣君即位，新主入廟，方其禘禮。故〈大傳〉謂之『不王不

禘』。……祫祭行於三年，毀廟未毀廟之主皆升合食於大祖，比年行之則為數，數則煩。數年不行則為疏，疏則怠。故以三年一祫為節。周人喪祭之後有卒哭之祭，以其主祔於祖父而曰哀薦。祫事言初合食於祖廟也，與三年之祫名同禮異。三年喪畢而行合祭後有大禘之禮，大禘之後四時有祭，……故禘以審昭穆為名，祫以合食為名……」[19]是王氏亦以為禘大祫小。清・孫希旦《集解》多從宋人說，亦以為「禘尊而祫卑矣。禘者，推始祖所自出之君而追祀之。此天子之禮，魯用之，僭也。若祫，則天子、諸侯皆有之。至年數之久近，祭時之先後，則經無所據，學者當闕其疑。」欲知禘、祫二祭何者為大，必須知其各自為何種祭祀，內容儀節如何。鄭玄謂「祫則毀主、未毀主合食於太廟，禘則太王、王季以上遷主祭於后稷之廟，文、武以下，穆之遷主祭於文王之廟，昭之遷主祭於武王之廟。」何休謂「祫祭不及功臣，而禘則功臣皆祭。」至禘、祫年月，孫希旦以為「經無其文，……鄭康成曰：三年而祫，五年而禘。徐邈則曰：禘、祫相去三十月。」孫希旦曰：之所以禘大祫小，理由不主要在合食之祭主之多少，而在祭祀之層次、級別，即禘祭乃禘其祖之所自出，而以其祖配，雖不兼群廟之主，但此為天子之祭，諸侯不得行；祫則「兼群廟之主，則自太祖以下皆合食於太祖」，天子、諸侯皆有之。孫希旦不信鄭玄所謂太廟之祭、后稷廟祭、文王廟祭、武王廟祭等多種區分。而禘、祫各自又有大小，天子禘其祖之所自出者，乃大禘，惟天子得行，即〈大傳〉所謂「不王不禘，禘者，禘其祖之所自出，而以其祖配之」是也；大祫則天子、諸侯皆有之，《公羊傳》所謂「大事者，大祫也」即指大祫，即「毀廟之主陳于太祖，未毀廟之主皆升合食于太祖，五年而再殷祭」，「其小者，則三時之祭，升群廟之主合食於太

---

19 宋・衛湜：《禮記集說》卷三十一，四庫本。

廟，而不及毀廟者也。」鄭玄把這種祫祭、禘祭中各自的大小搞亂
了。孫希旦還批評鄭玄以魯禮推論天子之禮不可取，是承宋人林之奇
之說也。最後孫希旦總結說：「大禘大祫之說，先儒聚訟，其所論大
約有四：一曰二祭之大小，二曰所祭之多寡，三曰祭之年，四曰祭之
月。然以〈大傳〉、《公羊傳》及《周禮》〈司勳〉之所言考之，則禘
大祫小：禘止於天子，祫逮於諸侯；禘惟祭始祖所出之帝，而以始祖
配之，祫祭則合食群主，而並及於功臣。其義本自明白，自鄭氏誤以
〈大傳〉之禘為祭感生帝，於是郊之說謬，而禘之說亦晦；禘之說
晦，而祫之說亦混。」[20]胡培翬（1782-1849）《禘祫問答》亦以為鄭
說非而王說是，「禮不王不禘，禘非天子不得行，而祫通於諸侯以
下，則禘之大於祫可知矣。鄭氏見《春秋》書祫為『大事』，遂謂祫
大禘小，不知《春秋》因躋僖公，故變言『大事』以示譏，其實禘大
祫小。《禘祫志》及賈公彥所云『於禮無據』，陳祥道嘗辨之……」[21]
看來，大小的標準，級別是關鍵。此宋以後經學家多言之。李振興
《王肅之經學》引孫希旦說以為是。[22]禘、祫問題，據前輩學者羅
列，自西漢劉歆、韋玄成至西晉、南朝劉宋間，異說有二十一家之
多。吳承仕據孫詒讓《周禮正義》所列各家說，「旁徵傳記，傅之鄭
義」，再加考訂，認為禘為大祭之通名，天人共之，包括祭天地之
事，祫祭則只在宗廟中。[23]

20 清·孫希旦：《禮記集解》，頁348-351。

21 清·胡培翬：《禘祫問答》，《皇清經解續編》卷七百三十八，收入《續修四庫全
書》經部禮類。

22 李振興：《王肅之經學》，頁618。

23 吳承仕：〈鄭氏禘祫義〉，刊《國學論衡》第四期，民國23年（1934年）11月出版。

三十五　司徒脩六禮以節民性，明七教以興民德，齊八政
　　　　以防淫，一道德以同俗，養耆老以致孝，恤孤獨
　　　　以逮不足，上賢以崇德，簡不肖以絀惡。命鄉簡
　　　　不帥教者以告，耆老皆朝於庠，元日習射上功，
　　　　習鄉上齒，大司徒帥國之俊士與執事焉。不變，
　　　　命國之右鄉簡不帥教者移之左，命國之左鄉簡不
　　　　帥教者移之右，如初禮。不變，移之郊，如初
　　　　禮。不變，移之遂，如初禮。不變，屏之遠方，
　　　　終身不齒。

鄭注：「郊，鄉界之外者也，稍出遠之。後中年，又為之習禮於郊
　　　　學。」[24]
附注：「案王肅注云：天子四郊有學，去王都五十里。考之鄭氏，不
　　　　云遠近。」（魏收《魏書》〈劉芳傳〉引）[25]
案：此條鄭、王義解可對應比勘者唯「郊」字，未見王與鄭立異，僅
見王注較鄭注略具體。此種不同劉芳已述及。李振興《王肅之經學》
以為王肅說「有據」[26]。不贅。

三十六　……析言破律，亂名改作，執左道以亂政，
　　　　殺。……

鄭注：「析言破律，巧賣法令者也。亂名改作，謂變易官與物之名，
　　　　更造法度。左道，若巫蠱及俗禁。」

24　呂友仁整理本：《禮記正義》，頁545。
25　齊・魏收撰《魏書》卷五十五〈劉芳傳〉，四庫本。
26　李振興：《王肅之經學》，頁619。

附注：「《釋文》：「『亂名』如字，王肅作『循名』。」

案：《釋文》：「亂名，如字，王肅作『循名』……」孔穎達《禮記正
義》：「此一節論司寇聽訟、刑罰、禁止之事。各隨文解之。……」[27]

　　此條鄭、王可對應比勘者唯經文「亂名」二字，孔氏《正義》未
疏。看似鄭、王所用《禮記》版本不同，然據李振興《王肅之經學》
考證，王肅《孔子家語》〈刑政篇〉引此文即作「循名」，注則云：
「變言與物名也」，義與鄭無不同，是「循」與「遁」通也。[28]不贅。

三十七　凡養老：有虞氏以燕禮，夏后氏以饗禮，殷人以
　　　　食禮，周人脩而兼用之，五十養於鄉，六十養於
　　　　國，七十養於學，達於諸侯。

鄭注：「天子、諸侯養老同也。國，國中小學，在王宮之左。學，大
　　　　學也，在郊。小學在國中，大學在郊，此殷制明矣。」

附注：「盧、王等以為，養於鄉，云不為力政；養於國，云不與服
　　　　戎；皆謂養庶人之老也。非鄭義……」

案：孔穎達《禮記正義》：「此一節論虞夏殷周養老不同之事。各依文
解之。○『凡養老』者，皇氏云：『人君養老有四種。一是養三老、
五更；二是子孫為國難而死，王養死者父祖；三是養致仕之老；四是
引戶校年，養庶人之老。』……○『五十』至『諸侯』○此謂子孫為
國死難而王養其父祖也。五十始衰，故養於鄉學。○『六十養於國』
者，六十漸衰，養禮彌厚，故養之於小學。小學在國中也。○『七十
養於學』者，七十大衰，養禮轉重，故養於大學。○『達於諸侯』
者，言此養老之事，非唯天子之法，乃通達於諸侯。盧、王等以為，

27　呂友仁整理本：《禮記正義》，頁555-560。
28　李振興：《王肅之經學》，頁619。

養於鄉，云不為力政；養於國，云不與服戎；皆謂養庶人之老也，非鄭義。故鄭注云『國中小學』也。○注『國，國』至『明矣』○『養於國』與『養於學』文相對，故知國亦是學也。六十少於七十者，六十者宜養於小學，七十者宜養於大學，故云『國，國中小學』。云『在王宮之左』者，據上文而知。云『小學在國中，大學在郊，此殷制明矣』者，以上文云『小學在公宮南之左，大學在郊』，下文云『殷人養國老於右學，養庶老於左學』，貴右而賤左。小學在國中，左也；大學在郊，右也；與殷同也，故云此殷制明矣。……」[29]

此條鄭、王義解之關鍵不同在：（一）鄭以為「五十養於鄉，六十養於國」與「七十養於學」一樣，「鄉」、「國」皆是「學」，是禮儀性養老；王肅則以為「養於鄉，云不為力政；養於國，云不與服戎」，是政策性養老，「鄉」、「國」不是「學」。（二）鄭義此養老主要指貴族之養老，王則義指庶人之養老。宋・衛湜《禮記集說》所引皆不關注此養老為養何人之老，但據長樂陳氏（祥道，字用之）之說，是指貴族養老，非庶人之養老也。陳氏曰：「年彌高者養彌厚，養彌厚者禮彌敬，故五十養於鄉而不從力政，六十養於國而不與服戎，七十養於學則天子袒而割牲，執醬而饋，執爵而酳。此禮之所以彌敬也。」[30]是融合了鄭、王之說也。清・王夫之《禮記章句》卷五：「鄉，鄉學；國，小學，在國中；學，大學也。五十則可養於鄉矣，六十則可養於小學矣，七十則可養於大學矣。鄉之養鄉大夫主之，小學之養大司徒主之，大學則天子所親養也。必於學者，立教之本，從孝弟始也。達於諸侯者，諸侯養老之禮上均於天子。孝為德本，無貴賤，一也。」是申明鄭說也。孫希旦《集解》：「養於鄉，養於國，謂引戶校年，而行糜粥飲食以養之也。養於學，謂於學而以燕、享、食

---

29 呂友仁整理本：《禮記正義》，頁569-572。
30 宋・衛湜：《禮記集說》卷三十五，四庫本。

之禮養之也。五十者，一鄉引年則及之；六十者，一國引年則及之；七十者，學中行養老之禮則及之。」[31]是王夫之、孫希旦皆未能注意到鄭、王此義之不同點。

三十八　……將徙於諸侯，三月不從政；自諸侯來徙家，
　　　　　期不從政。

鄭注：「自，從也。」
附注：「王肅及庾氏等以為據仕者從大夫家出仕諸侯，從諸侯退仕大
　　　　夫，非鄭義也。」
案：孔穎達《禮記正義》：「此一節明養致仕老及庶人老給賜之事。各依文解之。……○『將徙』至『從政』○此謂大夫埰地之民，徙於諸侯為民，以其新徙，當須復除，但諸侯地寬役少，為人所欲，故唯三月不從政。○『自諸侯來徙於家』者，謂諸侯之民來徙於大夫之邑。以大夫役多地狹，欲令人貪之，故期不從政。案〈旅師〉云：『新甿之治皆聽之，使無征役。』鄭注引此文以證之，是據民之遷徙。王肅及庾氏等以為據仕者從大夫家出仕諸侯，從諸侯退仕大夫，非鄭義也。」[32]此條據《正義》，鄭、王義解之異在：鄭以為所謂「三月不從政」、「期不從政」指民，王肅則以為指大夫。宋人皆不關注鄭、王此種不同義解。[33]清・王夫之《禮記章句》卷五：「……將徙者，有故而遷，先告於鄉遂，因除其三月之征，閔其將去之勞也。自諸侯來徙而言家者，必其定志立家於此，而後復除之也。期不從政，以使得治其生計也。」是王夫之用鄭說而不用王肅說。

31 清・孫希旦：《禮記集解》，頁382。
32 呂友仁整理本：《禮記正義》，頁576-578。
33 詳參宋・衛湜：《禮記集說》卷三十五，四庫本。

月令第六

三十九　鄭玄以〈月令〉篇本為呂不韋《呂氏春秋》十二
　　　　月紀之首章，禮家好事者抄合之。王肅曰〈月
　　　　令〉為周公所作。

案：陸曰：「此是《呂氏春秋》十二紀之首，後人刪合為此記。蔡伯
喈、王肅云周公所作。」孔穎達《禮記正義》：「案鄭《目錄》云：
『名曰〈月令〉者，以其記十二月政之所行也，本《呂氏春秋》十二
月紀之首章也，以禮家好事者抄合之，後人因題之名曰《禮記》¹。
言周公所作，其中官名、時事多不合周法。此於《別錄》屬《明堂陰
陽記》。」此卷所出，解者不同，今且申鄭旨釋之。案呂不韋集諸儒
士著為十二月紀，合十餘萬言，名為《呂氏春秋》，篇首皆有月令，
與此文同，是一證也。又周無大尉，唯秦官有大尉，而此〈月令〉云
『乃命大尉』，此是官名不合周法，二證也。又秦以十月建亥為歲
首，而〈月令〉云『為來歲授朔日』，即是九月為歲終，十月為授
朔。此是時不合周法，三證也。又周有六冕，郊天、迎氣則用大裘，
乘玉輅，建大常日月之章，而〈月令〉服飾車旗並依時色，此是事不
合周法，四證也。故鄭云『其中官名、時事多不合周法』。然案秦始
皇十二年呂不韋死；二十六年併天下，然後以十月為歲首，歲首用十
月，時不韋已死十五年，而不韋不得以十月為正。又云《周書》先有

1　「禮記」，浦堂校云：當作「月令」。── 呂友仁整理本：《禮記正義》，頁610。

〈月令〉，何得云不韋所造？又秦併天下立郡，何得云『諸侯』？又秦以好兵殺害，毒被天下，何能『布德施惠』，春不興兵？既如此不同，鄭必謂不韋作者，以《呂氏春秋》十二月紀正與此同，不過三五字別，且不韋集諸儒所作，為一代大典，亦采擇善言之事，遵立舊章，但秦自不能依行，何怪不韋所作也？又秦為水位，其來已久，秦文公獲黑龍以為水瑞，何怪未平天下前不以十月為歲首乎？是鄭以〈月令〉不韋所作。」[2]按：〈月令〉一篇之出處，乃「鄭王之爭」又一爭議熱點。《正義》雖以「禮是鄭學」為則，仍詳引與鄭不同之意見。宋・衛湜《禮記集說》引橫渠張氏曰：「〈月令〉，大率秦法也，然采三代之文而為之，不無古意，其衣服、器皿、官名皆春禮也。」是綜合鄭、王義而另立新說也。衛湜又引馬氏（晞孟，字彥醇）曰：「……〈月令〉之為書，亦祖先王之餘，而後儒傅會增益以成之者也。」又引高氏（閌，子文彪）曰：「〈月令〉一書，先儒嘗詳論其所作之原矣。漢馬融、賈逵、晉孔晁皆以為作於周公，鄭康成、高誘、唐孔穎達乃謂秦時呂不韋所作。其說所以異同者，蓋以〈月令〉有命相及太尉、奄尹、大酋之文，其官名皆與周異，故疑而為秦時書。或謂呂不韋時始皇未帝也，未帝則仍用周正……或謂始皇既為天子，秦人取不韋『十二紀』增加為之。殊不知始皇併天下，既罷侯置守建三十六郡，以十月朔為正，吏民為黔首矣，而〈月令〉所載封諸侯，命四監，季冬共飭國典，孟春慶及兆民，則皆非秦制。又疑非始皇為帝時書。或又謂既非周公時書，又非呂不韋書，又非始皇為帝時書，乃漢淮南王安與諸儒取呂氏十二紀附益為時則訓，而禮家復有所增加焉，故〈月令〉雜用虞夏商周秦漢之制耳。凡為此數說者，要之皆非深知〈月令〉者也。蓋〈月令〉一書，所以著入六經，而垂訓萬世

2　呂友仁整理本：《禮記正義》，頁591。

者，自有深旨。何以言之？人君出而臨涖天下，位曰天位，民曰天民，舉措云為，要當體天象、順天時，一毫不可以私意自為。今考之此書，每月之首，必定夫日星之運行，昏旦之次舍者，蓋將考中星以正王者之位也；每時之易，必著夫用意之柔剛，帝神之異號，所以顯造化，而定其主宰之權也。音律成數，所以循天地之自然；臭味祭祀，所以辨人事之有序；以至鳥獸昆蟲草木盛衰之不同，皆所以定十二月之氣候，使天下皆知四時之有常運也。於是人君居處之室，必因時而分其位；乘車駕馬，必因時而正其色；以及衣服之微，食器之末，無一非順天之所在。此固人君循守所當先也。迎氣於東南西北之郊，每孟不敢不謹；盛德在木火金水之運，太史不敢不告司天。……此又人君一歲之間，不敢或後也。若乃春作夏長，秋斂冬藏，何者非順時之治……以至上而朝廷百官，下而農工商賈，大而禮樂兵刑，微而法令品式，悉皆順天時而定人事。此固〈月令〉一篇之大義。而〈月令〉所以著入六經者，其深旨猶未聞也。嘗讀〈洪範〉之書，而後得其說。蓋〈月令〉一篇，大體與〈洪範〉相通為一，特先儒未之講明爾。何則？〈洪範〉之論『初一曰五行』，即〈月令〉金木水火土之運，……『次曰農用八政』，即〈月令〉之勸課農桑、聚蓄財貨、祭祀神祇、安養民居、習合禮樂、逐捕姦慝、敬禮賓客、簡練師徒之意也；『次四曰協用五紀』，即〈月令〉歲月日星辰曆數之事也；『次六曰乂用三德』，即〈月令〉布行德惠、不可稱兵、戮有罪、嚴斷刑等以順天時者也；『次七曰明用稽疑』，即〈月令〉命太史釁龜筮、占兆審卦吉凶是也；『次八曰念用庶徵』，即〈月令〉之……；『次九曰享用五福』，即〈月令〉養衰老、禮賢者、行爵出祿、必推所尊禮者也。……雖然，〈月令〉與〈洪範〉固相與為一體矣，然〈洪範〉所以能使五行、八政、五紀、三德以及稽疑、庶徵、五福、六極之咸得其宜者，以其有敬用五事、建用皇極以為之本原也。而

〈月令〉何所取焉？嗚呼！〈月令〉之本原，學者殆未之考耳。大抵一陰生於午，一陽生於子，當此之時，正陰陽爭、死生分之際也，故人君合於二至之時，盡齋戒之誠，躬掩身之德，止聲色，薄滋味，節嗜欲，定心氣，百官靜事，毋以瀆人主之聽，以定晏陰之所成，以待陰陽之所定。蓋古人養氣，必於子午二時而推廣之，故於子午二月人君苟能涵養此心，一毫無累，則視、聽、言、貌、思之間有肅、乂、哲、謀、聖之德，然後可以作民父母，為天下主建皇極，以無私執大中於天下。而所謂五皇極者，即〈月令〉每月之發政施令，毋有不當、毋有枉撓、毋有差貸、毋有阿黨、舉歸於大公至正，皆是也。如是則寒暑不差，疾病不作，雖昆蟲草木尚得遂其生，宜乎斯民悉歸於仁壽而備用五福，又安有凶短夭折……然則合而論之則謂之〈洪範〉，散而舉之則謂之〈月令〉，故〈月令〉所以著入六經，垂訓萬世者，其在茲乎！」[3]相較宋人之說，鄭、王之爭議，均略顯狹隘。清・王夫之《禮記章句》卷六：「〈月令〉一篇，舊云呂不韋所作。今《呂氏春秋》十二紀之首，具有此文，而《管子》、《淮南子》亦皆有之，特其文小異，惟《呂氏春秋》與此異者不過數字，是以知其所傳自呂氏出也。先王奉天出治，敬授民時，蓋亦有斯義焉。而〈夏小正〉及〈素問〉所記時物，亦參差略同。不韋本以賈人縶嬖倖為秦相，非能自造一家言者，且其驅儈姦詭，亦不能依附正道。而此篇所紀，亦略髣髴先王之政教，蓋戰國之時，教散說殊，八家之儒與雜流之士，依傍先王之禮法，雜纂而附會之作為此書，而不韋以權力襲取，攘為已有，戴氏知其所自來，非呂氏之獨造，而往往與禮相近，故采之於記，以備三代之遺法焉。至不韋之雜以權謀者，則概從刪斥，可謂辨矣！……」孫希旦《集解》多采宋人說：「愚謂是篇雖祖

---

3 宋・衛湜：《禮記集說》卷三十七，四庫本。

述先王之遺，其中多雜秦制，又博采戰國雜之說，不可盡以三代之制
通之。然其上察天時，下授民事，有唐虞欽若之遺意。馬融輩以為周
公所作者固非，而柳子厚以為瞽史之語者亦過也。」[4]王肅取馬融說
以駁鄭說。

四十　鄭玄、王肅均持渾天說。

案：此條由孔穎達《正義》所引見之。「……三生萬物者，謂天、
地、人既定，萬物備生其間。分為天地，說有多家，形狀之殊，凡有
六等。一曰蓋天，文見《周髀》，如蓋在上。二曰渾天，形如彈丸，
地在其中，天包其外，猶如雞卵，白之繞黃。楊雄、桓譚、張衡、蔡
邕、陸績、王肅、鄭玄之徒，並所依用。……」[5]鄭玄、王肅對天地
形態的理解無不同。

四十一　是月也，以立春。……立春之日，天子親帥三
　　　　公、九卿、諸侯、大夫以迎春於東郊……

鄭注：「迎春，祭倉帝靈威仰於東郊之兆也。《王居明堂禮》曰：『出
　　　十五里迎歲』。蓋殷禮也。周近郊五十里……」[6]
附注：「王肅云：『東郊八里，因木數也。』」
案：魏收《魏書》〈劉芳傳〉：「……又云：『迎春於東郊。』盧植云：
『東郊，八里之郊也。』賈逵云：『東郊，木帝太昊八里。』許慎
云：『東郊，八里郊也。』鄭玄『孟春令』注云：『《王居明堂禮》

4　清・孫希旦：《禮記集解》，頁399-400。
5　呂友仁整理本：《禮記正義》，頁592。
6　呂友仁整理本：《禮記正義》，頁615。

曰：王出十五里迎歲。蓋殷禮也。周禮近郊五十里。」鄭玄別注：
『東郊去都城八里。』高誘云：『迎春氣於東方，八里郊也。』王肅
云：『東郊八里，因木數也。』此皆同謂春郊八里之明據也。『孟夏
令』云：其數七。又云：『迎夏於南郊。』盧植云：『南郊，七里郊
也。』賈逵云：『南郊，火帝炎帝七里。』許慎云：『南郊，七里郊
也。』鄭玄云：『南郊去都城七里。』高誘云：『南郊，七里之郊
也。』王肅云：『南郊七里，因火數也。』此又南郊七里之審據
也。……又曰：『迎秋於西郊。』盧植云：『西郊，九里郊。』賈逵
云：『西郊，金帝少皥九里。』許慎云：『西郊，九里郊也。』鄭玄
云：『西郊去都城九里。』高誘云：『西郊，九里之郊也。』王肅云：
『西郊九里，因金數也。』此又西郊九里之審據也。『孟冬令』云：
『其數六。』又云：『迎冬於北郊。』盧植云：『北郊，六里郊也。』
賈逵云：『北郊水帝顓頊六里。』許慎云：『北郊，六里郊也。』鄭玄
云：『北郊去都城六里。』高誘云：『北郊，六里之郊也。』王肅云：
『北郊，六里，因水數也。』此又北郊六里之審據也。……」[7]

　　此條鄭、王異解在「東郊」之位置，鄭、王有不同，鄭曰殷禮在
「十五里」，周制在「五十里」；王則曰「八里」。其他西郊、北郊、
南郊之位置，則鄭、王未見不同。據《魏書》〈劉芳傳〉引鄭玄別注
則亦有「八里」之說，則鄭、王無不同也。此種名物之解，宋人多不
關注。清・孫希旦《集解》：「愚謂《王居明堂禮》未可定其為何代之
制。然國外皆謂之郊。周時兆五帝於四郊，必不在五十里之遠也。」
[8]是不從鄭此說也。李振興《王肅之經學》亦以王肅說為長。[9]

7　齊・魏收撰《魏書》卷五十五〈劉芳傳〉，四庫本。

8　清・孫希旦：《禮記集解》，頁414。

9　詳李振興：《王肅之經學》，頁621。

四十二　孟夏之月，……天子居明堂左个，乘朱路……

鄭注：「……明堂左个，大寢南堂東偏也。……」[10]
附注：「王肅以為明堂、辟雍、太學同處，蔡邕、盧植亦以為明堂、
　　　靈臺、辟雍、太學同實異名。」
案：此條下孔穎達《禮記正義》未見引王肅說。《隋書》〈牛弘傳〉：
「……然馬宮、王肅以為明堂、辟雍、太學同處，蔡邕、盧植亦以為
明堂、靈臺、辟雍、太學同實異名。邕云：『明堂者，取其宗祀之清
貌，則謂之清廟；取其正室，則曰太室；取其堂，則曰明堂；取其四
門之學，則曰太學；取其周水圜如璧，則曰辟雍。其實一也。』其言
別者，《五經通義》曰：『靈臺以望氣，明堂以布政，辟雍以養老教
學。三者不同。』袁準、鄭玄亦以為別。歷代所疑，豈能輒定？……
上以時事草創，未遑制作，竟寢不行。」[11]可見鄭、王關於明堂、辟
雍、太學之解有不同，鄭以為三者各自不同，王則以為三者「同實異
名」。「明堂」之訓，自漢以來，亦多為禮家爭議。依清代阮元之考
辯，「明堂者，天子所居之初名也，是故祀上帝則於是，祭先祖則於
是，朝諸侯則於是，養老尊賢教國子則於是，饗射獻俘馘則於是，治
天文告朔則於是，抑且天子寢食恆於是，此古之明堂也。」後來，隨
著社會的進步，天子所居與明堂分開了，天子所居在城中，明堂在城
外。此〈月令〉所言之明堂，即城外之明堂。鄭所謂「大寢」即指
此，即《大戴禮記》〈盛德〉所言：「此天子之路寢也，不齊不居其
室。」阮元認為，堯以前，神農、黃帝皆所居與明堂為一，自堯，明
堂始與天子所居分建，「授受大典故在明堂也……三代明堂之制，皆

---

10 呂友仁整理本：《禮記正義》，頁655。
11 《隋書》卷四十九〈牛弘傳〉。

郊外明堂也。」而據《三輔黃圖》：漢之靈臺、辟雍、太學三者異名
同地，俱在長安西北七里，明堂則在長安西南七里。[12]據此，則鄭說
於學理有所據，而王肅說則看似與漢制相同，卻與阮元所考不同。阮
元以為，漢制僅靈堂、辟雍、太學同地，俱在城北，明堂則不與之
同，在南而不在北。王肅作為三國時人，所言漢制難道與事實不符？
阮元於一千數百年之後，所考是否更近史實？不得而知也。清‧金榜
《禮箋》以為明堂有王居聽政之明堂與合諸侯之明堂之不同，王居聽
政之明堂即路寢，路寢即大寢也；合諸侯之明堂，《周官》〈司儀〉、
《儀禮》〈覲禮〉、〈明堂位〉、《大戴禮記》〈朝事〉皆舉之。李振興
《王肅之經學》以為此條經文所指當為王居聽政之明堂，即路寢，即
鄭所謂大寢，非合諸侯之明堂，王肅所述之明堂當非此。然合諸侯之
明堂究在何處，經無明文，李振興亦未能詳釋，李振興言王肅說不無
道理，亦顯得牽強。[13]

四十三　仲夏之月……是月也，日長至，陰陽爭，死生
　　　　分。君子齊戒，處必掩身，毋躁，止聲色，毋或
　　　　進，薄滋味，毋致和，節嗜欲，定心氣，百官靜
　　　　事毋刑，以定晏陰之所成……

鄭注：「……晏，安也。陰稱安。」
附注：「王肅及蔡氏皆云『晏』為以安定陰陽之所成，非鄭旨也。」
案：孔穎達《禮記正義》：「……○『以定晏陰之所成』○上從『君子
齊戒』以下至『無刑』以上，皆是清靜止息之事，以正定身中安陰之

12 清‧阮元：《揅經室集》〈明堂論〉，中國歷史文集叢刊，中華書局，1993年，2006
　　年第2次印刷，頁73。
13 詳參李振興：《王肅之經學》，頁622-623。

所成就，謂初感安陰，若不清靜，則微陰與人為病，故須定之。王肅及蔡氏皆云『晏』為以安定陰陽之所成，非鄭旨也。」[14]宋・衛湜《禮記集說》引嚴陵方氏（慤，字性夫）曰：「……故仲夏言日長至……故仲冬言日短至。所謂冬至、夏至者，其名蓋出於此。『陰陽爭』者，以陰方來而與陽始遇，遇故爭也。仲冬亦言之者，以陽方來而與陰遇故也。陽主生，陰主死，微陰既生，則萬物向乎死矣，故死生之理於是分也。君子以陰陽方爭，故宜潔誠居內，退聽以待其定也。仲冬言此而不言『毋躁』者，以暑為躁，寒為靜，故於暑之時特戒之也。『止聲色』者，欲其視聽之專也。『毋或進』者，進即《詩》所謂進御也，方解緩之時，慮搖其精，故戒之也。『薄滋味』者，主物言則曰滋，主人言則曰味。『和』謂致五味而和之。蓋方齊戒之時，苟厚滋味而致和，則或昏憒其志意也。嗜發乎外，欲動乎內，皆主於心而已，故『節嗜欲』，所以『定心氣』。『靜事勿刑』者，不欲動而有為也。刑雖陰之事，然用刑則動而有為矣，故君燕息安養，以定晏陰之所成也。陽造始而為早，陰代終而為晏，故曰晏陰。始以生之，終以成之，故曰成也。」[15]此類修身、正身、正心之經義，宋人頗擅，故多有詳解，而漢魏之說多質略難明也。據宋人方性夫說，結合孔穎達《正義》，則似方性夫說近鄭說而與王肅說有異。此句當謂陰之所成，而非陰陽之所成，此鄭義也，而王肅解為「安定陰陽之所成」，似不同。清・王夫之《禮記章句》卷六：「長至，暑極長而日北至也。陰陽爭者，一陰起於下而與陽爭也……陰氣進，則陽氣退，死生之分肇於此也。……掩身者，時已暑，不可袒裸，防陰氣襲之也……味以養陰，故須薄之，勿助陰氣也。滋味曰耆，聲色曰欲，止色薄味，則耆欲節矣。耆欲節，則陽不耗，陰不盛，心氣下交於腎而

---

14 呂友仁整理本：《禮記正義》，頁669-671。

15 宋・衛湜：《禮記集說》卷四十二，四庫本。

不蕩矣。百官，謂百骸之官……安定百骸，勿使過勞，凡所營為，皆審顧和緩，勿得率意徑行，則陽氣不暴越而陰不能干之也。定者，處置得所之謂。晏，定也。陽生陰殺，德刑所分，而天時物理不能有陽而無陰。惟陽不越而陰不縱，則雖陰之浸長不可遏抑，而循其柔靜之性，晏安以處，不處陽爭，則雖成而不害矣。此節所言，與養生家之說有相近者，君子以修身俟命，節取之可也，然亦止此而已矣。過此以往，則為魏伯陽、張平叔之邪說矣！」似仍與鄭說為近。孫希旦《禮記集解》：「此謂夏至之日也。齊戒者，所以定其心。『處必掩身，勿躁』者，所以定其氣。『止聲色』，『薄滋味』者，所以節其耆欲。『靜事無刑』，安靜無為而禁止刑罰也。晏，安也。陰道靜，故曰『晏陰』。夏至之日，微陰初起，故致其敬慎安靜以養之，而定此晏陰之所成就也。蓋人身一小天地，其陰陽之氣，恆與天地相為流通，雖陽主生，陰主殺，君子嘗致其扶陽抑陰之意，然不收斂則不能發散，二者之氣，不可相無……」[16]李振興《王肅之經學》申王肅義：「考《小爾雅》云：『晏，陽也。』晏既為陽，而『晏陰』猶『陰陽』也。」《呂氏春秋》〈孟夏紀・誣徒〉曰：「心若晏陰，喜怒無處。」[17]《韓子》〈外儲說左上〉曰：「雨霽日出，視之晏陰之間。」故李振興曰「晏」與「陰」相對為文，此承上「陰陽爭」為義，「言陰陽方爭，未知所定，故君子安靜無為，以定陽與陰之所成就也。獨陰不生，孤陽不長，陰陽和，萬物篤，王氏之說不可易也。」[18]李振興用王念孫說。[19]是王念孫、朱彬、李振興皆申王肅義也。

---

16 清・孫希旦：《禮記集解》，頁454。

17 《呂氏春秋》，漢・高誘注，清・畢沅校，余翔標點，十大古典哲學名著叢書，上海市：上海古籍出版社，1996年，頁68。余翔標點「心」屬上句，為「……固無恆心，若晏陰，喜怒無處」。李振興引「心」字屬下讀。

18 李振興：《王肅之經學》，頁623-624。

19 詳見清・朱彬：《禮記訓纂》，頁249。

四十四　曾子問曰：「將冠子，冠者至，揖讓而入，聞齊衰、大功之喪，如之何？」孔子曰：「內喪則廢，外喪則冠而不醴，徹饌而埽，即位而哭。如冠者未至，則廢。如將冠子而未及期日，而有齊衰、大功、小功之喪，則因喪服而冠。」（鄭注：廢吉禮而因喪冠，俱成人之服。及，至也。）「除喪不改冠乎？」孔子曰：「天子賜諸侯、大夫冕弁服於大廟，歸設奠，服賜服，於斯乎有冠醮，無冠醴。父沒而冠，則已冠，埽地而祭於禰，已祭而見伯父叔父，而後饗冠者。」

鄭注：「冠者，賓及贊者。內喪，同門也。不醴，不醴子也。其廢者，喪成服，因喪而冠。……酒為醮。冠禮，醴重而醮輕。此服賜服，酌用酒，尊賜也。不醴，明不為改冠，改冠當醴之。饗，謂禮之。」[1]

附注：「而後饗冠者」，王肅注：「兄弟飲冠者身。」

案：《釋文》：「醮，子妙反，酌而無獻酬曰醮。」[2]《通典》卷五十六〈禮〉十六：「父歿而冠，則已冠埽地而祭於禰，（盧植曰：本父當成之，不能成，故已冠而祭之，若成之矣。）已祭而見伯父叔父，而後饗冠

1　呂友仁整理本：《禮記正義》，頁761-762。
2　呂友仁整理本：《禮記正義》，頁761-762。

者。（盧植曰：飲賓也。鄭玄曰：饗，禮之。王肅曰：兄弟飲冠者身。）」³

此條鄭、王義解可對應比勘者主要在上引經文最後一句，焦點在
「而後饗冠者」五字。顯然鄭注籠統而王注更具體。孔穎達《禮記正
義》：「『曾子』至『冠者』○此一節論冠子逢喪之事。……主人忽聞
齊衰、大功之喪，如之何？孔子答之云：若是大門內之喪則廢。以加
冠在廟，廟則在大門之內，吉凶不可同處，故云『內喪則廢』。『外喪
則冠而不醴』者，外喪，謂大門外之喪，喪在他處，猶可以加冠也，
但平常吉時三加之後，設醴以禮冠者之身，今既有喪，故直三加而
已，不醴之。『徹饌而埽』者，以初欲迎賓之時，未知有喪，醴及饌
具既已陳設，今忽聞喪，故徹去醴與饌具，又埽除冠之舊位，令使清
潔更新，乃即位而哭。如賓及贊者未至，則廢而不冠也。○『如將』
至『而冠』○既答曾子之問，遂言未及期日有喪之禮，故云……『則
因喪服而冠』者，孔子言冠日尚遠，不可以吉加冠，故廢其吉禮，則
因著喪之成服而加喪冠也。『除喪不改冠乎』者，曾子既得夫子引類
以答之，仍疑而發問云：此人因喪服而冠，除喪之後，不更改易而行
吉冠之禮乎？○『孔子』至『賜服』○此一經，孔子引類答曾子除喪
不合⁴改冠之事。所以然者，謂諸侯幼弱未冠，總角從事，至當冠之
年，因朝天子，天子而賜諸侯、大夫或弁或冕之服⁵於天子大廟之
中，榮君之賜，歸設奠，祭於己宗廟，此時身服所賜之服，更不改冠
也。○『於斯乎有冠醮，無冠醴』○斯，此也。於此之時，唯有冠之
醮法，行醮以相燕飲，無有冠之醴法，謂不用醴以禮受服者之身。所

3　唐・杜佑《通典》卷五十六，《禮》十六「諸侯大夫士冠」條，頁324。

4　「合」字似衍。呂友仁整理本《禮記正義》未見校注說明。——呂友仁整理本：
　　《禮記正義》，頁762。

5　此處呂友仁先生於「之」「服」二字中間加逗號斷開，「服」字下讀，筆者似不敢苟
　　同。若一定加逗號，似當於「於」字前加之更妥。——參呂友仁整理本：《禮記正
　　義》，頁763。

以然者,凡改冠則當用醴,今既受服於天子,不可歸還更改為初冠禮法。然則既因喪而冠,不可除喪更改為吉冠也。○『父沒』至『冠者』○孔子既答其問,又釋父沒加冠之禮,故云……則加冠已冠之後,埽地而祭於禰廟,已祭之,而見伯父叔父,見伯叔之後,乃饗冠者。○注『內喪』至『而冠』○『內喪,同門』者,皇氏云:『謂同大門之內。』云『不醴,不醴子也』者,案〈士冠禮〉,醴子之後始醴賓。恐此經云『不醴』是不醴賓,故云……必知不醴子者,……注『廢吉』至『之服』○吉冠是吉時成人之服,喪冠是喪時成人之服,今既有凶,廢吉禮而因喪冠,故云『俱成人之服』也。○注『酒為』至『醴之』○案〈士冠禮〉云:『若不醴則醮,用酒。』……謂之醮者,鄭注云:『酌而無酬酢曰醮。』皇氏云:『醴亦無酬酢……以酒有酬酢為常禮,故無酬酢乃謂之為醮。』云『冠禮,醴重而醮輕』者,……如鄭此言,則行周禮者,適子用醴,庶子用醮;若用先王舊俗者,雖適子與庶子同用醮。先王是夏、殷也,雖在周前,因而用也。……云『酌用酒,尊賜也』者,謂諸侯、大夫既受賜服而歸,祭告之後,使人酌酒以飲己,榮上之賜,不酬酢也。云『不醴,明不為改冠』者,受賜服而來,若其改而更冠,應從適子之尊,冠必酌醴以醴之,今既不醴,明不改冠也。皇氏云:『謂諸侯及大夫幼弱未冠,總角從事,當冠之年,因朝天子而賜之服,故歸還不改冠也。』義或然也。○注『饗,謂禮之』○……此云饗冠者,前注云:『冠者,賓及贊者。』此即是饗賓及贊者。此父沒而冠,……則冠身自迎賓。皇氏云『冠者諸父迎賓』,非禮也。[6]」[7]清·孫希旦《禮記集解》:「饗冠

6　清·朱彬:《禮記訓纂》亦引皇氏此句,饒欽農句讀為「皇氏云:『冠者諸父迎賓,非禮也。』」則文義全然不同。此與呂友仁句讀不同。參朱彬:《禮記訓纂》,頁293,呂友仁整理本:《禮記正義》,頁763。

7　呂友仁整理本:《禮記正義》,頁762-764。

者，謂禮賓也。〈士冠禮〉：『醴賓，以一獻之禮』，『贊者皆與』，是也。伯父叔父尊，故先見之而後饗冠者。父在而冠，則於其父饗冠者之時而見伯父叔父。」[8]李振興《王肅之經學》於此條下案語曰：「孔氏就鄭注申冠者身禮賓之禮也，與王氏異。王氏乃謂冠者已祭而見伯父、叔父，而後兄弟飲冠者自身，以向其致祝賀之意也。加冠之先，冠者理應以禮醴賓迎賓，見伯叔父，而加冠之後，兄弟向其祝賀，亦理所當然也。……醮，乃行冠禮時，父酌酒使飲之之謂，就此時告誡並祝賀之。其父尚醮而飲之，加冠後，其兄弟飲冠者身，乃當然也。」[9]此條王肅注孔氏《正義》未引，《通典》引之，未有詮釋，孫希旦、朱彬均未見引釋。據李振興解與孔氏《正義》，則鄭、王義大不同，鄭以為「饗冠者」指「饗賓及贊者」，王肅義則為所見之伯父叔父兄弟飲冠者自身。李振興以為王肅說有理。我們不知道孔氏《正義》疏鄭說是否完全符合鄭義。鄭注僅有「禮之」二字，「禮」誰？或可解為禮冠者身？如之，則鄭、王義同也。

8　清・孫希旦：《禮記集解》，頁515。

9　李振興：《王肅之經學》，頁626。

禮器第十

四十五　……有以素為貴者。至敬無文，父黨無容，大圭
　　　　不琢，大羹不和，大路素而越席，犧尊疏布鼏，
　　　　樿杓。此以素為貴也。

　　犧尊，鄭讀「犧」為素何反，即所謂「娑尊」；王肅則「如字」讀。
案：鄭注：「大圭長三尺，……琢，當為篆，字之誤也。〈明堂位〉曰：『大路，殷路也。』鼏，或作幂。樿，木白理也。」《釋文》：「琢，字又作瑑，丈轉反，徐又依字丁角反。大羹，音泰。和，胡臥反。越，音活。犧，鄭素何反，王如字。幭，本又作幂，又作鼏，莫歷反。樿，章善反，又市戰反，白理木。杓，市灼反。」孔穎達《禮記正義》：「……『至敬無文』，至敬，謂敬之至極。謂祭天服用大裘，是無文也。『父黨無容』者，謂父之族黨是親，故事之無有折旋揖讓之容。……『大羹不和』者，大羹，肉汁也；不和，無鹽梅也。大古初變腥，但煮肉而飲其汁，未知調和。後人祭也既重古，故但盛肉汁，謂之『大羹不和』。『大路素而越席』者，大路，殷家祭天車也；越席，蒲席也。祭天本質素，故素車蒲席也。犧尊者，先儒云『刻尊為犧牛之形，用以為尊。』鄭云『畫尊作鳳羽婆娑然，故謂娑尊也。』……皇氏以為犧尊即《周禮》『犧象』也……其義非也。具在〈特牲〉疏。『疏布鼏』者，疏，麤也；鼏，覆也。謂郊天時以麤布為巾以覆尊也。故〈幂人〉云：『祭祀，以疏布巾幂八尊。』注

云：『以疏布者，天地之神尚質也。』『樿杓』者，樿，白理木也。貴
素，故用白理木為杓。而鄭注《周禮》亦云：『祭天，爵不用玉
也。』……」[1]清・王夫之《禮記章句》卷十：「至敬，謂事父也。問
安視膳，慊心而止，不為文也。父黨，諸父行也。無容者，授受進
退，惟命之從，不為謙抑也。大圭，天子所搢圭。琢，與篆同，刻為
文也。……大路，殷路，素不用金玉之飾。……犧尊，飾以翡翠，象
鳳羽婆娑然，天子禘祭朝踐以盛醴齊者……」是王夫之用鄭說而不用
王肅說也。孫希旦《禮記集解》：「陸氏佃曰：凡木不飾為樿……若龍
勺、疏勺、蒲勺，則於勺加飾矣。愚謂『大路素』者，謂祭天之大
路，質素而無金玉之飾也。越，結也。結草為席，謂之越席。〈禮
運〉言『越席』，謂祭宗廟之席，結蒲莞為之者也。……犧尊，阮氏
《禮圖》云『畫以牛形。』《周禮》先鄭注謂『以翡翠為飾』。聶氏
《禮圖》云：『〈禮器〉：犧尊在西。注云：犧，《周禮》作獻。又
《詩》〈頌〉毛傳說：用娑羽以飾尊。然則毛、鄭獻、沙二字讀與婆
娑之娑義同，皆謂刻鳳凰之象於尊，其羽形婆娑然。又《詩》傳疏
說：王肅注《禮》，以犧、象二尊並全刻牛、象之形，鑿背為尊。』
今按〈司尊彝〉雞彝、鳥彝、虎彝、蜼彝、犧尊、象尊皆以鳥獸名其
器，則其形制當相似。雞彝、鳥彝、虎彝、蜼彝，先儒皆以為刻而畫
之為其象，則犧尊、象尊亦然。阮氏之說是也。若如後鄭之說，則犧
尊與鳥彝無別；如先鄭之說，則虎彝、蜼彝豈亦以虎、蜼為飾耶？至
謂為牛形而鑿其背為尊，此雖在古器或有之，（魏時，魯郡地中得齊大夫
子雅送女器，有尊作犧牛形。晉永嘉中曹嶷於青州發齊景公冢，得二尊，亦作牛
形。）然形制詭異，置之六彝、六尊之列皆不倫，未可據以為古天子
諸侯宗廟之所用也。疏布所以冪尊，以素為貴，但據疏布冪言之，因

---

1 呂友仁整理本：《禮記正義》，頁976。

冪而連言尊，非以犧尊為素也。杓即勺也。然杓有加於尊而用以……
此節惟大路、越席為祭天之事，若大圭則朝日所搢，大羹則凡祭皆有
之，犧尊以下則祭宗廟之禮也。疏家見大路乘以祭天，遂欲於犧尊、
櫟杓亦以祭天之說通之。……又以……謂祭天爵不用玉，皆誤
也。……則疏布冪不專用於祀天亦明矣。」[2]據孫希旦考，則鄭氏、
王氏解「犧尊」均不確也。然孫希旦之考，亦只是邏輯推理，未有實
物佐證。而古禮難明，僅可備一家之說也。今李振興《王肅之經學》
則以為王說是：「以今臺北近郊故宮博物院所陳出土之器物驗之，與
王說合。（詳參《詩經》〈魯頌・閟宮〉『犧尊將將』條）屈萬里先生
云：『犧尊，器作獸形，空其中以為尊者也。』（見《詩經釋義》〈魯
頌・閟宮〉注）與王說合。」[3]

四十六　禮之以少為貴者，以其內心者也。德產之致也精
　　　　微，觀天下之物，無可以稱其德者，如此，則得
　　　　不以少為貴乎？是故君子慎其獨也。

鄭注：「內心，用心於內，其德在內。致，緻密也。萬物皆天所生，
　　　孰可奉薦以稱也，少其牲物，致誠慤。」
附注：「王云：『欲徧取萬物以祭天，終不能稱其德，報其功，故以
　　　特犧貴誠慤之義也。』」
案：孔穎達《禮記正義》：「『禮之』至『獨也』○此一節亦覆說禮之
以少為貴之意。……用心於內，謂行禮不使外跡彰著也。……盧云：
『天地之德所生，至精至微也。』……言視天下萬物，皆是天地所

2　清・孫希旦：《禮記集解》，頁642-644。
3　李振興：《王肅之經學》，頁627。

生，若持所生以報於彼，終非報義，故云『無可以稱其德者』
也。……既無物可稱，則宜少外多內也，是其外跡豈得不貴少乎？王
云：『欲徧取萬物以祭天，終不能稱其德，報其功，故以特犧貴誠慤
之義也。』……獨，少也。……」[4]此條鄭、王解義顯然無不同，王
說更明晰也。王肅解經，多有補鄭之未備者，此或亦可反證王肅心目
中鄭之經注，多有不完備、不明晰之處。

四十七　周坐尸，詔侑武方，其禮亦然，其道一也。（鄭
　　　　注：言此亦周所因於殷也。武，當為無，聲之誤也。方，猶常也。告
　　　　尸行節，勸尸飲食無常，若孝子之為也。孝子就養無方。詔侑，或
　　　　為「詔囿」。）夏立尸而卒祭，（鄭注：夏禮，尸有事乃坐。）
　　　　殷坐尸，（鄭注：無事猶坐。）周旅酬六尸。（鄭注：使之
　　　　相酬也。后稷之尸，發爵不受旅。）曾子曰：周禮其猶醵
　　　　與！（鄭注：合錢飲酒為醵，旅酬相酬，似之也。《王居明堂》之
　　　　禮：仲秋，乃命國醵。）

附注：「周旅酬六尸」，王肅曰：「毀廟無尸，但有主也。」
　　　　「曾子曰：周禮其猶醵與！」——「王肅《禮》作『邊』，注
　　　　云：『曾子以為使六尸旅酬，不三獻，猶邊而略。』」
案：《釋文》：「武，音無……醵，其庶反，又其約反。合錢飲酒曰
醵。」孔穎達《禮記正義》：「『周坐』至『醵與』○此一節論三代尸
禮不同。『周坐尸』者，此言周所因於殷也。殷人坐尸，周因坐之
也。『詔侑武方』者，亦因殷也。詔，告也。侑，勸也。方，常也。
子事父母，就養無方，故在宗廟之中，禮主於孝，凡預助祭者，皆得

4　呂友仁整理本：《禮記正義》，頁978-979。

告尸威儀，勸尸飲食，無常人也。『其禮亦然』者，其於周禮侑尸[5]及
詔侑無方之禮，亦因於殷禮，故云『亦然』也。『其道一也』者，其
用至誠之道一也。『夏立尸而卒祭』者，此更本殷、周所損益相因
也。夏祭乃有尸，但立，猶質，言尸是人，人不可久坐神坐，故尸唯
飲食時暫坐，若不飲食時則尸倚立，以至祭竟也。『殷坐尸』者，此
殷因夏之有立尸而損其不坐之禮，益為恆坐之法也，是殷轉文也。言
尸本象神，神宜安坐，不辯有事與無事，猶坐也。『周旅酬六尸』
者，此周又因殷而益之也。旅酬六尸，謂祫祭時，聚群廟之主於大祖
后稷廟中，后稷在室西壁，東嚮，為發爵之主，尊，不與子孫為酬
酢，餘自文、武二尸就親廟尸凡六，在后稷之東，南北對為昭穆，更
相次序以酬也。殷但坐尸，未有旅酬之禮，而周益之也。然大祫多
主，而唯云『六尸』者，先儒與王肅並云『毀廟無尸，但有主也。』
○『曾子曰：周禮其猶醵與』者，曾子引世事證周禮旅酬之儀象也。
醵，斂錢共飲酒也。凡相斂斂錢飲酒，必非忘懷之酌得而遽飲，必令
平徧，不使偏頗，與周禮次序旅酬相似也。其王肅《禮》作『遽』，
注云：『曾子以為使六尸旅酬，不三獻，猶遽而略。』○注『告尸』
至『為也』○『告尸行節』，解經『詔』也。『勸尸飲食』，解經
『侑』也。案〈特牲〉、〈少牢〉延尸及詔侑相尸之禮皆是祝官，則是
『有常』，而云『無常』者，熊氏云：『謂就眾祝之中，但是祝官皆得
為之，不常用一祝也。』案《周禮》：『大祝下大夫二人，上士四人。
小祝中士八人，下士十有六人。』是皆得相侑尸也。」[6]

　　此條鄭、王義解可對應比勘者有二：（一）「周旅酬六尸」一句，
鄭未注為何只六尸，王則補充說明之。是補鄭注之未備也。參上條按

5　「其於周禮侑尸」，阮本同，閩、監、毛本「侑」作「坐」，疑是。──呂友仁整理
　　本：《禮記正義》，頁1019。
6　呂友仁整理本：《禮記正義》，頁993-994。

語。李振興《王肅之經學》:「《正義》申鄭而引王,立說可謂兼顧
矣。」[7](二)「曾子曰……」一句,見鄭、王所據經本不同而有字
異,且義不同。李振興《王肅之經學》:「孔申鄭義也。說與王氏異。
清・王夫之《禮記章句》卷十:「……此周祫祭之禮也。太祖與三昭
三穆凡七尸。言六尸者,后稷尸發爵不受酬也。釀,合錢飲酒也。事
尸之禮有獻而無酬,六尸各為昭穆,父子之道而更相為酬,故曾子譏
之,以為如庶人之合錢飲酒,無尊卑之別。此言周禮之變,不因乎殷
而禮失,不如殷之因夏,雖坐立異而道無疵也。」依王夫之說,則孔
氏《正義》未能正確釋出鄭義,然鄭、王之義不同,則是也。俞樾
《群經平議》則云:『王說是也。蓋夏立尸最質,殷坐尸則轉文,周
旅酬六尸,則文彌甚。曾子此言,正見三代之禮日趨於文,繼周而王
者,必有加而無已。故曰:周禮其猶醱與?作釀者,假字耳。鄭即以
本義說之,失曾子之旨矣。』」[8]

郊特牲第十一

四十八　社祭土而主陰氣也，君南鄉於北墉下，答陰之義
　　　　也。……天子大社，必受霜露風雨，以達天地之
　　　　氣也。是故喪國之社屋之，不受天陽也。薄社北
　　　　牖，使陰明也。社，所以神地之道也。……

鄭注：「鄭以社為地，配祀句龍；稷為原隰之神，配祀后稷。」
附注：「王肅以社稷均為人鬼，社祭句龍，稷祭后稷。」
案：孔穎達《正義》：「社稷之義，先儒所解不同。鄭康成之說以社為
五土總神，稷為原隰之神。句龍以有平水土之功，配社祀之；稷有播
種之功，配稷祀之。鄭必以此為說者，案〈郊特牲〉云：『社，祭土
而主陰氣』。又云：『社，所以神地之道』。又〈禮運〉云：『命降於社
之謂殽地』。又〈王制〉云：『祭天地社稷，為越紼而行事』。據此諸
文，故知社即地神，稷是社之細別，別名曰稷。稷乃原隰所生，故以
稷為原隰之神。若賈逵、馬融、王肅之徒，以社祭句龍，稷祭后稷，
皆人鬼也，非地神。故《聖證論》王肅難鄭云：『〈禮運〉云：祀帝於
郊，所以定天位；祀社於國，所以列地利。社若是地，應云定地位。
而言列地利，故知社非地也。』為鄭學者馬昭之等通之云：『天體無
形，故須云定位；地體有形，不須云定位，故唯云列地利。』肅又難
鄭云：『祭天牛角繭栗，而用特牲；祭社用牛角尺，而用大牢。又祭
天地大裘而冕；祭社稷，絺冕，又唯天子。今庶民祭社，社若是地
神，豈庶民得祭地乎？』為鄭學者通之云：『以天神至尊，而簡質事

之，故牛角繭栗而用特牲，服著大裘。天地至尊，天子至貴，天子祭社，是地之別體，有功於人，報其載養之功，故用大牢。貶降於天，故角尺也。祭用絺冕，取其陰類。庶人蒙其社功，故亦祭之，非是方澤神州之地也。』蕭又難鄭云：『〈召誥〉：用牲于郊，牛二。明后稷配天，故知二牲也。又云：社于新邑，牛一，羊一，豕一。明知唯祭句龍，更無配祭之人。』為鄭學者通之云：『是后稷與天，尊卑既別，不敢同天牲。句龍是上公之神，社是地祇之別，尊卑不甚縣絕，故云配同牲也。』蕭又難鄭云：『后稷配天，《孝經》有配天明文，后稷不稱天也。〈祭法〉及昭二十九年《傳》云：句龍能平水土，故祀以為社。不云祀以配社，明知社即句龍也。』為鄭學者通之云：『后稷非能與天同功，唯尊祖配之，故云不得稱天。句龍與社同功，故得云祀以為社，而得稱社也。』蕭又難云：『《春秋》說：伐鼓於社，責上公。不云責地祇，明社是上公也。又〈月令〉：命民社。鄭注云：社，后土也。《孝經》注云：社，后土也。句龍為后土。鄭既云：社，后土，則句龍也。是鄭自相違反。』為鄭學者通之云：『伐鼓責上公者，以日食臣侵君之象，故以責上公言之。句龍為后土之言，其地神亦名后土，故《左傳》云：君戴皇天而履后土。地稱后土，與句龍稱后土，名同而無異也。鄭注云后土者，謂地神也，非謂句龍也。故《中庸》云郊社之禮，注云：社，祭地神。又〈鼓人〉云：以靈鼓鼓社祭。注云：社祭，祭地祇也。是社為地祇也。』其社稷制度，《白虎通》云：『天子之社壇，方五丈，諸侯半之。』說者又云：『天子之社，封五色土為之。若諸侯受封，各割其方色土與之，則東方青、南方赤之等是也。上皆以黃土也。』其天子、諸侯皆有二社者，〈祭法〉云：『王為群姓立社，曰大社。王自為立社，曰王社。諸侯為百姓立社，曰國社。諸侯自為立社，曰侯社。』是各有二社。又各有勝國之社，故此云『喪國之社屋之』，是天子有之也。案《春秋》

『亳社災』，《公羊》云『亡國之社蓋揜之，揜其上而柴其下。』是魯有之也。襄三十年《左傳》云：『鳥鳴於亳社。』是宋有之也。此是天子、諸侯二社之義。其所置之處，〈小宗伯〉云：『右社稷，左宗廟。』鄭云：『庫門內、雉門外之左右。』為群姓立社者，在庫門內之西。自為立者，在藉田之中。其亡國之社，《穀梁傳》云：『亡國之社，以為廟屏，戒。』或在廟，或在庫門內之東，則亳社在東也。故《左傳》云：『閒於兩社，為公室輔。』魯之外朝在庫門之內，東有亳社，西有國社，朝廷執政之處，故云『閒於兩社』也。其卿大夫以下，案〈祭法〉云：『大夫以下，成群立社，曰置社。』注云：『大夫不得特立社，與民族居，百家以上則共立一社，今時里社是也。』如鄭此言，則周之政法，百家以上得立社。其秦漢以來，雖非大夫，民二十五家以上則得立社，故云『今之里社』。又《鄭志》云：『〈月令〉：命民社。則秦社也。自秦以下，民始得立社也。』其大夫以下所置社者，皆以土地所宜之木。則《論語》云：『夏后氏以松，殷人以栢，周人以栗。』故〈大司徒〉云『而樹之田主，各以其野之所宜木』是也。其天子大社之等，案《尚書》〈無逸篇〉曰：『大社唯松，東社唯栢，南社唯梓，西社唯栗，北社唯槐。』其天子、諸侯、大夫等皆有稷也。故注〈司徒〉：『田主，田神后土，田正之所依也。』田正則稷神也。田主尚然，故知天子、諸侯社皆有稷。其亡國之社亦有稷。故〈士師〉云：『若祭勝國之社稷，則為之尸。』是有稷也。但亡國之社稷，故略之，用刑官為尸，則其祭餘社，為尸不用刑官也。其社之祭，一歲有三：仲春『命民社』一也；《詩》云『以社以方』，謂秋祭，二也；孟冬云『大割祠於公社』，是三也。其社主用石。故鄭注〈宗伯〉云：『社之主蓋用石。』案《條牒論》『稷壇在社壇西，俱北嚮，營北壇共門。或曰在社壇北。其用玉無文，不可強言。今禮用兩圭有邸。』《異義》：『今《孝經》說曰：社者，土地之主，土地

廣博，不可徧敬，封五土以為社。古《左氏》說：共工為后土，后土
為社。』許君謹案亦曰《春秋》稱公社，今人謂社神為社公，故知社
是上公，非地祇。玄駁之云：『社祭土而主陰氣。又云：社者，神地
之道。謂社神，但言上公，失之矣。今人亦謂雷曰雷公，天曰天公，
豈上公也？』《異義》：『稷神，今《孝經》說：稷者，五穀之長。穀
眾多，不可徧敬，故立稷而祭之。古《左氏》說：列山氏之子曰柱，
死，祀以為稷。稷是田正。周棄亦為稷，自商以來祀之。』許君謹
案：『禮緣生及死，故社稷人事之。既祭稷穀，不得但以稷米祭稷，
反自食。同《左氏》義。』鄭駁之云：『〈宗伯〉：以血祭祭社稷、五
祀、五嶽。社稷之神若是句龍、柱、棄，不得先五嶽而食。』又引
〈司徒〉五土名，又引〈大司樂〉『五變而致介物及土示』。土示，五
土之總神，即謂社也。六樂於五地，無原隰而有土祇，則土祇與原隰
同用樂也。又引《詩》〈信南山〉云『畇畇原隰』，下之『黍稷或云
[1]』。原隰生百穀，黍為之長。然則稷者原隰之神。若達此義，不得以
稷米祭稷為難。」[2]

　　此條據《正義》所引述可知，鄭、王爭議非常熱烈。衛湜《禮記
集說》：「秦溪楊氏（復）曰：王、鄭之學，互有得失，若鄭云句龍有
平水土之功，配社祀之，后稷有播種之功，配稷祀之，則鄭說為
長。……馬氏（睎孟，字彥醇）曰：……蓋社，總祭五土之神，而山
林川澤丘陵墳衍原隰皆是也；稷，則止於原隰而已。……新安朱氏
（熹）曰：或說稷是丘陵原隰之神，或云穀神，看來穀神較是。社是
土神。」是楊復、馬睎孟皆較朱熹更尊信鄭說，朱熹則一半用鄭，一
半用王。清‧杭世駿《續禮記集說》：「傅氏咸（晉人——筆者注）

1　校勘記：「下之黍稷或云」，各本同。浦鏜校以為當作「下云黍稷或或」。孫詒讓：
　　《校記》與浦同。——呂友仁整理本：《禮記正義》，頁1076。
2　呂友仁整理本：《禮記正義》，頁1053-1059。

曰：〈祭法〉王社、大社各有其義……事異體殊，此社之所以有
二。……姚氏際恆曰：……則社為祭地明矣。至所謂社稷者，稷統五
穀而言，以其首種先成也……自〈祭法〉『王為群姓立社曰大社，王
自為立社曰王社；諸侯為百姓立社曰國社，諸侯自為立社曰侯社』，
其云大社、國社是已，云王社、侯社則杜撰之名，他經傳無見
也。……凡此者，皆〈祭法〉之言誤之也。」³是晉人傅咸於此說尊
鄭。姚際恆說則同朱熹。黃以周《禮書通故》：「以周案：……社為土
神甚明。王肅因祀社之文而曰社即句龍，則〈郊特牲〉云『社祭土而
主陰氣』，『社所以神地道』，又將何以為說乎？……為鄭學者其說亦
曲。」⁴

四十九　……郊之用辛也。周之始郊，日以至。

鄭注：「言日以周郊天之月而至，陽氣新用事，順之而用辛日。此說
　　　　非也。郊天之月而日至，魯禮也。三王之郊，一用夏正。魯以
　　　　無冬至祭天於圓丘之事，是以建子之月郊天，示先有事也。用
　　　　辛日者，凡為人君，當齊戒自新耳。周衰禮廢，儒者見周禮盡
　　　　在魯，因推魯禮以言周事。」
附注：（此條下文案語中引徵王肅語文字頗多，不繁復錄，詳見下
　　　　文）
案：孔穎達《禮記正義》：「『郊之』至『以至』○王肅用董仲舒、劉
向之說，以此為周郊。上文云『郊之祭，迎長日之至』，謂周之郊祭
於建子之月，而迎此冬至長日之至也。而用辛者，以冬至陽氣新用

3　清・杭世駿：《續禮記集說》卷四十七，清光緒三十年（1904）浙江書局刻本，收
　　入《續修四庫全書》經部禮類（101）。
4　清・黃以周：《禮書通故》第十三，頁663。

事，故用辛也。『周之始郊，日以至』者，對建寅之月又祈穀郊祭，此言始者，對建寅為始也。鄭康成則異於王肅：上文云迎長日之至，自據周郊，此云郊之用辛，據魯禮也。言郊用辛日者，取齊戒自新。『周之始郊日以至』者，謂魯之始郊，日以冬至之月。去始者，對建寅之月天子郊祭。魯於冬至之月初始郊祭，示先有事，故云始也。○注『言日』至『周事』○『日以周郊天之月而至』者，謂日體以周郊天建子之月而南至。○云『陽氣新用事，順之而用辛日』者，以冬至一陽生，故云新用事而用辛日。云『此說非也』者，謂日以周禮郊天之月而日至，陽氣新用事，此等之說非也。謂董仲舒、劉向而為此說。所以非者，案《周禮》冬至祭天圓丘，不論郊也。又此下云『戴冕璪十有二旒』，《周禮》祀昊天上帝則大裘而冕，是服不同；《周禮》玉路以祀天，此下云『乘素車』，是車不同也；〈祭法〉云『燔柴於泰壇，用騂犢』，《周禮》蒼璧禮天，牲從玉色，是牲不同也；《爾雅》曰『非人為之丘』，泰壇則人功所作，是圓丘與泰壇別也。以是知郊與圓丘所祭非一，故云『此說非也』。○云『郊天之月而日至，魯禮也』者，言此經『始郊，日以至』，是魯國之禮。必知魯禮者，以〈明堂〉云：『魯君孟春乘大路，載弧韣，旂十有二旒，日月之章，祀帝於郊。』又〈雜記〉云：『正月日至，可以有事於上帝。』故知冬至郊天，魯禮也。○云『三王之郊，一用夏正』者，證明天子之郊必用夏正。魯既降下天子，不敢郊天與周同月，故用建子之月而郊天，欲示在天子之先而有事也。但魯之郊祭，師說不同。崔氏、皇氏用王肅之說，以魯冬至郊天，至建寅之月又郊以祈穀。故《左傳》云『啟蟄而郊』，又云『郊祀后稷以祈農事』，是二郊也。若依鄭康成之說，則異於此也，魯唯一郊，不與天子郊天同月，轉卜三正。故《穀梁傳》云：『魯以十二月下辛卜正月上辛，若不從，則以正月下辛卜二月上辛，若不從，則以二月下辛卜三月上辛，若不從則止。』

故《聖證論》馬昭引《穀梁傳》以答王肅之難，是魯一郊則止。或用建子之月郊，則此云『日以至』及宣三年『正月，郊牛之口傷』是也；或用建寅之月，則《春秋左傳》云『郊祀后稷以祈農事』是也。但《春秋》，魯禮也，無建丑之月耳。若杜預，不信《禮記》，不取《公羊》、《穀梁》，魯唯有建寅郊天及龍見而雩。○云『周衰禮廢，儒者見周禮盡在魯』者，欲見經文實是魯郊而為『周』字，[5]故云『因推魯禮以言周事』，誤作周也。從上說郊是周禮，自此以下是魯禮，為此周、魯雜亂也。○案《聖證論》王肅駁鄭云：『〈郊特牲〉曰：郊之祭，迎長日之至。下云：周之始郊，日以至。玄以為迎長日謂夏正也。郊天日以至，玄以為冬至之日。說其長日至於上，而妄為之說，又徙其始郊日以至於下，非其義也。玄又云周衰禮廢，儒者見周禮盡在魯，因推魯禮以言周事。若儒者愚人也，則不能記斯禮矣。苟其不愚，不得亂於周、魯也。鄭玄以〈祭法〉禘黃帝及嚳為配圓丘之祀。〈祭法〉說禘無圓丘之名，《周官》圓丘不名為禘。是禘非圓丘之祭也。玄既以〈祭法〉禘嚳為圓丘，又〈大傳〉王者禘其祖之所自出，而玄又施之於郊祭后稷，是亂禮之名實也。案《爾雅》云：禘，大祭也；繹，又祭也。皆祭宗廟之名。則禘是五年大祭先祖，非圓丘及郊也。周立后稷廟，而嚳無廟，故知周人尊嚳不若后稷之廟重。而玄說圓丘祭天祀大者，仲尼當稱昔者周公禘祀嚳圓丘以配天。今無此言，知禘配圓丘非也。[6]又《詩》〈思文〉后稷配天之頌，無帝嚳配圓丘之文，知郊則圓丘，圓丘則郊，所在言之則謂之郊，所祭言之則謂圓丘。於郊築泰壇，象圓丘之形，以丘言之，本諸天地之性。故〈祭

5 「欲見經文實是魯郊而為周字」，阮本同。閩、監、毛本「字」作「事」。——呂友仁整理本：《禮記正義》，頁1076。

6 「知禘配圓丘非也」，孫詒讓：《校記》云：「禘」疑當作「嚳」。——呂友仁整理本：《禮記正義》，頁1076。

法〉云燔柴於泰壇，則圓丘也。〈郊特牲〉云周之始郊日以至，《周禮》云冬至祭天於圓丘，知圓丘與郊是一也。言始郊者，冬至陽氣初動，天之始也。對啟蟄又將郊祀，故言始。《孔子家語》云：定公問孔子郊祀之事，孔子對之。與此〈郊特牲〉文同。皆以為天子郊祭之事。』如《聖證論》之言，王肅所據經傳分明。鄭必別為其說者，案《聖證論》馬昭申鄭云：『《易緯》云：三王之郊，一用夏正。則周天子不用日至郊也。夏正月陽氣始升，日者陽氣之主，日長而陽氣盛，故祭其始升而迎其盛。〈月令〉天子正月迎春是也。若冬至祭天，陽氣始盛，祭陰迎陽，豈為理乎？《周禮》云：冬日至，祭天於地上之圓丘。不言郊，則非祭郊也。言凡地上之丘皆可祭焉，無常處，故不言郊。《周官》之制，祭天圓丘，其禮：王服大裘而冕，乘玉路，建大常。〈明堂位〉云：魯君以孟春祀帝於郊，服袞服，乘素車，龍旂。衣服車旂皆自不同，何得以諸侯之郊說天子圓丘？言始郊者，魯以轉卜三正，以建子之月為始，故稱始也。又《禮記》云：魯君臣未嘗相弒，禮俗未嘗相變。而弒三君，季氏舞八佾，旅於泰山，婦人髽而相弔，儒者此記豈非亂乎？據此諸文，故以郊、丘為別，冬至之郊，特為魯禮。』案《聖證論》，王肅與馬昭之徒，或云祭天用冬至之日，或云用冬至之月，據《周禮》似用冬至之日，據《禮記》郊日用辛，則冬至不恆在辛，似用冬至之月。案張融謹案『郊與圓丘是一。』又引《韓詩》說三王各正其郊，與王肅同。又：『魯以轉卜三正，王與鄭玄同。《周禮》圓丘服大裘，此及《家語》服袞冕。《家語》又云：臨燔柴，脫袞冕，著大裘，象天。[7]臨燔柴，輟祭，脫裘，著大裘，象天，恭敬之義，既自不通。[8]』是張融以《家語》及

---

7 「《家語》又云臨燔柴脫袞冕著大裘象天」，孫詒讓：《校記》云：「今《家語》〈郊問〉云：『至泰壇，王脫裘矣，服袞以臨燔柴。』與此所引不同，未詳。」——呂友仁整理本：《禮記正義》，頁1076。

8 「既自不通」，阮本「通」作「同」。——呂友仁整理本：《禮記正義》，頁1076。

此經郊祭並為魯禮，與鄭玄同。融又為圓丘是祭皇天，孟春祈穀於上帝及龍見而雩，此五帝之等，並是皇天之佐，其實天也。融又云：『祀大神，率執事而卜日，圓丘既卜日，則不得正用冬至之日。』此是張融之說。鄭此注云『以建子之月郊天，用辛日者，當齊戒自新。』如鄭此言，是亦不用冬至日也。但郊、丘大事，王、鄭不同，故略陳二家所據而言之也。案《聖證論》及《異義》，皆同《穀梁》之義，魯轉卜三正之內，一郊則止。而崔氏、皇氏以為魯冬至郊天，夏正又郊，凡二郊，非鄭義也。」[9]

此條所述禮事頗為複雜，然鄭、王所爭，乃經學史上之熱點。所謂建子之月，是指周代以子月（農曆十一月）為歲首。後以「建子」代指十一月。而夏以寅月為歲首，稱建寅，即農曆正月。後以「建寅」為正月之代稱，餘類推。（一）依鄭義，此處經文中所謂「……郊之用辛也。周之始郊，日以至」，實際指的是「魯郊」，即魯國的郊祭禮，只有魯國的郊祭禮才在冬至日，它比周天子的郊祭禮要早，周天子的郊祭禮當在正月，所謂「示在天子之先而有事也」。禮家誤說為周之郊祭耳，是禮家推魯禮以言周事所致。依鄭義，即此「周」字當作「魯」字。之所以稱「始郊」，是相對於周天子之郊而言，因在先，故言「始」。如果依鄭此解，則此句為說魯禮，上一句則說周天子之禮，因為前一句「郊之祭也，迎長日之至也……」[10]，鄭以為即是述周天子之禮。王肅則堅決不同意鄭此說，以為如果記錄禮典之人是個愚鈍之人，他就根本沒有資格記錄禮典，既然他不會是一個愚鈍之人，那麼禮典就不會如鄭玄理解得那樣，記錄得那樣前後矛盾。我們看到，歷代的經學家們，無論是自己解經，還是駁正他人之經解，都

9　呂友仁整理本：《禮記正義》，頁1066。
10　參呂友仁整理本：《禮記正義》，頁1061。

會慣用一種邏輯推論加以論辨，並非有多少切實有效的事實依據。[11]
但鄭康成此種解釋，確實照一般的邏輯，難以信從。鄭康成的理論邏
輯是，三王之郊一用夏正，故「天子之郊必用夏正。魯既降下天子，
不敢郊天與周同月，故用建子之月而郊天，欲示在天子之先而有事
也。」[12]（二）關於魯國之郊祭，鄭玄以為一年只有一次，但月份日
期不固定，只是一定與天子郊天禮不在同時也；王肅則以為，無論是
魯郊祭，抑或周天子郊祭，一年有兩次，此冬至一次，來年建寅之月
（即夏曆正月）又一次，所謂祈穀之郊。依宋魏了翁的總結，鄭康成
承認天子之郊為一年二次，同意王肅此說，只是魯郊一年只有一次，
「不與天子同」。[13]（三）鄭玄以為周天子郊天當在夏曆正月，而不當
在此句經文所述之冬至。王肅則以為就在此句所謂冬至，言「始」
者，「冬至陽氣初動，天之始也」。王肅以為魯郊與周天子之郊，均一
年有二次，第二次即所謂「啟蟄而郊」。崔靈恩、皇侃皆用王肅說而
不用鄭說。此亦證王肅說對崔靈恩、皇侃之類經學家之巨大影響。[14]
亦可參前第十條，王肅此說，與鄭玄之師兄盧植同，而與鄭異。盧植
云：「周以冬至祭天於圜丘，以正月又祭天以祈穀，夏正在冬至後，
傳曰『啟蟄而郊』，此之謂也。」[15]（四）清代著名禮學家孫希旦，由
於在此條義解上取王肅說而不取鄭說，故以為此句當斷為「郊之用辛
也。周之始郊，日以至。」意即：「郊之用辛」一句指的就是第二次

---

11 參拙作：〈「泰伯三讓天下」的不同解釋鏡像〉，刊《古典研究》2011年夏季卷，總
　第6期，（香港）古典教育基金有限公司，2011年6月版。
12 宋·魏了翁：《禮記要義》卷十一，國家圖書館藏宋淳祐十二年（1252）魏克愚徽
　州刻本，收入《續修四庫全書》經部禮類（96），頁686。
13 宋·魏了翁《禮記要義》卷十一，國家圖書館藏宋淳祐十二年（1252）魏克愚徽州
　刻本，收入《續修四庫全書》經部禮類（96），頁687。
14 參拙作：〈論語鄭王注比勘發微〉，刊《經典與解釋》39《律法與政治哲學》，主
　編：彭磊，顧問：劉小楓、甘陽，北京市：華夏出版社，2013年5月版。
15 清·黃以周：《禮書通故》，頁614-615。

郊天祭，即「正月上辛祈穀之祭也」。而「周之始郊，日以至」一句，指的是第一次郊祭，即冬至之祭。「曰『始郊』者，對祈穀又郊言之也。於始郊特言『周』者，上辛祈穀之郊，魯亦行之，冬至之郊，則惟周有之，而魯未嘗行也。」[16]是孫希旦只將王肅並未講清楚的一點講清了——即所謂一年兩次郊祭，究竟是周與魯同行？抑或僅為周制？孫希旦特別指出，魯與周天子同行者，惟正月上辛祈穀之郊，非冬至之郊。這一點與鄭玄說恰好相反。鄭玄明確說魯郊是在冬至，周天子之郊則在來年正月。至於孫希旦此說之根據，亦不明。（五）「郊之用辛也」，何以言「辛」？鄭以為「凡為人君，當齊戒自新耳」，王肅則以為「冬至陽氣新用事，故用辛也。」[17]鄭、王均用聲訓，然訓義不同。（六）孔穎達《禮記正義》於此條下起首即引王肅說，表明了對王肅說的重視，且特別注明「如《聖證論》之言，王肅所據經傳分明」。故所謂「禮是鄭學」，只是基本原則，疏義者實在覺得王肅有些經解值得重視，也每加以徵引以廣博觀。（七）清人孔廣森則不同於孫希旦取王說而不取鄭義，而是頗尊鄭說，曰：「此記實述魯郊。……周人冬日至祀天，本謂之禘。以寅月祈穀南郊，乃謂之郊。魯僭王禮，不敢純同，故用禘之月而行郊之禮。」[18]李振興《王肅之經學》以王說為是。[19]

五十　天子大蜡八。（鄭注：所祭有八神也。）……八蜡以記四方。（鄭注：四方，方有祭也。）四方年不順成，八蜡不通，以謹民財也。（鄭注：其方穀不熟，則不通於蜡焉，使民謹

16　清・孫希旦：《禮記集解》，頁690。
17　參朱彬：《禮記訓纂》，頁395。
18　清・黃以周：《禮書通故》，頁614-615。
19　詳李振興：《王肅之經學》，頁630-631。

> 於用財。蜡有八者：先嗇一也，司嗇二也，農三也，郵表畷四也，貓虎
> 五也，坊六也，水庸七也，昆蟲八也。）……

鄭注：「先嗇，若神農者。司嗇，后稷是也。」

附註：「依王肅解，八蜡當為：先嗇一也，司嗇二也，農三也，郵表
畷四也，貓五也，虎六也，坊七也，水庸八也。」

案：《釋文》：「大蜡八，仕詐反。蜡祭有八神：先嗇一，司嗇二，農
三，郵表畷四，貓虎五，坊六，水庸七，昆蟲八。」孔穎達《禮記正
義》：「『八蜡』至『興功』○此一節論天子蜡祭，四方不同，豐荒有
異，兼記蜡祭宗廟息民之事。各依文解之。『八蜡以記四方』者，言
蜡祭八神，因以明記四方之國，記其有豐稔、有凶荒之異也。『四方
年不順成，八蜡不通』者，謂四方之內，年穀不得和順成孰，則當方
八蜡之神不得與諸方通祭。所以然者，以謹慎民財，欲使不孰之方萬
民謹慎財物也。……注『蜡有』至『八也』○鄭數八神，約上文也。
王肅分貓、虎為二，無昆蟲。鄭數昆蟲，合貓虎者，昆蟲不為物害，
亦是其功；貓虎俱是除田中之害，不得分為二，不言『與』，故合為
一也。」[20]
　此條鄭、王之異主要在「八蜡」之具體內容，如上。鄭玄說同蔡
邕。宋‧張載、陳祥道等據記文「祭百種」句，而以「百種」易「昆
蟲」。清‧王夫之《禮記章句》卷十一：「八蜡，侯國之通祀，而天子
言『大』者，其禮必有差等，今不可考爾。舊說先嗇一，司嗇二，農
三，郵表畷四，貓虎五，坊六，水庸七，昆蟲八。……則當去昆蟲而
以百種為一明矣。」與張載、陳祥道說同。黃以周亦以為八蜡中當有
「百種」，但「貓虎當易禽獸，禽獸總名，貓虎偏舉耳。鄭去百種，

---

20 呂友仁整理本：《禮記正義》，頁1071-1081。

因以昆蟲為一蜡。說者謂昆蟲不當祭，若祭除昆蟲者……貓、虎分為二，尤非。……鄭玄云：『……郵表畷，謂田畯所以督約百姓於井間之處也。《詩》曰：為下國畷郵。』孔穎達云：『……於此造郵舍，田畯處焉。所引《詩》，齊、魯、韓《詩》也。……』……阮元云：『郵乃井田上道里可以傳書之舍也。表乃井田間分界之木也。畷乃田兩陌之間道也。凡此，皆古人祭饗處。』以周案：阮氏分釋郵、表、畷三字，卻有依據。但此八蜡之一祭，不可分析為三事。……表畷者，古兩陌間之道，有樹以表識，《周語》所謂『列樹以表道』是也。郵為邊垂往來通行之總名。郵表畷者，郵之在井間表道之處也。《詩》意主於通行，曰畷郵。蜡祭主在所表之神，曰郵表畷。其所表之神，即〈大司徒〉所謂『樹之田主』，乃社稷之所馮依者也。……鄭注表訓表率，故曰督約百姓，……《說文》：『畷，兩陌間道，廣六尺。』陌為百夫之塗，許以為廣六尺，鄭以為廣六尺四寸。尋常田畷如此，若表畷之地，自大常畷，要難以容郵舍也。……阮雲臺又通畷為旐，謂所表有旗旐，又謂表以樹，又謂綴以毛裘之物，未免愛博洽而反成曲說矣。」[21]此類細微名物之解，後學多不糾結鄭、王之是非，而力求通過進一步考訂求其是。晚清・俞樾《群經平議》：「按八蜡之神，諸說不同，當從陳祥道說，去昆蟲而增百種。江氏慎修《鄉黨圖考》謂經文明言『祭百種』，何得遺之？」[22]

五十一　有虞氏之祭也，尚用氣。血、腥、爓祭，用氣也。殷人尚聲，臭味未成，滌蕩其聲。樂三闋，然後出迎牲。聲音之號，所以詔告於天地之間也。周人尚臭，灌用鬯臭，鬱合鬯，臭陰達於淵

21　清・黃以周：《禮書通故》，頁689-691。
22　李振興：《王肅之經學》，頁631。

泉。灌以圭璋，用玉氣也。既灌然後迎牲……

鄭注：「尚，謂先薦之。燗，或為……灌，謂以圭瓚酌鬯，始獻神
也。已乃逆牲於庭殺之，天子諸侯之禮也。……」

王注：「以圭璋為瓚之柄也。瓚，所以斟鬯也。玉氣絜潤，灌用玉瓚，
亦求神之宜也。玉氣亦是尚臭也。周言用玉，則殷不用圭瓚。」

案：孔穎達《禮記正義》：「『有虞』至『祭者』○此一節總論祭祀之
事，各依文解之。……『血、腥、燗祭，用氣也』者，此解用氣之
意。血，謂祭初以血詔神於室。腥，謂朝踐薦腥肉於堂。燗，謂沈肉
於湯，次腥，亦薦於堂。〈祭義〉云『燗祭、祭腥而退』是也。今於
堂以血、腥、燗三者而祭，是用氣也。以其並未孰，故云『用氣』
也。○注『尚，謂先薦之』○……此虞氏尚氣，殷人尚聲，周人尚
臭，皆謂四時常祭也。若其大祭祫，周人仍先用樂也。……推此言
之，虞氏大祭亦先作樂也。……夏、殷大祭雖無文，或當與周同。熊
氏以為『殷人先求諸陽』，謂合樂在灌前，『周人先求諸陰』，謂合樂
在灌後，與降神之樂別。熊氏又云：『凡大祭有三始，祭天以樂為致
神始，以煙為歆神始，以血為陳饌始；祭地以樂為致神始，以腥為歆
神始，以血為陳饌始；祭宗廟亦以樂為致神始，以灌為歆神始，以腥
為陳饌始。』義或然也。……『殷人尚聲』者，帝王革異，殷不尚氣
而尚聲，謂先奏樂也。不言夏，或從虞也。『臭味未成，滌蕩其聲』
者，臭味未成，謂未殺牲也。……故未殺牲而先搖動樂聲以求神
也。……『聲音之號，所以詔告於天地之間也』者，解所以先奏樂之
義。言天地之間，虛豁亦陽也。言鬼神在天地之間，聲是陽，故用樂
之音聲號呼告於天地之間，庶神明聞之而來，是先求陽之義也。○
『周人尚臭』者，周禮變於殷，故先求陰尚臭也。『灌用鬯臭』者，
臭，謂鬯氣也。未殺牲，先酌鬯酒灌地以求神，是尚臭也。『鬱合

鬯』者，鬱，鬱金草也；鬯，謂鬯酒。煮鬱金草和之，其氣芬芳調鬯也。又以擣鬱汁和合鬯酒，使香氣滋甚，故云『鬱合鬯』也。鄭注〈鬱人〉云：『鬱，鬱金香草，宜以和鬯。』盧云：『言取草芬芳香者，與秬黍鬱合釀之，成必為鬯也。』馬氏說：『鬱，草名，如鬱金香矣，合為鬯也。』庾氏讀句則云『臭鬱合鬯』。○『臭陰達於淵泉』者，用鬱鬯灌地，是用臭氣求陰，達於淵泉也。○『灌以圭璋，用玉氣也』者，王肅云：『以圭璋為瓚之柄也。瓚，所以斟鬯也。玉氣絜潤，灌用玉瓚，亦求神之宜也。玉氣亦是尚臭也。周言用玉，則殷不用圭瓚。』……」[23]

此條鄭、王義解可對應比勘者主要在「灌以圭璋，用玉氣也」一句，顯然基本義解鄭、王無不同，王注較鄭注更為明晰具體。此為王肅補鄭注之未備例。不贅。

---

23 呂友仁整理本：《禮記正義》，頁1095-1100。

內則第十二

五十二　后王命冢宰，降德於眾兆民。

鄭注：「后，君也。德，猶教也。萬億曰兆。天子曰兆民，諸侯曰萬
　　　　民。《周禮》冢宰掌飲食，司徒掌十二教。今一云『冢宰』，記
　　　　者據諸侯也。諸侯並六卿為三。或兼職焉。」

王注：「后王，君王，謂天子也。」

案：《釋文》：「后王，鄭云：『后，君也，謂諸侯也。王，天子也。』
盧云：『后，王后也。王，天子也。』孫炎、王肅云：『后王，君王
也。』……」孔穎達《禮記正義》：「『后王』至『兆民』○此一經論
子事父母，由此后王之教使之然，故先云施教之法。『后王』者，后，
君也。君，謂諸侯。王，謂天子。不先后『王』者，辟天子妃后之
嫌，故言『后王』也。『命冢宰』者，若天子，則天官為冢宰；若諸
侯，則司徒為冢宰。今記者據諸侯為文，命此司徒之冢宰。『降德於
眾兆民』者，降，下也；德，教也。諸侯命冢宰降下教令於群眾兆民
也。既據諸侯，當云『萬民』，而云『兆民』者，此經雖以諸侯為主，
雜以天子言之，故又稱『王』，又稱『兆民』也。○注『后，君』至
『職焉』○『后，君也』，《釋詁》文。云……鄭以此據天子天下之民，
故以大數言之。……《周禮》是天子之法，每云『萬民』者，據畿內
言之，或可通稱也。鄭引此者，明天子、諸侯之異。……則經文當云
『命冢宰、司徒』，兩官備言之。今唯一云『冢宰』，不兼言『司徒』
者，是司徒兼冢宰之事，故云記者據諸侯而言之。……意疑而不定，

故稱『或』焉。盧云『后，謂天子之妃』者，若是后妃，唯主內事，不得降德於眾兆民。孫炎、王肅皆云：『后王，君王，謂天子也。』此經論教訓法則，是司徒所掌，不可獨據冢宰，盧與孫、王之說，其義皆非。故鄭以為據諸侯言也，但雜陳王事耳。」[1]此條《釋文》所引鄭注文與傳本鄭注文有出入，《釋文》所引鄭注文多「王，天子也」四字。《正義》所引王肅注文亦有疑。若依呂友仁先生句讀，「謂天子也」四字屬王注內容，但亦有可能此四字為《正義》疏語，這樣，與《釋文》所引孫炎、王肅注文亦合。

　　此條鄭、王義解可對應比勘者主要在「后王」究竟所指為何。據傳本經下所引鄭注，「后王」是「記者據諸侯也」。若依《釋文》所引鄭注，則「后王」所指，則既包括諸侯，也包括天子。而王肅解「后王」，若依《釋文》所引，指「君王」，當是泛指，未明天子抑或諸侯。孔氏《正義》以為，依鄭意，或「后王」既包括天子，也包括諸侯，同《釋文》所引鄭注，但鄭又不確定，故「意疑而不定，故稱『或』焉」。此條說明一個重要的經典詮釋學問題：要詳細比勘鄭、王之經學解義，會遇到一個大疑惑——因為時代久遠，「文獻不足徵」，鄭、王之經學解義之究竟，其實並不能確知，後人或只能根據唐人之疏義來判定其究竟，但唐人在前人簡單的經注文字基礎上做出的疏義，有時並不能保證它完全符合原義，最多只能保證它代表唐人自己的理解而已。有時，唐人自己也對前人的經注意義模稜兩可。當然，這樣我們對於鄭、王經學解義的對勘也就無從進行。清・王夫之《禮記集解》卷十二：「后，君也。王，三代有天下之通稱。冢宰建邦之六典，……教雖司徒之職而頒自冢宰者，重其事也。降，播告也。德者，人之所得於天而情所必至、才所可盡者也。蓋雖事蹟之末，而非根乎心之所得，則未有能行者矣。萬億曰兆。眾兆民者，自

1　呂友仁整理本：《禮記正義》，頁1113-1114。

王國而達於天下也。此一節乃一篇之綱領。自下節以訖於篇末，皆降德之條目也。」據王夫之之解，此處根本不涉及諸侯。今人李振興《王肅之經學》則認為，鄭玄只有「后，君也」之釋，兼有諸侯、天子之義，則是《正義》申之所言。陳澔《禮記集說》以為「后王」就是指天子，鄭氏分別天子、諸侯之詮釋，本身就有點無事生非，畫蛇添足。[2]

五十三　飯：……食：（鄭注：目人君燕食所用也。）蝸醢而苽食、……桃諸、梅諸（鄭注：自蝸醢至此二十六物，似皆人君燕所食也，……），卵鹽……

附注：「王肅云：『諸，菹也。』」
案：孔穎達《禮記正義》：「『飯黍』至『薑桂』○此一節總論飯、飲、膳、羞調和之宜，又明四時膳食所用，並明善惡治擇之等，又顯貴賤所食之別。各依文解之。……『桃諸、梅諸，卵鹽』者，言食桃諸、梅諸之時，以卵鹽和之。王肅云：『諸，菹也。』謂桃菹、梅菹，即今之藏桃也、藏梅也。欲藏之時，必先稍乾之，故《周禮》謂之『乾……』鄭云『桃諸、梅諸』是也。……」[3]

　　此條鄭、王義解可對應比勘者主要是「桃諸、梅諸」一語，顯然鄭、王義無不同，《正義》所引可見也。不贅。

五十四　……牛脩、鹿脯……芝栭、菱、椇……

鄭注：「菱，芰也。椇，枳椇也。……自牛脩至此三十一物，皆人君

2 詳李振興：《王肅之經學》，頁631-632。
3 呂友仁整理本：《禮記正義》，頁1131-1136。

　　燕食所加庶羞也。《周禮》天子『羞用百有二十品』，記者不能
　　次錄。」

附注：「王肅云：『無華而實者名栭，皆芝屬也。』」

案：孔穎達《禮記正義》：「……『芝栭』者，庾蔚云：『無華葉而生
者曰芝栭。』盧氏云：『芝，木芝也。』王肅云：『無華而實者名栭，
皆芝屬也。』庾又云：『自牛脩至薑桂凡三十一物。』則芝栭應是一
物也。今春夏生於木，可用為菹。其有白者，不堪食也。賈氏云：
『栭，軟棗。』亦云：『芝，木樨也。』以芝、栭為二物。鄭下注云
『三十一物』，則數『芝栭』為一物也。賀氏說非也。」[4]

　　此條鄭、王義解可對應比勘者主要在「芝栭」一物之訓，且主要
在一物、二物之理解。據《正義》所引，可見鄭、王均以為一物而非
二物。無不同。孫希旦《集解》：「愚謂孔氏以芝栭為一，則為三十一
物；賀氏以芝、栭為二，則為三十二物。未知孰是。」[5]

五十五　　國君世子生，告於君，接以太牢，宰掌具。三
　　　　　日，卜士負之，吉者宿齊，朝服寢門外，詩負
　　　　　之。……

鄭注：「接，讀為捷。捷，勝也。謂食其母，使補虛強氣也。」

附注：「王肅、杜預並以為接待夫人以太牢。」

案：《釋文》：「食，音嗣，下注『食子』、『食乳』皆同。」孔穎達
《禮記正義》：「『國君』至『食子』○此一節論國君世子生及三日負
子及食之法。○注『接，讀』至『氣也』○王肅、杜預並以為接待夫
人以太牢。鄭必讀為『捷』，為補虛強氣者，以婦人初產，必困病虛

4　呂友仁整理本：《禮記正義》，頁1138。

5　清‧孫希旦：《禮記集解》，頁748。

羸，當產三日之內，必未能以禮相接，應待負子之後。今在前為之，故知補虛強氣，宜速故也。」[6]

此條鄭、王義解可對應比勘者主要在「接以太牢」一句，基本句義無不同，然鄭強調「接」讀為「捷」，所謂「鄭好改字」，似有曲為之解之偏。鄭強調其「速」意，似不及王肅、杜預之說為簡明。《正義》起首即引王肅說，證其對王肅說之重視，雖後有對鄭說之疏義。《釋文》：「接，依注音捷，字姜反，下『接子』同。」則似以鄭說為長。元・陳澔《禮記集說》：「接以太牢者，以太牢之禮接見其子也。……」清・王夫之《禮記章句》卷十二：「接，謂相交接也。父子之道始於此，故重其禮，以太牢養其母……」孫希旦《集解》亦近王肅說，以為當如字。[7]是皆不取鄭說也。鄭之改字解經，後儒多有譏之者。李振興《王肅之經學》：「此經後儒說之亦紛。有以鄭為是者，惠棟、焦循、俞樾是也。有謂接待其子以太牢之禮者，陳氏《集說》是也。有謂接，接子也，就子生之室陳設饌具，以禮接待者，孫氏《集解》是也。就『接子』言，陳、孫二氏同。考《左傳》桓六年：『接以太牢』。服虔云：『接者，子初生，接見於父。』（《御覽》一百四十六）顧氏炎武亦以為以太牢之禮接見太子。……」李振興亦以為此「接以太牢」當是指接子，而非接母。[8]則是又有「接」字之賓語所指為何之不同，此事鄭、王無不同，自陳澔之後始生異說。

6　呂友仁整理本：《禮記正義》，頁1157。
7　詳清・孫希旦：《禮記集解》，頁762。
8　詳李振興：《王肅之經學》，頁632-633。

玉藻第十三

五十六　……君若賜之爵，則越席再拜稽首受，登席，祭
　　　　之，飲卒爵，而俟君卒爵，然後授虛爵。君子之
　　　　飲酒也，受一爵而色洒如也，……

鄭注：「洒如，肅敬貌。洒，或為察。」
　　　　洒如，據《釋文》引，王肅本即作「察如」，云：「明兒也。」
案：洒如，據《釋文》引，王肅本即作「察如」，云：「明兒也。」孔
穎達《禮記正義》：「『君若』至『用禁』○此一節論臣於君前受賜爵
之禮。○『飲卒爵，而俟君卒爵，然後授虛爵』者，俟君飲盡，已乃
授虛爵與相者也。必在君前先飲者，亦示其賤者先即事；後授虛爵
者，示不敢先君盡爵。然此謂朝夕侍者始得爵也。若其大禮，則君先
飲而臣後飲。故〈曲禮〉云『長者舉未釂，少者不敢飲』，〈燕禮〉
『公卒爵，而後飲』是也。此經云『再拜稽首』受於尊所，〈曲禮〉
云『拜受於尊所』；此經先再拜稽首而後受，〈燕禮〉『興，受爵，降
下，奠爵，再拜稽首』，則先受而後再拜，與此不同者，熊氏云：『文
雖不同，互以相備，皆先受而後再拜。』今刪定，以為〈燕禮〉據大
飲法，故先受爵而後奠爵再拜；此經據朝夕侍君而得賜爵，故再拜而
後受。必知此經非饗燕大飲者，以此下云『受一爵』以至『三爵』而
退，明非大饗之飲也。若〈燕禮〉，非唯三爵而已。○『受一爵而色
洒如也』者，言初受一爵而顏色肅敬洒如也。如者，如此義，謂如似
洒然。故《論語》云『申申如也，夭夭如也』及『踧踖如也』，皆謂

容色如此。」[1]

此條鄭、王義解可對應比勘者主要在「洒如」一詞。鄭訓「洒如」為肅敬，王肅訓為「明兒」，意向不明。《正義》用鄭不用王。清·王夫之《禮記章句》卷十三：「此謂君燕之而命為賓也。……洒如，肅敬也。」孫希旦《集解》亦用鄭不用王。[2]臧琳《經義雜記》云：「察與洒聲相近，故文異。察為明察，於肅敬義亦合。王氏雖竊取注義，以私定記文，尚未乖也。……」[3]臧氏之譏王，似有非理性之成見。

五十七　二爵而言言斯禮已三爵而油油以退，退則坐取 屨……

鄭注：「言言，和敬貌。斯，猶耳也。油油，說敬貌。禮，飲過三爵 則敬殺，可以去矣。」

王注：「飲二爵可以語也。語必以禮也。油，悅敬兒。」

案：《釋文》：「言言，魚斤反，和敬兒。油油，音由，悅敬兒，本亦作『由』。王肅本亦作『二爵而言』，注云：『飲二爵可以語也』；又云：『言斯禮』，注云『語必以禮也』；『三爵而油』，注云：『悅敬兒』。無『已』及下『油』字也。說，音悅。」孔穎達《禮記正義》：「『二爵而言言斯』者，此事上恆敬，既受二爵，顏色稍和，故言言斯斯耳也。『耳』是助句之辭。皇氏云『讀言為誾』，義亦通也。○『禮已三爵而油油』者，言侍君小燕之禮，唯已止三爵，顏色和說而油油說敬。故《春秋左氏傳》云：『臣侍君宴，過三爵，非禮

1　呂友仁整理本：《禮記正義》，頁1196-1197。

2　詳清·孫希旦：《禮記集解》，頁792。

3　李振興：《王肅之經學》，頁633。

也。』……」⁴

　　此句經文緊接上條。依鄭義，經文當句讀為：「二爵而言言斯，禮已三爵，而油油以退」。王肅之經文則為：「二爵而言，言斯禮，三爵而油以退。」鄭解句義為：既受二爵，顏色和敬，飲過三爵，更加悅敬，三爵敬殺，可以退矣。依王肅義，句義則為：飲二爵可以語，語則必以禮，飲三爵則更加顏色悅敬，可以退矣。微異。《正義》申鄭。清・王夫之《禮記章句》卷十三：「言言，和敬也。斯，猶如也。已，畢也。油油，悅敬也。……」顯然取鄭解而不取王肅。孫希旦《集解》：「言言，……斯，語助詞。已，止也。……油油，自得之貌。蓋始則專於敬，繼而兼於和，至油油則和之至矣。燕飲之間，其情之漸洽者如此。然禮止於三爵，則和而不流，又有以不失其敬矣。」⁵亦近鄭而遠王。李振興《王肅之經學》亦不取王肅說。⁶

五十八　童子之節也，緇布衣，錦緣，錦紳並紐，錦束
　　　　髮，皆朱錦也。肆束及帶，勤者有事則收之，走
　　　　則擁之。童子不裘不帛，不屨絇，無緦服，聽事
　　　　不麻。無事則立主人之北，南面。……

鄭注：「童子，未冠之稱也。……肆，讀為肄。肄，餘也，餘束，約
　　　　紐之餘組也。勤，謂執勞辱之事也。此亦亂脫在是，宜承『無
　　　　緦功』。⁷皆為幼少，不備禮也。雖不服緦，猶免，深衣無麻，
　　　　往給事也。裘帛溫，傷壯氣也。絇，屨頭飾也。」「鄭意是言

4　呂友仁整理本：《禮記正義》，頁1196-1197。
5　清・孫希旦：《禮記集解》，頁792-793。
6　李振興：《王肅之經學》，頁633。
7　「無緦功」一段經文，見呂友仁整理本：《禮記正義》，頁1221。

　　童子雖不總，猶著免，深衣，無絰以往給事總喪使役也。」

附注：「王云：『聽事不麻也。』」

案：《釋文》：「冠，古亂反，下並同。稱，尺證反。……肆，音肄，以四反，餘也。絢，其俱反。……」孔穎達《禮記正義》：「『童子』至『而入』○此一節論童子之儀，唯有『肆束及帶』一經，鄭云爛脫，廁在其間，宜承上『無緦功』之下。今先釋之，後論童子之事。○『肆束及帶』者，肆，餘也。謂約束帶之餘組及帶之垂者，若身充勤勞之事，當有事之時，則收斂之。為其事之切迫，身須趨走，則擁抱之。收，謂斂持在手。擁，謂抱之於懷也。○『童子之節也』者，謂童稚之子，未成人之禮節。『緇布衣』者，謂用緇布為衣，尚質故也。『錦緣，錦紳並紐』者，謂用錦為緇布衣之緣。又用錦為紳帶，並約帶之紐皆用錦也。○『錦束髮』者，以錦為總而束髮也。○『皆朱錦也』者，言童子所用之錦，皆用朱色之錦。童子尚華，示將成人，有文德，故皆用錦，示一文一質之義也。○『童子不裘不帛』者，為大溫，傷壯氣也。○『不屨絢』者，絢，屨之飾也，未成人，不盡飾為節也。○『無緦服』者，童子唯當室與族人為禮，有恩相接之義，故遂服本服之緦耳。若不當室，則情不能至緦，故不服也。○『聽事不麻』者，鄭注云：『雖不服緦，猶免，深衣無麻，往給事也。』然鄭意是言童子雖不緦，猶著免，深衣，無絰以往給事總喪使役也。王云：『聽事不麻也。』[8]庾謂『此云無麻，謂不當室也。』案〈問喪〉及鄭注之意，皆以童子不當室則無免，而此注云『猶免』者，崔氏、熊氏並云『不當室而免者，謂未成服而來也。〈問喪〉云不當室不免者，謂據成服之後也。』」[9]

8　「王云聽事不麻也」，阮本同。孫詒讓：《校記》云：「王云」二字疑誤。——呂友
　　仁整理本：《禮記正義》，頁1255。

9　呂友仁整理本：《禮記正義》，頁1233-1234。

　　此條鄭、王義解可對應比勘者主要在「聽事不麻」四字，然據孫
詒讓之《校記》，「王云」二字或有誤，則「聽事不麻也」五字恐非王
肅語，則鄭、王義解無從對勘也。因傳世本有「王云」二字，故清人
輯佚將此輯入王肅佚注中。李振興《王肅之經學》沿襲清人輯佚，不
加考校，繼續將此「聽事不麻也」五字當作王肅注語。[10]細繹《正
義》文，王肅以「聽事不麻」解記文「聽事不麻」，恐亦不成語。聊
備於此。不贅。

---

10 李振興：《王肅之經學》，頁633-634。

明堂位第十四

五十九　昔者周公朝諸侯於明堂之位，天子負斧依，南鄉
　　　　而立。……

鄭注：「周公攝王位，以明堂之禮儀朝諸侯也。不於宗廟，辟王也。
　　　　天子，周公也。負之言背也。斧依，為斧文屏風於戶牖之間，
　　　　周公於前立焉。」
附注：「王肅以為稱成王命，故稱王。」、「王肅以《家語》之文『武
　　　　王崩，成王年十三。』」
案：《釋文》：「朝，直遙反，注及下皆同。辟，音避，一本作『辟正
　　　　王』。……依，本又作扆，同於豈反，注同。……」孔穎達《禮記正
　　　　義》：「『昔者』至『位也』○此一節明周公朝諸侯於明堂之儀，及諸
　　　　侯夷狄所立之處。各依文解之。○注『周公』至『王也』○『周公攝
　　　　王位』者，攝，代也，以成王年幼，周公代之居位，故云『攝王位』。
　　　　然周公攝位而死稱薨，不云崩，魯隱公攝諸侯之位而稱薨，同正諸侯
　　　　者，鄭《箴膏肓》云：『周公歸政，就臣位乃死，何得記崩？隱公見
　　　　死於君父，不稱薨云何？』又玄《發墨守》云：『隱為攝位，周公為
　　　　攝政，雖俱相幼君，攝政與攝位異也。』○云『不於宗廟，辟王也』
　　　　者，案〈覲禮〉，諸侯受次於廟門外，是覲在廟。今在明堂，故云『辟
　　　　王』，謂辟成王也。○注『天子』至『立焉』○以周公朝諸侯，居天子
　　　　位，故云『天子，周公也。』故〈大誥〉云『王若曰』，鄭云：『王，
　　　　謂周公居攝命大事，則權稱王也。』王肅以為『稱成王命，故稱王。』

與鄭異也。王肅以《家語》之文『武王崩，成王年十三。』鄭康成用衛宏之說，武王崩時，成王年十歲，與王肅異也。」[1]

此條鄭注本文未見與王肅異義，《正義》所引涉鄭、王異義之熱點問題，分兩個層面：（一）《尚書》〈大誥〉中所謂「王若曰」為何稱「王」？鄭、王均以為此「王若曰」是周公語，但鄭以為之所以稱「王」，是因為「周公居攝命大事，則權稱王也」；王肅則以為「稱成王命，故稱王」。如鄭所釋，則〈大誥〉直接就是周公之訓誡。如王義，則此為成王之命，周公只是代言人而已。政治象徵意義大不同也。（二）據《正義》，鄭用衛宏說，以為武王崩時，成王年十歲；王肅則據《家語》，認為武王崩時，成王年十三。此年齡問題是否與第（一）點有關，亦有疑。李振興《王肅之經學》以為王肅「年十三」說有理。[2] 關於此二事之鄭、王異義，拙著《尚書鄭王比義發微》已作過詳細清理。[3] 不贅。

1　呂友仁整理本：《禮記正義》，頁1258-1259。
2　詳李振興：《王肅之經學》，頁634。
3　詳參拙著：《尚書鄭王比義發微》（上海市：華東師範大學出版社，2011年6月版），頁219-232。

喪服小記第十五

六十　王者禘其祖之所自出，以其祖配之……

鄭注：「禘，大祭也。始祖感天神靈而生，祭天則以祖配之。自外至
　　　者，無主不止。」孔氏《正義》疏鄭義曰：「謂夏正郊天。……
　　　王者夏正禘祭其先祖所從出之天，若周之先祖出自靈威仰
　　　也。……云『自外至者，無主不止』，《公羊》宣三年傳文。外
　　　至者，天神也。主者，人祖也。故祭以人祖配天神也。」[1]
附注：「王肅則以為「禘」非祭天，非郊，僅祭始祖之廟。」[2]
案：此條鄭、王義解可對應比勘者主要在「禘」祭之解。此為「鄭王
之爭」中的又一個焦點。孔氏《正義》於此句亦不見引王肅說，或因
其以「禮是鄭學」為原則是也。然唐代王肅之注文尚可見，故《通
典》仍約略引有王肅之說。依孔氏疏，鄭玄以夏正郊天，配祭始祖所
自出之靈威仰，此為禘。王肅則以為禘祭只是宗廟之祭，與祭天無
關。唐・趙匡亦以為禘「不得謂之祭天」，且堅決不信有什麼「祖之
所自出謂感生帝靈威仰」之說[3]。「鄭玄不能尋本討原，但隨文求義，

1　呂友仁整理本：《禮記正義》，頁1298。據早於傳世孔穎達《禮記正義》所引的皇侃
　《禮記》疏原本（即日本所傳《禮記子本疏義》殘卷），此處鄭注文字稍有不同，
　為「禘，大祭也。始祖感天神靈而生，祭天則以配之。自外至者，無主不止。」少
　一「祖」字。（見華喆：《禮是鄭學——漢唐間經典詮釋變遷史論稿》，北京市：生
　活・讀書・新知三聯書店，2018年，頁430。下引版本同）茲引於此以參證。
2　關於王肅與鄭玄禘祭內容之爭，古來引證多有。此參清・孫星衍《問字堂集・岱南
　閣集》，中國歷史文集叢刊，駢宇騫點校，中華書局，1996年，頁110。（下引同）
3　唐・陸淳：《春秋集傳纂例・辨禘義》，四庫本。

解此禘禮，輒有四種：其註〈祭法〉及〈小記〉則云禘是祭天，注
《毛詩》〈頌〉則云禘是宗廟之祭，小於祫；注〈郊特牲〉則云禘當
為祚；注〈祭統〉、〈王制〉則云禘是夏殷之時祭名，殊可怪也。」[4]
「鄭玄認為經書中關於禘的記載根據場合不同，可以分為祭昊天上
帝、祭感生帝、五年大祭宗廟與四時祭宗廟四種情況。趙匡直接否定
了禘有祭天之義，其觀點與王肅基本相同。」[5]朱熹曰：「先王報本追
遠之思，莫深於禘。」清・姚際恆曰：「鄭氏謂此禘為郊，周之祖所
出為靈威仰。人皆知其謬妄，不復辨。」[6]清・王夫之《禮記章句》
解此句曰：「祖，始王者也。祖所自出者，四代王者皆自侯國而興，
其先皆帝王之支庶，故推本古帝以為始出而禘以饗之……」均近王肅
說而遠鄭說。

六十一　　從服者，所從亡則已。（鄭注：謂若為君母之父母、昆弟、
　　　　　從母也。）屬從者，所從雖沒也，服。（鄭注：謂若自為
　　　　　己之母黨。）妾從女君而出，則不為女君之子服。
　　　　　（鄭注：妾為女君之黨服，得與女君同。而今俱出，女君猶為子
　　　　　期，妾於義絕，無施服。）

附注：「王肅曰：非屬從，故不服。」
案：《釋文》：「期，音基，下文及注『不及期』皆同。」孔穎達《禮
記正義》：「『從服』至『子服』○此一節論從服之事。各依文解之。
○『從服者』，案服術有六，其一是徒從者。徒，空也，與彼非親

4　唐・陸淳：《春秋集傳纂例・辨禘義》，四庫本。
5　華喆：《禮是鄭學——漢唐間經典詮釋變遷史論稿》，北京：生活・讀書・新知三聯
　　書店，2018，頁392。
6　清・杭世駿：《續禮記集說》卷六十一，浙江書局光緒甲辰（1904）本，收入《續
　　修四庫全書》經部禮類（102）。（下引同）

屬，空從此而服。彼徒中有四：一是妾為女君之黨，二是子從母服於母之君母，三是妾子為君母之黨，四是臣從君而服君之黨。就此四徒之中，而一徒所從，雖亡則猶服，如女君雖沒，妾猶服女君之黨。其餘三徒，則所從亡則已，謂君母死，則妾子不復服君母之黨；及母亡，則子不復服母之君母[7]；又君亡，則臣不服君黨親也。其中又有妾攝女君[8]，為女君黨。各有義故也。今上云『所從亡則已』，已，止也。止，謂徒從亡則止而不服也。○注『謂若為君母之父母、昆弟、從母也』○鄭此『謂』，略舉一隅也。○『屬從者，所從雖沒也，服』○此明屬從也。屬者，骨血連續以為親也。亦有三：一是子從母，服母之黨；二是妻從夫，服夫之黨；三是夫從妻，服妻之黨。此三從雖沒，猶從之服其親也。鄭特云『謂若自為己之母黨』者，亦舉一隅也。○『妾從女君而出，則不為女君之子服』○妾服女君之子，皆與女君同。此云『從而出』，謂姪娣也。姪娣從女君而入，若女君犯七出，則姪娣亦從而出。母自為子猶期，姪娣不復服出女君之子，已義絕故也。」[9]《通典》卷八十九〈禮〉四十九：「妾從女君而出，則不為女君之子服。（盧植曰：謂俱有過而出，女君為其子服，嫌妾當從服，故言不也。鄭玄曰：妾與女君俱出，女君猶為子服期，妾於義絕，無施服。王肅曰：非屬從，故不服。孔穎達云：姪娣從女君而入，若女君犯七出，則姪娣亦從而出。）」

　　此條鄭、王義解可對應比勘者主要在最後一句「妾從女君而出，則不為女君之子服。」鄭、王義無不同，但解釋角度不同。喪服禮中從服主要有兩類，一曰屬從，即與死者有間接親屬關係，如夫為妻之父母，妻為夫之黨服等；二曰徒從，即與死者無間接親屬關係，如臣

7　妾之子女稱父之正妻曰君母。

8　妾稱夫之嫡妻為女君。

9　呂友仁整理本：《禮記正義》，頁1304-1305。

為君之黨等。此處「妾從女君而出」一句，只涉及徒從，不涉及屬從，因為屬從有三：「一是子從母服母之黨，二是妻從夫服夫之黨，三是夫從妻服妻之黨。此三從雖沒，猶從之服其親。」[10]即使依孔氏《正義》解，「從而出」指姪娣，也無關屬從。但複雜的是，當本屬於《正義》中所述四類徒從中之第一類的「妾為女君之黨」從服，如果妾隨女君被出，該不該從服？此條專論此種特殊情況。此類經文中有明確結論的，鄭、王自然都不會違背經文，故均曰「不為女君之子服」，但鄭強調不從服的理由是「義絕」，即妾與女君的那種主從尊卑關係不存在了，故不為女君之子服，是依然從徒從關係裡解說；王肅則從屬從關係裡解說，曰因非屬從，故不服，似偏頗。皇侃、孔穎達均強調因「義絕」故不從服，尊鄭義。[11]宋・方性夫曰：「從服，即〈大傳〉所謂徒從也；屬從，即〈大傳〉所謂屬從者也。然徒從不若屬從之為重也，故於徒從，則所從亡則已；於屬從，則所從雖沒而猶服焉。妾從女君而出，則不為女君之子服者，以其義絕故也。」[12]據此，則王肅屬從之說確乎偏頗。清・王夫之《禮記章句》卷十五：「從服者，恩義不涉，卑為尊屈，從尊而服也。屬從者，雖從尊者而服，而恩義與己固相連屬也。亡，亦沒也。已，止也。所從亡則已有四：妾於女君之黨，子於母之君母，妾子於君母之黨，臣於君之黨。雖沒猶服有三：子於母之黨，妾於夫之黨，夫於妻之黨。妾，諸侯之媵姪娣也，妻出則俱出。眾子為出母服期，母報之，妾在國，則從女君而服，今女君雖服而妾不從服。出母以恩服，妾以義服，出則義絕也。」似近鄭義而遠王說。姜兆錫曰：「妾為女君之姪娣也，與君同入，故服

10　呂友仁整理本：《禮記正義》，頁1304-1305。

11　參前引日本所傳《禮記子本疏義》。華喆：《禮是鄭學——漢唐間經典詮釋變遷史論稿》，頁444。

12　宋・衛湜：《禮記集說》卷八十二，四庫本。

女君之子與女君同，若女君被出，姪娣亦從之出，明其子死，母自服之，姪娣不服。義絕故也。」[13]與孔氏《正義》亦無不同。

六十二　再期之喪，三年也。期之喪，二年也。九月、七月之喪，三時也。五月之喪，二時也。三月之喪，一時也。（鄭注：言喪之節，應歲時之氣。）故期而祭，禮也。期而除喪，道也。祭不為除喪也。（鄭注：此謂練祭也。禮，正月存親，親亡至今而期，期則宜祭。期，天道一變，哀慟之情益衰，衰則宜除，不相為也。）三年而後葬者必再祭，其祭之間不同時，而除喪。（鄭注：再祭，練、祥也。間不同時者，當異月也。既祔，明月練而祭，又明月祥而祭。必異月者，以葬與練、祥本異歲，宜異時也。而除喪，已祥則除，不禫。）……

王注：「不同者，異月也。謂葬後一月練，後一月大祥也。除重服宜有漸。間一月者，異時矣。故言『不同時』者，但不同月耳。」
案：孔穎達《禮記正義》：「『再期』至『喪也』○此一節總明遭喪時節除降之義。○『故期而祭，禮也』者，孝子之喪親，應歲時之氣，歲序改易，隨時悽感，故一期而為練祭，是孝子存親之心，故云『禮也』，言於禮當然。○『期而除喪，道也』者，言親終一期，自為存念其親，不為除喪而設。除喪祭自為天道減殺，不為存親。兩事雖同一時，不相為也，故云『祭不為除喪也』。此除喪，謂練時除喪也。男子

13　清·杭世駿《續禮記集說》卷六十一，光緒三十年（1904）浙江書局刻本，收入《續修四庫全書》經部禮類（102）。（下引同）姜兆錫，字上均，別號素清學者，丹陽人，康熙二十九年（1690）舉人。乾隆初任三禮館纂修官。主要著作有《禮記章義》、《大戴禮翼刪》、《九經補注》、《詩禮述蘊》、《家語孔叢子注》等。

除首絰，女子除要帶，與小祥祭同時，不相為也。若至大祥除喪，此
除喪亦兼之也。大祥祭除喪，亦與大祥同日，不相為，元意各別也。
但祭為存親，除喪為天道之變。庾氏、賀氏並云：『祭為存親，幽隱難
知。除喪事顯，其理易識。恐人疑之，祭為除喪而祭，故記者特明之
云祭不為除喪也。』祭雖不為除喪，除喪與祭同時，總而言之，練祭、
祥祭，亦名除喪也。故下文云『三年而後葬者必再祭，其祭之間不同
時，而除喪』也。又云『除成喪者，朝服縞冠』。是練、祥之祭總名除
喪。……○『三年』至『除喪』○此謂身有事故，不得及時而葬，故
三年而後始葬。『必再祭』者，謂練、祥祭也。既三年未葬，尸柩尚
存，雖當練、祥之月，不可除親服，故三年葬後必為此練、祥。『其祭
之間不同時』者，練之與祥，本是別年別月，今雖三年之後，不可同
一時而祭，當前月練，後月祥，故云『不同時』。於練、祥之時而除
喪，謂練時男子除首絰，婦人除要帶，祥時除衰杖。○注『再祭』至
『不禫』○知『再祭，練、祥』者，下云『主人之喪，有三年者則必
為之再祭，朋友虞、祔而已』，再祭，非虞、祔。又〈雜記〉云：『三
年之喪，則既穎，其練、祥皆行。』故知再祭謂練、祥也。云『既祔，
明月練而祭，又明月祥而祭』者，如鄭此言，則虞、祔依常禮也。必
知虞、祔依常禮者，以經云『必再祭』，恐不為練、祥，故特云『必
再祭』，明虞、祔依常禮可知。云『已祥則除，不禫』者，以經直云
『必再祭』，故知不禫。禫者，本為思念情深，不忍頓除，故有禫也。
今既三年始葬，哀情已極，故不禫也。」[14]《通典》卷一百三〈禮〉
六十三：「〈喪服小記〉曰：『三年而後葬者必再祭。（盧植曰：謂逢變三
年後乃葬者虞、祔後必行小祥、大祥祭也。鄭玄云：再祭，練、祥也。）其祭之
間不同時而除喪。（王肅云：不同者，異月也。謂葬後一月練，後一月大祥也。
除重服宜有漸。間一月，若異時矣。故言不同時者，但不同月耳。鄭玄同。）』」

14　呂友仁整理本：《禮記正義》，頁1307-1309。

　　此條鄭、王義解可對應比勘者主要在最後一句——「三年而後葬者必再祭，其祭之間不同時，而除喪。」即《正義》所謂「身有事故，不得及時而葬，故三年而後始葬」，亦即皇侃所謂「事故百端不得依時而葬者也」[15]。在這種情況下，其間本當「練、祥之月，不可除親服」（練，即小祥祭，即周年祭。《釋名》〈釋喪制〉：「期而小祥，……孝除首服，服練冠也。祥，善也。加小善之飾也。」《禮記》〈曾子問〉孔疏曰：「……至小祥彌吉，但得致爵於賓，而不得行旅酬之事，大祥乃得行旅酬，而不得行無算爵之事。」[16]後一「祥」字當指大祥祭，即二周年祭。三年之喪，二周年祭為大祥。期之喪，十三月而大祥。大祥後除喪服，服常服。《釋名》〈釋喪制〉：「又期而大祥……孝子除縗服，服朝服縞冠，加大善之飾也。」《禮記》〈雜記下〉：「期之喪，十一月而練，十三月而祥，十五月而禫。」），至於究竟是否依然如期進行練、祥之祭？未明。是如期舉行了練、祥之祭而後未除服，還是因為不能除服，故乾脆不舉行練、祥之祭，亦未明。總之，在三年逾期之後安葬死者的，葬後要依次舉行練、祥二祭，且必須異月而行，即「前月練，後月祥」。鄭、王就異月而行練、祥二祭，無不同。但王肅曰「葬後一月練，後一月大祥」。鄭玄曰：「既祔，明月練而祭，又明月祥而祭。」一般認為，祔祭在虞祭、卒哭之後，在卒哭之明日。虞祭，朝葬，日中行虞祭。士三月而葬，葬後四日內於殯宮舉行三次虞祭，故稱三虞。然〈雜記〉曰：「士三月而葬，是月而卒哭。大夫三月而葬，五月而卒哭。諸侯五月而葬，七月而卒哭。」孔穎達曰：「約此，天子七月而葬，九月而卒哭。……士三虞，卒哭，同在一月。……大夫以上卒哭者，去虞相校兩月，則虞祭既

15　見前揭日本傳皇侃《禮記子本疏義》。華喆：《禮是鄭學——漢唐間經典詮釋變遷史論稿》，頁453。

16　呂友仁整理本：《禮記正義》，頁764。

終，不得與卒哭相接。」[17]所以，鄭玄雖然也說練、祥異月，但不籠統地說「葬後一月練，後一月大祥」，而是說「既祔，明月練而祭，又明月祥而祭」。如果葬後之虞祭與卒哭相距兩月，所謂葬後一月行練、祥之說就說不通。在鄭玄看來，這個祔祭很重要，要在祔祭之後一月才能行練、祥，如果虞祭與卒哭相距兩月，即可能葬後三個月才能行練祭。王肅籠統說「葬後一月練，後一月大祥」，比鄭玄的解說簡略了許多，也忽略了許多喪禮之細節。《通典》說「鄭玄同」，說明亦未能注意到鄭、王此處之細微差別。宋・方性夫曰：「未葬則雖期未可練，再期未可祥，必待葬畢而為之，故曰再祭必有漸焉，故不可同時也。」[18]姚際恆曰：「……蓋三年有故不葬，其祭仍以時而舉，而其服不除，以親柩在殯也。是祭不為除喪明矣。」姜兆錫曰：「孝子以故不得治葬，中間練祥之時以尸柩尚存，不可除服，則葬畢必再舉練祥二祭以除之。但此二祭仍兩次相間舉行，而不同在一時，如此月練祭，則男子除首絰，婦人除要帶，次月祥祭乃除衰服。」[19]是清人亦不能注意鄭、王禮說之細微差別，但與宋人解說稍異。

六十三　生不及祖父母、諸父、昆弟，而父稅喪，己則否。

鄭注：「謂子生於外者也。父以他故居異邦而生己，己不及此親存時歸見之，今其死，於喪服年月已過乃聞之，父為之服，己則否者，不責非時之恩於人所不能也。當其時則服。稅，讀如『無禮則稅』之稅。稅喪者，喪與服不相當之言。」皇侃疏云：「鄭意云謂父前在本國有此諸親，後或隨宦出遊，居於他國，

---

17 呂友仁整理本：《禮記正義》，頁370-371。
18 宋・衛湜：《禮記集說》卷八十二，四庫本。
19 清・杭世駿《續禮記集說》卷六十二。

更娶而生此子，此子生則不及歸與本國祖父以下諸親相識，故云『不及』，不及謂不及歸見也。」[20]

附注：「王肅云：「謂父與祖離隔，子生之時，祖父母已死，故曰『生不及祖父母』。若至長大，父稅服，己則不服也。諸父，伯叔也。昆弟，諸父之昆弟也。」「計己之生，不及此親之存，則不稅；若此親未亡之前而己生，則稅之也。」「昆弟，為諸父之昆弟也。」

案：《釋文》：「說喪，皇他活反，徐他外反，注及下同。」孔穎達《禮記正義》：「『生不』至『則否』○此一節明稅服之禮。○『生不及祖父母、諸父、昆弟』者，鄭意云謂父先本國有此諸親，後或隨宦出遊，居於他國，更取而生此子。此生則不及歸與本國祖父以下諸親相識，故云『不及』，謂不及歸見也。○『而父稅喪，己則否』者，若此諸親死，道路既遠，喪年限已竟而始方聞，父則稅之。稅之，謂追服也。父雖追服，而此子否，故云『己則否』也。所以否者，鄭言『不責非時之恩於人所不能也』。若時年未竟，則稅服其全服。然己在他國後生，得本國有弟者，謂假令父後又適他國更取，所生之子則為己弟，故有弟也。王云以為：『計己之生，不及此親之存，則不稅；若此親未亡之前而己生，則稅之也。』又謂『昆弟，為諸父之昆弟也。』劉知、蔡謨等解『生』義與王同，而以『弟』為衍字。庾氏以為『己謂死者為昆，則謂己為弟。己不能稅昆，則昆亦不能稅己。昆、弟尚不能相稅，則餘疏者不稅可知也。』此等並非鄭義，今所不取。○注『當其』至『之言』○知『當其時則服』者，以稅是不相當之言，若服未除，則猶是服內服，故知則服，謂服其全服。案〈禮論〉云『有服其殘服者』，庾氏以為非也。云『稅，讀如無禮則稅之稅』者，案

---

20 前揭日本傳皇侃：《禮記子本疏義》。華喆：《禮是鄭學——漢唐間經典詮釋變遷史論稿》，頁456。

《左傳》僖三十三年，秦師襲鄭，過周北門，超乘者三百人。王孫滿尚幼，觀之，言於王曰：『秦師輕而無禮，必敗。輕則寡謀，無禮則脫。』今讀從之也。○云『稅喪者，喪與服不相當之言』者，稅是輕稅，或前後不與正時相當，故云稅也。」[21]《通典》卷九十八〈禮〉五十八：「周制：〈喪服小記〉云：『生不及祖父母、諸父、昆弟，而父稅喪，己則否。』（盧植曰：『謂父客他所生子，服竟乃歸，父追服，子生所不見，恩淺，不追服也。』鄭玄曰：『父以他故居異邦而生己，己不及此親存時歸見之，於喪服年月已過，乃聞之，父為之服。己則否者，不責非時之恩於人所不能也。當其時則服。稅喪者，喪與服不相當之言。』王肅云：『謂父與祖離隔，子生之時，祖父母已死，故曰生不及祖父母。若至長大，父稅服，己則不服也。諸父，伯叔也。昆弟，諸父之昆弟也。』）」

此條依鄭義是指：如果自己出生以後從來沒有見過老家的「祖父母、諸父、昆弟」等親屬，而且這些親屬之喪期已過始聞之，則父追服，己則不必追服。依王義是指：上述這些親屬如果在自己出生之前就已過世，則己不必追服，父親則需追服；若這些親屬在自己出生之後仍在世，則己當為之服。王肅義不涉及地域相隔的問題，只是時間問題，指因時間相隔，祖與孫不及相見。孔氏《正義》「若時年未竟，則稅服其全服」一句，到底是指父追服全服，還是指子亦追服全服，似有疑。如果是時年未竟，父追服其全服，那麼，若時年已竟，父如何追服？亦有疑。在時年已竟和未竟情況下，生不及見之「子」，是否追服和如何追服，均有疑。今人華喆校錄的皇侃《禮記子本疏義》文曰：「若此諸親死，道里既遠，喪年限已竟而始方聞，父則稅之。稅之，謂追服也。父雖追限服，而此子否，故云『己則否』也。所以否者，鄭言『不責非時之恩於人所不能也』，若時未竟

則稅之也。」[22]似華喆以為，時年未竟，則不及生見之「子」亦當追服也。清・王夫之《禮記章句》卷十五：「及，及見也。……稅者，喪期已過始聞喪而追服也。父以故適他國生己於外，不及與祖父母、諸父、昆弟相見，則不從父而稅。情義所不及，不虛飾也。」是用鄭說也。姜兆錫曰：「稅，猶追也，喪期過而追為之服也。言祖父母、諸兄昆弟皆在本國，而父生己於他國，皆不及識，今聞喪而日月已過，則父追而服之，己則不服也。」[23]是皆不用王肅說。黃以周曰：「生不及祖父母」者，祖父母既卒而後生也。「凡喪服，皆生及者為之，其不及無服道也。……於己生時，已過祖父母、諸父昆弟喪服年月，嫌其父稅喪而子亦從服，故著之曰己則否。」[24]俞樾《群經平議》：「經文云『生不及』，不云『生不見』。則鄭義非，而王義是也。且以理言之，父在他邦娶妻生子，……徒以他邦間隔，凶問不通，歲月雖久，名義故在，若孫可以不稅祖，則子亦可以不稅父矣。此鄭義之未盡善也。若祖沒之時，己尚未生，則本無所謂孫，安有所謂服？故父稅服而己不稅，推之諸父、昆弟亦然，此情理之允協者也。王說洵長於鄭矣。」是晚清俞樾已不再有前清臧氏那種對王肅經說之成見。李振興《王肅之經學》：「王氏以為子生之時，祖父母已死，及己長大，聞祖父母喪，父則稅服，己則否也。若生時祖父母健在，則稅服矣。稅服者，追服也。」[25]是皆以王肅說為是也。

---

22 前揭日本傳皇侃：《禮記子本疏義》。華喆：《禮是鄭學——漢唐間經典詮釋變遷史論稿》，頁456。

23 清・杭世駿：《續禮記集說》卷六十二。

24 清・黃以周：《禮書通故》，頁429。

25 李振興：《王肅之經學》，頁635-636。

大傳第十六

六十四　禮不王不禘。王者禘其祖之所自出，以其祖配
　　　　之。諸侯及其大祖。大夫、士有大事，省於其
　　　　君，干祫及其高祖。

鄭注：「凡大祭曰禘。自，由也。大祭其先祖所由生，謂郊祀天也。
　　　　王者之先祖，皆感大微五帝之精以生，蒼則靈威仰，赤則赤熛
　　　　怒，黃則含樞紐，白則白招拒，黑則汁光紀。皆用正歲之正月
　　　　郊祭之，蓋特尊焉。《孝經》曰：『郊祀後稷以配天』，配靈威
　　　　仰也；『宗祀文王於明堂，以配上帝』，汎配五帝也。大祖，受
　　　　封君也。大事，寇戎之事也。省，善也。善於其君，謂免於大
　　　　難也。干，猶空也。空祫，謂無廟，祫祭之於壇墠。」[1]
附注：「王肅則以為禘祭與『天』無關，亦非『郊』，「僅祭始祖之
　　　　廟」，亦「非祭明堂」。「禘是五年大祭先祖，非圜丘及郊
　　　　也……禘配圜丘非也。」[2]「祖之所自出」，王肅以為「虞夏出
　　　　黃帝，殷周出帝嚳」。[3]
案：此條傳世文獻中未見引王肅《禮記注》原文。杭世駿《續禮記集
說》所引王肅語，蓋據前人說轉述也。茲補於此。此條鄭、王解義可
對應比勘者有二個層面值得注意：（一）同前第六十條，禘祭究竟是

---

[1]　呂友仁整理本：《禮記正義》，頁1349。
[2]　清・孫星衍：《問字堂集・岱南閣集》，頁109-126。
[3]　清・杭世駿：《續禮記集說》卷六十四。

宗廟之祭抑或郊祭；（二）「祖之所自出」所指為何。據孫星衍考，似班固亦「止知禘為宗廟之祭，不知為祭天之名」。「自漢以來，皆以禘為宗廟之祭，而無配天之禮。」唐・陸淳、趙匡從王肅說，「以禘為祭始祖廟」，與祭天無關。清人孫星衍則篤信鄭說。[4]孔穎達《禮記正義》：「案《爾雅》〈釋天〉云：『禘，大祭也。』此禘謂祭天。云『王者之先祖，皆感大微五帝之精以生』者，案師說引《河圖》云：『慶都感赤龍而生堯。』又云：『堯，赤精；舜黃，禹白，湯黑，文王蒼。』又《元命包》云：『夏，白帝之子。殷，黑帝之子。周，蒼帝之子。』是其王者皆感大微五帝之精而生。云『蒼則靈威仰』至『汁光紀』者，《春秋緯文耀鉤》文。云『皆用正歲之正月郊祭之』者，案《易緯乾鑿度》云：『三王之郊，一用夏正。』云『蓋特尊焉』者，就五帝之中，特祭所感生之帝，是特尊焉。注引《孝經》云『郊祀后稷以配天』者，證禘其祖之所自出，以其祖配之，又引『宗祀文王於明堂，以配上帝』者，證文王不特配感生之帝，而汎配五帝矣。○『諸侯及其大祖』，大祖，始封君也。諸侯非王，不得郊天配祖於廟，及祭大祖耳。○『大夫士有大事，省於其君，干祫及其高祖』，省，善也。干，空也。空祫，謂無廟也。大夫士知識劣於諸侯，故無始封之祖。若此大夫士有勳勞大事，為君所善者，則此是識深，故君許其祫祭至於高祖。但無始祖廟，雖得行祫，唯至於高祖，並在於壇，空而祫之，故云空祫及其高祖也。……雖是無廟，而有壇，為祈禱而祭之。今唯云『及高祖』，是祫不及始祖，以卑故也。然此對諸侯為言，言支庶為大夫士者耳，若適為大夫，亦有大祖。故〈王制〉云『大夫三廟，一昭一穆與大祖之廟而三』是也。……」[5]王夫之

4　詳參清・孫星衍：《問字堂集・岱南閣集》，頁109-126。
5　呂友仁整理本：《禮記正義》，頁1350。

《禮記章句》釋禘祭及後文云:「……禘祀之禮,昉於虞而備於周……自周之亡,秦滅典禮,禘祀不行……漢氏以後雖有修明之者……莫可稽考……禘之為言諦也,所以諦審淵源而大報本始也。祫以祀受命之祖,天子諸侯之達禮。而天子復推崇及遠,祀其所自出之帝於太祖之廟,為西鄉之尊而太祖配之。四代所禘之帝詳見〈祭法〉。及,至也,謂祫祭也。太祖者,受命始封之君。大事,謂非常之事,如賜氏、賜邑之類。省,告也。干,空也。大夫士不得立高祖之廟,主已遷毀則空,為位於祖禰之廟而祫之,然必告君見許,而後敢行,且但及高祖,而無太祖。大夫士不世官,無始封之祖也。不王不禘者,所以立義而定分。祫達於士者,所以推仁而逮下……抑干祫止於高祖,而王侯之祫及太祖,則大宗、小宗之義亦寓於此矣。」方苞曰:「孔穎達據合符邪說,謂文王立后稷以配天……賊經誣聖,為妖為孽……」[6]

六十五　聖人南面而聽天下……易服色,殊徽號,異器　　　械……

鄭注:「徽號,旌旗之名也。……徽,或作褘。」[7]
王注:「徽,謂旌旗之斿也。」(《通典》卷五十五)
案:此條顯然鄭、王從不同角度解字,義無大異也。不贅。

6　清・杭世駿:《續禮記集說》卷六十四。
7　呂友仁整理本:《禮記正義》,頁1353。

少儀第十七

六十六　毋拔來，毋報往……

鄭注：「報，讀為『赴疾』之赴。拔、赴，皆疾也。人來往所之，當
　　　有宿漸，不可卒也。」

附注：「拔，王肅本作『挍』，古孝反。」

案：《釋文》：「拔，蒲末反，注同，急疾也。王本作『挍』，古孝反。
卒，才忽反。」孔穎達《禮記正義》：「『毋拔』至『言語』○此一節
廣明為人之法。○『毋拔來，毋報往』者，報，謂赴也。拔、赴皆速
疾之意。凡人所之適，必有宿漸，毋得疾來，毋得疾往。」[1]

　　此條鄭、王注可對應比勘者唯「拔」字，鄭本作「拔」，訓疾
也；王本作「挍」。是鄭、王所據《禮記》文本不同也。然「挍」與
「校」通，「校」之義亦疾也。《周禮》〈冬官考工記・廬人〉：「細則
校」。鄭注：校，疾也。[2]同篇〈弓人〉：「引之則縱，釋之則不校。」
鄭玄謂：校，疾也。[3]是鄭、王義解無不同也。不贅。

1　呂友仁整理本：《禮記正義》，頁1390-1391。
2　清・孫詒讓：《周禮正義》，十三經清人注疏本，王文錦、陳玉霞點校，中華書局
　　1987，頁3409-3410。（下引同）
3　清・孫詒讓：《周禮正義》，頁3549。

樂記第十九

六十七　……宮為君，商為臣，角為民，徵為事，羽為
　　　　物。五者不亂，則無怗懘之音矣。宮亂則荒，其
　　　　君驕；商亂則陂，其官壞；角亂則憂，其民怨；
　　　　徵亂則哀，其事勤；羽亂則危，其財匱。五者皆
　　　　亂，迭相陵，謂之慢。如此，則國之滅亡無日
　　　　矣。……

鄭注：「五者，君、臣、民、事、物也。凡聲，濁者尊，清者卑。怗
　　　懘，敝敗不和貌。君、臣、民、事、物，其道亂，則其音應而
　　　亂。荒，猶散也。陂，傾也。《書》曰：『王耄荒』。《易》曰：
　　　『無平不陂』。」[1]
附注：「宮為君」，王肅曰：「居中總四方。」
　　　「商為臣」，王肅曰：「秋義斷。」
　　　「角為民」，王肅曰：「春物並生，各以區別，民之象也。」
　　　「徵為事」，王肅曰：「夏物盛，故事多。」
　　　「羽為物」，王肅曰：「冬物聚，故為物，弦用四十八絲。」[2]
案：《釋文》：「怗，徐昌廉反，弊也。懘，昌制反，又昌紙反，敗
也。」孔穎達《禮記正義》：「『宮為』至『日矣』○此一節論五

1　呂友仁整理本：《禮記正義》，頁1457。
2　《史記》〈樂書〉，宋・裴駰：《集解》、唐・司馬貞：《索隱》引。

聲——宮、商、角、徵、羽之殊，所主之事，上下不一，得則樂聲和調，失則國將滅亡也。○『宮為君』者，宮則主君。所以然者，鄭注〈月令〉云：『宮屬土，土居中央，總四方，君之象也。』又『土爰稼穡』，猶君能滋生萬民也。又五音以絲多聲重者為尊，宮絃最大，用八十一絲，故宮為君。崔氏云：『五音之次，以宮最濁，自宮以下，則稍清矣。君、臣、民、事、物，亦有尊卑，故以次配之。』○『商為臣』者，商所以為臣者何以？以鄭注〈月令〉云：『商屬金，以其濁次宮，臣之象也。』解者云：『宮八十一絲，商七十二絲，次宮，如臣之得次君之貴重也。』崔氏云：『商是金，金以決斷，為臣事君，亦以義斷為賢矣。』○『角為民』，所以為民者，鄭注〈月令〉云：『角屬木，以其清濁中，民之象也。』解者云：『宮濁而羽清，角六十四絲，聲居宮、羽之中，半清半濁，故云以其清濁中也。民比君、臣為劣，比事、物為優，故云角清濁中，民之象矣。』崔氏云：『角屬春，春時物生眾，皆有區別，亦象萬民眾多而有區別也。』○『徵為事』，所以為事者，鄭注〈月令〉云：『徵屬火，以其徵清[3]，事之象也。』解者云：『羽最清，徵次之，故用五十四絲，是徵清。徵清，所以為事之象也。夫事是造為，造為由民，故先事，後乃有物也。是事勝於物，而劣於民，故次民，居物之前，所以徵為事之象也。』崔氏云：『徵屬夏，夏時生長萬物，皆成形體，事亦有體，故以徵配事也。』○『羽為物』，羽所以為物者，鄭注〈月令〉云：『羽屬水者，以其最清，物之象也。』解者云：『羽者最清，用四十八絲而為物，劣於事，故最處末，所以羽為物也。』崔氏云：『羽屬冬，冬物聚，則成財用，冬則物皆藏聚，與財相類也。』……」[4]

---

[3] 「以其徵清」，各本同。阮校引盧文弨云：「徵清，當作『微清』，下同。」按作「微清」與〈月令〉孟夏鄭注合，盧校是。——呂友仁整理本：《禮記正義》，頁1489。

[4] 呂友仁整理本：《禮記正義》，頁1457-1464。

此條以鄭之〈月令〉注文與裴駰《史記集解》、司馬貞《史記索隱》引王肅語可約略對勘，可見「宮為君」一句鄭、王解義無不同，其他四者則各自訓解角度有不同，然非見其異也。不贅。

六十八　凡音者，生於人心者也。樂者，通倫理者也。是故知聲而不知音者，禽獸是也。知音而不知樂者，眾庶是也。唯君子為能知樂。是故審聲以知音，審音以知樂，審樂以知政，而治道備矣。是故不知聲者不可與言音，不知音者不可與言樂，知樂則幾於禮矣。禮樂皆得，謂之有德。德者，得也。是故樂之隆，非極音也。食饗之禮，非致味也。〈清廟〉之瑟，朱弦而疏越，壹倡而三歎，有遺音者矣。……

鄭注：「……極，窮也。〈清廟〉，謂作樂歌〈清廟〉也。……遺，猶餘也。」[5]

附注：「清廟之瑟」，王肅曰：「於清廟中所鼓之瑟。」
　　　「有遺音者矣」，王肅曰：「未盡音之極。」[6]

案：孔穎達《禮記正義》：「『〈清廟〉之瑟，朱弦而疏越，壹倡而三歎』者，覆上『樂之隆，非極音也』。〈清廟〉之瑟，謂歌〈清廟〉之詩所彈之瑟。朱弦，謂練朱絲為弦，練則聲濁也。越，謂瑟底孔也。疏通之，使聲遲，故云疏越。弦聲既濁，瑟音又遲，是質素之聲，非要妙之響。以其質素，初發首一倡之時，而唯有三人歎之，是人不愛樂。雖然，有遺餘之音，言以其貴在於德，所以有遺餘之音，念之不

5　呂友仁整理本：《禮記正義》，頁1458。

6　《史記》〈樂書〉裴駰：《集解》引。

忘也。」[7]清・孫希旦《集解》:「……樂以升歌為始,合舞為終,故樂未嘗不極音,而其隆者,則在於升歌〈清廟〉,以發明先王之德,而不在於極音也。……樂在於示,故不極音而有餘於音……」[8]

　　此條鄭、王義解可對應比勘者有二:(一)「〈清廟〉之瑟」之解。李振興《王肅之經學》以為鄭、王無不同,王義「乃言於歌〈清廟〉詩之際,所鼓之瑟也。《正義》所云,正為此義。」[9](二)「有遺音者矣」之解。鄭、王之意似均強調在德而不在音,然鄭、王之具體解義並不清晰。清・王引之曰:「『遺』字有二說。或訓為餘,鄭注:遺,餘也。或訓為忘,為棄。《史記集解》引王肅注『有遺音者矣』曰:『未盡音之極。』《正義》引一說曰:『所重在德,本不在音,故遺音。』又於『有遺味者矣』引一說曰:『禮本在德,不在甘味,故用水魚而遺味。』按後說是也。……此謂不尚音與味,非謂其有餘音餘味也。」[10]則鄭、王解義亦大略相同,而孔氏《正義》所解,似在尊鄭而實未得鄭旨也。李振興《王肅之經學》:「王云『未盡音之極』,乃謂於音有遺餘,未至乎其極也。上文云『是故樂之隆,非極音也』,是樂之隆盛,本在移風易俗,其貴在德,非盡音之極也。未盡音之極,是有中遺餘之音矣。」[11]

六十九　人生而靜,天之性也。感於物而動,性之欲也。
　　　　物至知知,然後好惡形焉。

鄭注:「言性不見物則無欲。至,來也。知知,每物來則又有知也。

7　呂友仁整理本:《禮記正義》,頁1467-1468。

8　清・孫希旦:《禮記集解》,頁983-984。

9　李振興:《王肅之經學》,頁639。

10　清・朱彬:《禮記訓纂》,頁563。

11　李振興:《王肅之經學》,頁640。

言見物多則欲益眾。形，猶見也。」[12]

附注：「物至知知，然後好惡形焉」，《史記集解》〈樂書〉引王肅
　　　曰：「事至，能以智知之，然後情之好惡見。」張守節《正
　　　義》曰：「上知音智。」

案：孔穎達《禮記正義》：「『人生』至『道也』○此一節論人感物而
動，物有好惡，所感不同。若其感惡，則天理滅，為大亂之道。故下
文明先王所以制禮樂而齊之。○『人生而靜，天之性也』○言人初
生，未有情欲，是其靜稟於自然，是天性也。○『感於物而動，性之
欲也』者，其心本雖靜，感於外物而心遂動，是性之所貪欲也。自然
謂之性，貪欲謂之情，是情、性別矣。○『物至知知，然後好惡形
焉』者，至，猶來也。言外物既來知，謂每一物來則心知之，為每一
物皆知，是『物至知知』也。物至既眾，會意者則愛好之，不會意者
則嫌惡之，是『好惡形焉』。」[13]

　　此條顯然鄭、王異解之關鍵在「知知」之解，鄭二「知」字同如
字讀，王則以上「知」字音「智」。《正義》發明鄭說，未知合鄭之本
義與否。朱子曰：「上知字是體，下知字是用。」[14]清・王夫之《禮記
章句》卷十九：「知知，謂靈明之覺，因而知之也。人具生理則天所
命，人之性固在其中，特其無所感觸，則性用不形而靜。乃性必發而
為情，因物至所知覺之體，分別遂彰，則同其情者好之，異其情者惡
之，而於物有所攻取，亦自然之勢也。」是皆以發明鄭說為主，而不
辯王肅之訓。王念孫以為鄭、王二解均未安，「上『知』字即下文
『知誘於外』之『知』，下『知』字當訓為接，言物至而知與之接
也。《墨子》〈經篇〉曰：『知，接也。』《莊子》〈庚桑楚篇〉曰：『知

12　呂友仁整理本：《禮記正義》，頁1459。
13　呂友仁整理本：《禮記正義》，頁1469。
14　元・陳澔：《禮記集說》，頁206。

者，接也。』《淮南》〈原道篇〉曰：『感而後動，性之害也。物至而神應，知之動也。知與物接，而好憎生焉。』是其明證矣。」[15]發明義理，非鄭、王所長，故所注大多質略難明，後之經學家即使發明鄭說，亦難知其與鄭說本義是否契合。另立新解，或為必然之選擇。

七十　好惡無節於內，知誘於外，不能反躬，天理滅矣。

鄭注：「節，法度也。知，猶欲也。誘，猶道也，引也。躬，猶己也。理，猶性也。」[16]

附注：「不能反躬」，《史記》引之為「不能反己」。《集解》引王肅曰：「內無定節，智為物所誘於外，情從之動，而失其天性。」張守節《正義》曰：「言好惡不自節量於心，唯知情慾誘之於外，不能反還己躬之善，則天性滅絕矣。」

案：《釋文》：「道，音導。」孔穎達《禮記正義》：「『好惡無節於內，知誘於外』者，所好惡恣己之情，是無節於內。知，謂欲也。所欲之事，道誘於外，外見所欲，心則從之，是『知誘於外』也。○『不能反躬，天理滅矣』者，躬，己也。恣己情欲，不能自反禁止。理，性也，是天之所生本性滅絕矣。」[17]

　　此條鄭、王義解從上引王肅語與鄭注之對比可知，王肅詮釋義理已較鄭氏略長。具體分析：（一）「知誘於外」之「知」，鄭如字讀，訓為「欲」；王則讀為「智」。略如上條。（二）「天理」，鄭、王均解為「天性」。然句義據《正義》及後人之疏釋，鄭、王解義略有不同。唐・張守節在宋・裴駰《集解》引王肅說後解之語，似為據王肅

---

15 清・朱彬：《禮記訓纂》，頁564。
16 呂友仁整理本：《禮記正義》，頁1459。
17 呂友仁整理本：《禮記正義》，頁1469。

說解之，若然，則依王肅義，「不能反躬」意為「不能反還己躬之
善」；而孔穎達《正義》解鄭說為：不能自反禁止己之情欲。二說角
度不同，基本句義則無不同。清・王夫之《禮記章句》卷十九：「好
惡，本性之所發，而吾性固有當然之節，唯不能於未發之時存其節而
不失，則所知之物誘之以流，斯時也，大本已失，而唯反躬自修以治
其末，則緣外以養內，天理猶有存者。苟其不然，縱欲以蕩性，迷而
不復，而天理亡矣。」則是王夫之之說近鄭說也。孫希旦《集解》則
用朱熹說：「好惡無節於內，知誘於外，不能反躬，天理滅矣，何
也？曰：此言情之所以流，而性之所以失也。好惡本有自然之節，唯
其不自覺知，無所涵養，而大本不立，是以天則不明於內，外物又從
而誘之，此所以流濫放逸而不自知也。苟能於此覺其所以然者，而反
躬以求之，則其流也，庶乎其可制矣；不能如是，而唯情是徇，則人
欲熾盛而天理滅息……此一節明天理人欲之機，間不容息處，唯其反
躬自審，念念不忘，則天理益明，存養自固，而外誘不能奪矣。夫物
之感人無窮，而人之好惡無節，則是物至而人化物也。人化物也者，
滅天理而窮人欲者也。何也？……好惡之節，天之所以與我也……然
天理秉彝，終非可殄滅者，雖化物窮欲，至於此極，苟能反躬以求，
則天理之本然者初未嘗滅也。……」[18]則是朱子之說亦近上述鄭義。
朱彬《禮記訓纂》於此句亦用朱子說。[19]不贅。

七十一　是故先王之制禮樂，人為之節。……

鄭注：「言為作法度以遏其欲。」
王注：「以人為之節，言得其中也。」（《史記集解》引）

---

18 清・孫希旦：《禮記集解》，頁984-985。
19 詳清・朱彬：《禮記訓纂》，頁564。

案:《釋文》:「遏,於葛反,本亦除『節』。」孔穎達《禮記正義》:「『是故先王之制禮樂,人為之節』者,庾云:『人為,猶為人也。言為人作法節也。』」[20]

此條鄭、王義解可對應比勘者主要在「人為之節」四字。鄭義突顯王權之強勢,王義則突顯人道之中和。宋・衛湜《禮記集說》引唐張氏(守節)曰:「言制禮樂以節於人……」又引長樂陳氏(祥道,字用之)曰:「……所以節喪紀者如此……所以別男女之親也……所以別男女之成也……德行由是可觀,齒位由是可正,所以正交接於鄉黨也。……所以正交接於賓客也……故天之所秩,不過五禮……由是觀之,節喪紀而使之不過者,凶禮也;和安樂而使之不乖者,吉禮也;別男女而使之不雜者,嘉禮也;正交接而使之不瀆者,賓禮也……」又引嚴陵方氏(慤,字性夫)曰:「人為之節者,因人而制為之節也。因人之有喪紀也,故制為衰麻哭泣以節之;因人之有安樂也,故制為鍾鼓干戚以和之,以至昏姻冠笄之於男女,射鄉食饗之於交接……」是方氏之說較近王肅義。朱熹之說稍有不同,曰:「人為之節,言人人皆為之節也。」亦近王肅說。金華邵氏(淵,字萬宗)曰:「先王制禮樂以為防閑之具,則人道正而天理還……」[21]李振興《王肅之經學》:「王意乃謂先王之制禮樂,因人情而為之節文,使各得中也。得中,則斯和,斯敬,斯親矣。義似勝鄭。」[22]

七十二　樂者為同,禮者為異。同則相親,異則相敬。樂勝則流,禮勝則離。

20　呂友仁整理本:《禮記正義》,頁1470。

21　宋・衛湜:《禮記集說》卷九十二,四庫本。

22　李振興:《王肅之經學》,頁641。

鄭注：「同，謂協好惡也。異，謂別貴賤。流，謂合行不敬也。離，謂析居不和也。」[23]

附注：「樂勝則流」，王肅曰：「流遁不能自還。」

「禮勝則離」，王肅曰：「離析而不親。」（《史記集解》引）張守節《正義》曰：「勝，猶過也。禮樂雖有同異，而又相須也。若樂過和同而無禮，則流慢，無復尊卑之敬。若禮過殊隔無樂，則親屬離析，無復骨肉之愛也。」

案：孔穎達《禮記正義》：「『樂勝則流，禮勝則離』者，此明雖有同異，而又有相須也。勝，猶過也。若樂過和同而無禮，則流慢無復尊卑之敬；若禮過殊隔而無和樂，則親屬離析無復骨肉之愛。唯須禮樂兼有，所以為美。故《論語》云『禮之用，和為貴』。是也。」[24]

此條鄭、王義解可對應比勘者主要在「樂勝則流，禮勝則離」一句。關於「禮勝則離」，鄭、王義解似無不同。關於「樂勝則流」，李振興《王肅之經學》解王肅說曰：「王氏云『流遁不能自還』者，乃以『流』訓。《說文》：遁，遷也。義為流遷而不知返。如是則過，過則不敬矣。亦為通說。」[25]則句義與鄭亦無不同。不贅。

七十三　大樂與天地同和，大禮與天地同節。和，故百物不失；節，故祀天祭地。明則有禮樂，幽則有鬼神。如此，則四海之內合敬同愛矣。禮者，殊事合敬也。樂者，異文合愛也。禮樂之情同，故明王以相沿也。故事與時並，名與功偕。

---

23 呂友仁整理本：《禮記正義》，頁1470。
24 呂友仁整理本：《禮記正義》，頁1471。
25 李振興：《王肅之經學》，頁641。

鄭注：「舉事在其時也。〈禮器〉曰：『堯授舜，舜授禹，湯放桀，武
　　　王伐紂，時也。』為名在其功也。偕，猶俱也。堯作〈大
　　　章〉，舜作〈大韶〉，禹作〈大夏〉，湯作〈大濩〉，武王作〈大
　　　武〉，名因其得天下之大功。」[26]

附注：「故事與時並」，王肅曰：「有其時，然後立其事」。張守節
　　　《正義》：「言聖王所為之事與所當之時並行也。若堯、舜揖讓
　　　之事與淳和之時並行，湯、武干戈之事與澆薄之時並行。此名
　　　明禮也。」
　　　「名與功偕」，王肅曰：「有功，然後得受其名。」張守節《正
　　　義》：「名，謂樂名也。偕，俱也。功者，揖讓干戈之功也。聖
　　　王制樂之名，與所建之功俱作也。若堯、舜樂名〈咸池〉、〈大
　　　韶〉，湯、武樂名〈大濩〉、〈大武〉也。」（《史記》〈樂書〉）

案：此條鄭、王義解可對應比勘者主要在「故事與時並，名與功偕」
一句。鄭、王義解似無不同。不贅。

七十四　　論倫無患，樂之情也；欣喜歡愛，樂之官也。中
　　　　　正無邪，禮之質也；莊敬恭順，禮之制也。若夫
　　　　　禮樂之施於金石，越於聲音，用於宗廟社稷，事
　　　　　乎山川鬼神，則此所與民同也。

鄭注：「倫，猶類也。患，害也。官，猶事也。……言情、官、質、
　　　制，先王所專也。」[27]

附注：「論倫無患，樂之情也」，王肅曰：「言能合道論，中倫理而無
　　　患也。」張守節《正義》：「既云唯聖人識禮樂之情，此以下更

26　呂友仁整理本：《禮記正義》，頁1474。
27　呂友仁整理本：《禮記正義》，頁1478。

說其情狀不同也。倫，類也。賀瑒云：『樂使物得類序而無
害，是樂之情也。』」

「則此所以與民同也」，王肅曰：「自天子至民人，皆貴禮之
敬，樂之和，以事鬼神先祖也。」張守節《正義》：「言四者施
用祭祀，隨世而異，則前王所不專，故又云『則此所以與民
同』，言隨世也。」（《史記》〈樂書〉）

案：孔穎達《禮記正義》申鄭義曰：「『論倫無患』者，樂主和同，論
說等倫，無相毀害，是樂之情也。言樂之本情，欲使倫等和同，無相
損害也。」

此條鄭、王義解可對應比勘者有兩處：（一）「論倫無患，樂之情
也」一句。鄭、王似有別。鄭義言樂能使倫等和同而無相損害，是外
在秩序效應。王義言樂因合道論，中倫理而無患，是內在精神效應。
且鄭訓「倫」為「類」，王肅則讀「倫」為本讀，用其「倫理」之
義。宋・衛湜《禮記集說》引馬氏（睎孟，字彥醇）曰：「樂以和為
實，而亦所以通倫理也。所謂『論倫無患』者，其和足以通倫理而無
繆也，故為樂之情。情，猶言實也。」[28]是近王肅說而與鄭不同也。
李振興以為清・孫希旦《集解》之說最能申王義：「愚謂『論倫無
患』者，言其心之和順足以論說樂之倫理，而不相悖害也。樂之情，
禮之質，以其根於心者言，聖人制禮樂之本也。……」[29]（二）「則此
所與民同也」一句。孔穎達《禮記正義》申鄭義曰：「『則此所與民
同也』者，言施於金石，越於聲音，用於宗廟社稷，事乎山川鬼神，此
等與民共同有也。前經論樂之情，樂之官，禮之質，禮之制，是先王
所專有也，言先王獨能專此四事。」[30]是鄭言樂之用，自天子至民，

---

28 宋・衛湜：《禮記集說》卷九十三，四庫本。
29 清・孫希旦：《禮記集解》，頁991。
30 呂友仁整理本：《禮記正義》，頁1479。

同用也。王肅則不同，言自天子至民，同貴樂之和，是言其精神取
向。宋・衛湜《禮記集說》引長樂陳氏（祥道，字用之）曰：「……
論倫無患，至於莊敬恭順者，禮樂之本，先王之所以與人異；及夫施
於金石，越於聲音，用之宗廟社稷，事乎山川鬼神者，禮樂之用，先
王之所以與人同。不以所異者與人，不以所同者處己，夫是之謂議道
自己，置法以民。」是近鄭說而與王肅說遠，且較為明晰地貫通整段
經文之義。衛湜又引嚴陵方氏（愨，字性夫）曰：「……夫情、官、
質、制者，禮樂之義也；金石聲音者，禮樂之數也。其數可陳，則民
之所同；其義難知，則君之所獨；故於金石聲音曰『則此所與民同
也』。《中庸》曰『非天子不議禮』。《語》曰『禮樂自天子出』。又曰
『民可使由之，不可使知之』。皆此意也。」衛湜又引馬氏（睎孟，
字彥醇）曰：「情、官、質、制四者雖不同，而其大概皆不出於一人
之身，若夫施於金石，越於聲音，用於宗廟社稷，事乎山川鬼神者，
不獨在於一人之身，而與天下共之也。」[31]是皆用孔氏申鄭之義而發
明之，不用王肅說也。清・王夫之《禮記章句》卷十九：「……樂成
而禮備，幽以格神，而明以示民，有司得而習之，百姓得以見之，此
則禮樂之用，行之天下後世而與民共繇之矣。蓋德肇於獨知，而道昭
於眾著也。」是亦近鄭說。

七十五　天高地下，萬物散殊，而禮制行矣。流而不息，
　　　　合同而化，而樂興焉。春作夏長，仁也。秋斂冬
　　　　藏，義也。仁近於樂，義近於禮。樂者敦和，率
　　　　神而從天；禮者別宜，居鬼而從地。故聖人作樂
　　　　以應天，制禮以配地。禮樂明備，天地官矣。

---

31 宋・衛湜：《禮記集說》卷九十三，四庫本。

鄭注：「官，猶事也。各得其事。」[32]

王注：「各得其位也。」（《史記》〈樂書〉裴駰《集解》引）

案：此條鄭、王義解可對應比勘者主要在「天地官矣」一句。鄭、王義解無大異，角度略有不同而已。孔穎達《禮記正義》：「『禮樂明備，天地官矣』者，官，猶事也。言聖人能使禮樂顯明備具，則天地之事各得其利矣。」[33]是《正義》發明鄭義也。宋・衛湜《禮記集說》引馬氏（晞孟，字彥醇）曰：「……率者，引而上之也。居者，俯而就之也。故神言率，則知樂者，崇之道也；鬼言居，則知禮者，卑之道也。……故作樂以應天，制禮以配地，則禮樂明備而天地各當其位也。」是馬氏發明王肅義也。衛湜又引金華邵氏（淵，字萬宗）曰：「作樂以應天。應者，彼有而此答之之謂。制禮以配地。配者，以此而合彼之謂。然則禮樂非聖人之私術，蓋因天地之理而為之耳。及夫其用昭明而全備，則天地之間各有司存，不相紊亂。是又以天地而理天地者歟？」又曰：「天地者，禮樂之主；禮樂者，天地之官。主君道，官臣道。」[34]清・王夫之《禮記章句》卷十九曰「官效其職」，是申鄭義也。孫希旦《集解》：「天地官，言天地各得其職，猶《中庸》之言『天地位』也。」[35]則似以為鄭、王說無不同也。李振興以為孫希旦之說申王義，與鄭有異。[36]其實細繹文意，孔穎達疏義與孫希旦之說亦可通，「天地之事各得其利」，亦可謂「天地各得其職」，鄭、王之訓各得一偏也。清・朱彬《禮記訓纂》引馬彥醇之說，是近王肅說也。[37]鄭、王之經解，於義理皆不擅長，均質略難

---

32 呂友仁整理本：《禮記正義》，頁1482。

33 呂友仁整理本：《禮記正義》，頁1483。

34 宋・衛湜：《禮記集說》卷九十四，四庫本。

35 清・孫希旦：《禮記集解》，頁992。

36 李振興：《王肅之經學》，頁643。

37 清・朱彬：《禮記訓纂》，頁571。

明。宋人擅長義理之解說,卻見他們並非完全拋開前人,另立新解,而是基本沿著前輩經學家的解說路徑,加以發明展開。這是中國經典解釋學的重要傳統。

七十六　及夫禮樂之極乎天而蟠乎地,行乎陰陽而通乎鬼
　　　　神,窮高極遠而測深厚。樂著大始,而禮居成
　　　　物。著不息者天也,著不動者地也。……

鄭注:「極,至也。蟠,猶委也。高遠,三辰也。深厚,山川也。言
　　　禮樂之道,上至於天,下委於地,則其間無所不之。『著』之
　　　言處也。大始,百物之始生也。」[38]

附注:《史記》〈樂書〉曰「樂著太始」,裴駰《集解》引王肅曰:
　　　「著,明也。明太始,謂法天也。」司馬貞《索隱》曰:
　　　「著,明也。太始,天也。言樂能明太始,是法天。」

案:《釋文》:「蟠,步丹反,委也,或蒲河反,注同。著,直略反,
處也……大,音泰,注同。」孔穎達《禮記正義》:「『樂著大始,而
禮居成物』者,言樂象於天,天為生物之始。著,猶處也,是樂處大
始。禮法於地,言禮以稟天氣以成於物,故云『禮居成物』。『著』與
『居』相對,故注以『著』為『處』也。」[39]

　　此條鄭、王異訓主要在「著」,鄭訓「處」,王訓「明」。鄭、王
明顯不同。《釋文》用鄭說。唐・司馬貞用王肅說。宋・衛湜《禮記
集說》引長樂劉氏(彝,字執中)曰:「天地交而萬物生,是樂著於
生物之始也。有天地然後有尊卑,是禮居於成物之後也。……」引嚴

38　呂友仁整理本:《禮記正義》,頁1486-1487。
39　呂友仁整理本:《禮記正義》,頁1488。

陵方氏（愨，字性夫）曰：「有物者必由於有始，有始者必至於有物。曰『大始』，則又始之前也，亦猶『大初』謂之『大』爾。曰『成物』，則又物之後也，亦猶『成效』謂之『成』爾。乾知大始，知之而已，及樂由陽來，則著其理而可見；坤作成物，作之而已，及禮由陰作，則居其功而得所。著大始則有氣而已，居成物則有形焉。氣則往來未嘗息而乾健之，所以為天歟，故曰著不息者天也；形則未嘗動而坤靜之，所以為地歟，故曰著不動者地也。⋯⋯著者，見於眾物之體也。於成物獨不言著者，以在成形之後，不嫌於不著也。⋯⋯」可見方氏之說近王肅。或王肅之說，本以《易》理解之也。衛湜又引金華應氏（鏞，字子和）之說亦類同方氏：「自『天高地下』至此一章，⋯⋯夫子所以明《易》也，⋯⋯則樂著乎乾知大始之妙，禮居乎坤作成物之位，而昭著不息者，天之所以為天；昭著不動者，地之所以為地。居者，藏諸用者也。著者，顯諸仁者也。天地之間，不過一動一靜而已，故聖人昭揭以示人而名之曰禮樂也。」[40]或方性夫、應子和乃知王肅義者也。清・孫希旦《集解》多取宋人說：「愚謂樂者陽之動，故氣之方出而為物之大始者，樂之所著也。禮者陰之靜，故質之有定而為物之已成者，禮之所居也。」[41]

七十七　昔者舜作五弦之琴以歌〈南風〉⋯⋯。

鄭注：「夔欲舜與天下之君共此樂也。〈南風〉，長養之風也，以言父母之長養己。其辭未聞也。夔，舜時典樂者也。《書》曰：『夔，命女典樂。』」[42]

---

40 宋・衛湜：《禮記集說》卷九十四，四庫本。

41 清・孫希旦：《禮記集解》，頁994。

42 呂友仁整理本：《禮記正義》，頁1493。

王肅曰：「〈南風〉，育養民之詩也。其辭曰：『南風之薰兮，可以解吾民之慍兮。南風之時兮，可以阜吾民之財兮。』」

附注：唐・司馬貞《索隱》：「此詩之辭，出《尸子》及《家語》。」張守節《正義》：「此第四章名《樂施》。明禮樂前備後施布天下也。中有三段：一明施樂以賜諸侯也；二明施樂須節，既賜之，所以宜節也；三明禮樂所施，各有本意本德。《世本》『神農作琴』，今云舜作者，非謂舜始造也，改用五琴，特歌〈南風〉詩，始自舜也。五弦者，無文、武二弦，唯宮、商、角、徵、羽之五弦也。〈南風〉是孝子之詩也。南風養萬物而孝子歌之，言得父母生長，如萬物得南風也。舜有孝行，故以五弦之琴歌〈南風〉詩，以教理天下之孝也。」(《史記》〈樂書〉引[43])

案：《釋文》：「夔，求龜反，舜臣。」孔穎達《禮記正義》：「『昔者舜作五弦之琴以歌〈南風〉』者，五弦，謂無文、武二弦，唯宮、商等之五弦也。〈南風〉，詩名，是孝子之詩。南風長養萬物，而孝子歌之，言己得父母生長，如萬物得南風生也。舜有孝行，故以此五弦之琴歌〈南風〉之詩而教天下之孝也。此詩今無，故鄭注云『其辭未聞也』。案《世本》云『神農作琴』，今云『舜作』者，非謂舜始造也，正用此琴特歌〈南風〉始自舜耳。或五弦始舜也。」[44]

　　此條鄭、王義解之可對應比勘者主要在「〈南風〉」。就長養之義言，鄭、王無不同。然鄭言其辭未聞，王肅卻具述其辭，是其不同也。王肅《聖證論》特引《尸子》及《家語》以難鄭云：「昔者舜彈五弦之琴，其辭曰：『南風之薰兮，可以解吾民之慍兮；南風之時兮，可以阜吾民之財兮。』鄭云『其辭未聞』，失其義也。」鄭學之徒馬昭申鄭云：「《家語》，王肅所增加，非鄭所見。又《尸子》雜

---

43 《史記・樂書第二》，中華書局分冊點校本，頁1197-1198。

44 呂友仁整理本：《禮記正義》，頁1493。

說，不可取證正經。故言『未聞』也。」[45]宋‧衛湜《禮記集說》引慶源輔氏（廣，字漢卿）曰：「南風，長養之風，鄭氏則以為舜歌父母之德如南風，《家語》所載之辭則以為解慍，阜民財。然以此觀之，則疑《家語》所載必有據。」[46]是信王肅之說也。清‧王夫之《禮記章句》（卷十九）則對王肅之說表示懷疑：「……今世傳『南風之熏兮』者，孔氏謂尸佼，王肅所撰耳。」李振興《王肅之經學》亦不信王肅此說，堅信《家語》乃王肅偽託，不可信。[47]

七十八　故天子之為樂也，以賞諸侯之有德者也。德盛而教尊，五穀時孰，然後賞之以樂。故其治民勞者，其舞行綴遠；其治民逸者，其舞行綴短。

鄭注：「民勞則德薄，酇相去遠，舞人少也。民逸則德盛，酇相去近，舞人多也。」[48]

附注：「王肅曰：『遠以象民行之勞，近以象民行之逸。』」
　　　　唐‧張守節《正義》：「此明雖得樂賜，而隨功德優劣為舞位行列也。綴，謂酇列也。若諸侯治民勞苦，由君德薄，王賞之以樂，則舞人少，不滿，將去酇疏遠也。」「若諸侯治民暇逸，由君德盛，王賞舞人多，則滿，將去酇促近也。」（《史記》〈樂書〉引）

案：孔穎達《禮記正義》：「『故天』至『綴短』○此一節明諸侯德尊樂備舞具。各隨文解之。○『故其治民勞者，其舞行綴遠』者，綴，

45　呂友仁整理本：《禮記正義》，頁1494。
46　宋‧衛湜：《禮記集說》卷九十四，四庫本。
47　李振興：《王肅之經學》，頁644。
48　呂友仁整理本：《禮記正義》，頁1494。

謂鄼也。遠是舞者外營域行列之處。若諸侯治理於民，使民勞苦者，由君德薄，賞之以樂，舞人既少，故其舞人相去行綴遠，謂由人少，舞處寬也。○『其治民逸者，其舞行綴短』者，此諸侯治理於民，使逸樂，由其君德盛，故賞之以樂，舞人多，故去行綴短也。謂由人多，舞處狹也。舞處之綴一種，但人多則去之近，人少則去之遠也。○注『民勞』治『多也』○鼗，謂鼗聚。舞人行位之處，立表鼗以識之。」⁴⁹

此條鄭、王義解可對應比勘者主要在後一句──「故其治民勞者，其舞行綴遠；其治民逸者，其舞行綴短。」總體句義顯然鄭、王無異，鄭、王似均指民之勞、逸，非指君之勞、逸。然張守節《正義》不同，以為是指諸侯治民之「勞」與「逸」，非指民之勞、逸。宋・衛湜《禮記集說》引長樂陳氏（祥道，字用之）曰：「諸侯德盛而教尊，五穀時熟，然後天子賞之以樂者……故其勞於治民者，舞之行綴則遠，逸於治民者，舞之行綴則短，觀其舞於外，足以知其德於內……」又引慶源輔氏（廣，字漢卿）等說，皆以為此「勞」、「逸」指君治民之勞、逸，非指民之勞、逸。⁵⁰君之治民之勞逸，是其德之高下之表徵，故天子依德之高下，賞以不同之樂。是自唐・張守節後，鄭、王、孔穎達《正義》之說皆不用也。然清・王夫之《禮記章句》（卷十九）則又回歸鄭、王本義，解為「民勞」、「民逸」而非君之勞、逸。王夫之每回歸漢唐舊說。李振興《王肅之經學》以為「鄭氏以德言，王氏以象說」。⁵¹微異。

49　呂友仁整理本：《禮記正義》，頁1494。
50　宋・衛湜：《禮記集說》卷九十四，四庫本。
51　李振興：《王肅之經學》，頁644。

七十九　〈大章〉，章之也。（鄭注：堯樂名也。言堯德章明也。《周
　　　　禮》闕之，或作〈大卷〉。）〈咸池〉，備矣。（鄭注：黃帝所
　　　　作樂名也。堯增脩而用之。咸，皆也。『池』之言施也。言德之無不
　　　　施也。《周禮》曰〈大咸〉。）……

王注：「包容浸潤，行化皆然，故曰備矣。」（《史記》〈樂書〉裴駰
　　　《集解》引）
案：此條為典型的王肅補鄭注之未備，鄭不訓「備」字，王肅補之。
不贅。

八十　　天地之道，寒暑不時則疾，風雨不節則饑。教者，
　　　　民之寒暑也，教不時則傷世。事者，民之風雨也，
　　　　事不節則無功。（鄭注：教，謂樂也。）然則先王之為樂
　　　　也，以法治也，善則行象德矣。

鄭注：「以法治，以樂為治之法。行象德，民之行順君之德也。」[52]
附注：「然則先王之為樂也，以法治也」，王肅曰：「作樂所以法其治
　　　行也。」
　　　「善則行象德矣」，王肅曰：「君行善，即臣下之行皆象君之
　　　德。」
　　　張守節《正義》：「此廣樂所以須節已。言先王為樂必以法治，
　　　治善則臣下之行皆象君之德也。」（《史記》〈樂書〉注引）
案：孔穎達《禮記正義》：「『天地』至『德矣』○此一節明樂之為
善。樂得其所，則事有功也。○『然則先王之為樂也，以法治也』

52　呂友仁整理本：《禮記正義》，頁1497。

者，言先王作樂，以為治為法。若樂善則治得其善，若樂不善則治乖
於法，則前文『教不時則傷世，事不節則無功』是也。○『善則行象
德矣』者，言人君為治得其所，教化美善，則下民之行法象君之德
也。」[53]

此條鄭、王義解可對應比勘者主要在「先王之為樂也，以法治
也，善則行象德矣」一句。前半句鄭注為「以樂為治之法」，王肅曰
「作樂也所以法其治行也」。王肅義在作樂為治之表徵，從樂之形
態、表現可以見為政之昏明。鄭、王解義顯然不同，鄭言樂為為治之
具，王則言樂是政治清明與否的表徵。王肅更顯客觀，鄭注則偏向功
利主義。後半句鄭訓「行象德」為「民之行順君之德」，王則解為
「臣下之行皆象君之德」，基本相同，不贅。就前半句而言，孔穎達
《正義》疏為「若樂善則治得其善，若樂不善則治乖於法」，其實是
揉合了鄭、王兩說。宋・衛湜《禮記集說》引嚴陵方氏（慤，字性
夫）曰：「……以樂為法，則莫非善法；以樂為治，則莫非善治。」[54]
顯然近鄭說而遠王義。元・陳澔《禮記集說》：「然則先王之治禮樂，
事皆有教，是法天地之道以為治於天下也，施於政治而無不善，則民
之行象君之德矣。」亦近鄭說而遠王肅說。清・王夫之《禮記章句》
卷十九：「樂取法於政教，酌高下疾徐而因時合節則善善，則移風易
俗，民之行皆順君之德矣。」則或近王肅說而遠鄭義也。

八十一　夫民有血氣心知之性，而無哀樂喜怒之常，應感
　　　　起物而動，然後心術形焉。（鄭注：言在所以感之也。
　　　　術，所由也。形，猶見也。）是故志微噍殺之音作，而

53　呂友仁整理本：《禮記正義》，頁1497。
54　宋・衛湜：《禮記集說》卷九十五，四庫本。

　　民思憂；嘽諧慢易，繁文簡節之音作，而民康
　　樂；粗厲猛起，奮末廣賁之音作，而民剛毅；廉
　　直勁正莊誠之音作，而民肅敬；寬裕肉好、順成
　　和動之音作，而民慈愛；流辟邪散、狄成滌濫之
　　音作，而民淫亂。

鄭注：「志微，意細也。吳公子札聽〈鄭風〉而曰：『其細已甚，民
　　　弗堪也。』簡節，少易也。奮末，動使四支也。賁，讀為憤。
　　　憤，怒氣充實也。《春秋傳》曰：『血氣狡憤』。肉，肥也。
　　　狄、滌，往來疾貌也。濫，僭差也。此皆民心無常之徵也。
　　　肉，或為『潤』。」[55]

附注：「粗厲猛起奮末廣賁之音作」，王肅曰：「粗厲，亢厲。猛起，
　　　發揚。奮末，浸疾。廣賁，廣大也。」
　　　「寬裕肉好」，王肅曰：「肉好，言音之洪美。」「肉好言音之
　　　洪潤。」
　　　「流辟邪散狄成滌濫之音作」，王肅曰：「狄成，言成而似夷狄
　　　之音也。滌，放盪。濫，僭差也。」「狄成，言成而似夷狄之音
　　　也。」（《史記》〈樂書〉注裴駰《集解》、司馬貞《索隱》引）

案：《釋文》：「知，音智。……噍，子遙反。……嘽，昌善反。……
　　慢，本又作僈……賁，依注讀為憤，扶粉反。……好，呼報反。……
　　狄，他歷反，注同。……賁，音奔，……狡，本又作『交』……」孔
　　穎達《禮記正義》：「……此一節『民有血氣』以下，至『淫亂』以
　　上，論人心皆不同，隨樂而變。夫樂聲善惡，本由民心而生，所感善
　　事則善聲應，所感惡事則惡聲起。樂之善惡，初則從民心而興，後乃

55　呂友仁整理本：《禮記正義》，頁1499。

合成為樂。樂又下感於人，善樂感人，則人化之為善；惡樂感人，則
人隨之為惡。是樂出於人而還感人，猶如雨出於山而還雨山，火出於
木而還燔木。故此篇之首，論人能興樂。此章之意，論樂能感人也。
○『故民有血氣心知之性』者，人由血氣而有心知，故血氣、心知連
言之。其性雖一，所感不恒，故云『而無哀樂喜怒之常』也。○『應
感起物而動』者，言內心應感，起於外物，謂物來感己，心遂應之，
念慮興動，故云『應感起物而動』。○『然後心術形焉』者，術，謂
所由道路也；形，見也。以其感物所動，故然後心之所由道路而形見
焉。心術見者，即下文是也。○『是故志微噍殺之音作，而民思憂』
者，志微，謂人君志意微細；噍殺，謂樂聲噍蹙殺小。如此音作而民
感之，則悲思憂愁也。○『嘽諧慢易，繁文簡節之音作，而民康樂』
者，嘽，寬也；諧，和也；慢，疏也；繁，多也；簡節，易少也；
康，安也。言君若道德嘽和疏易，則樂音多文采而節奏簡略，則下民
所以安樂也。○『粗厲猛起，奮末廣賁之音作，而民剛毅』者，粗
厲，謂人君性氣粗疏威厲；猛起，謂武猛發起；奮末，謂奮動手足；
廣賁，謂樂聲廣大，憤氣充滿。如此音作而民感之，則性氣剛毅也。
○『廉直勁正莊誠之音作，而民肅敬』者，君若廉直勁正，則樂音矜
莊嚴栗而誠信，故民應之而肅敬也。○『寬裕肉好，順成和動之音
作，而民慈愛』者，肉，謂厚重者也。君上如寬裕厚重，則樂音順序
而和諧動作，故民皆應之而慈愛也。○『流辟邪散，狄成滌濫之音
作，而民淫亂』者，流辟，謂君志流移不靜；邪散，謂違辟不正，放
邪散亂；狄成、滌濫，皆謂往來速疾，謂樂之曲折，速疾而成，速疾
而止。僭濫止謂樂聲急速。[56]如此音作，民感之，淫亂也。此六事所
云音者，皆據君德及樂音相雜也。君德好而樂音亦好，君德惡而樂音

---

56 校勘記：「僭濫止謂樂聲急速」，阮本同。浦鐘校云：「僭」當「滌」，字誤。——呂
友仁整理本：《禮記正義》，頁1530。

亦惡。皆上句論君德，下句論樂音。其意易盡者，則一句四字以結之，『志微噍殺』是也；其狀難盡者，則兩句八字以結之，『嘽諧慢易，繁文簡節』之類是也；意稍可盡者，或六字以結之，『廉直勁正莊誠』是也。○注『志微』至『貌也』○云『志微，意細也』者，謂君德也。言君意苟細，樂聲亦苟細也。故鄭引襄二十九年吳公子札聽〈鄭風〉云『其細已甚』，是聽〈鄭風〉而知君德苟細也。云『簡節，少易也』者，謂樂聲曲折雖繁多，其節簡少，謂緩歌而疏節也。○云『奮末，動使四支也』者，以身為本，以手足為末，故云『動使四支』。○云『賁，讀為憤。憤，怒氣充實也』者，以經之『賁』字，於《易》卦，賁為飾，賁又為大，皆非猛厲之類，故讀為『憤』。引《春秋傳》以證之。案僖十五年《左傳》稱晉侯欲乘鄭之小駟，慶鄭諫云：小駟，鄭之所入也。言馬之血氣狡作憤怒也。○云『肉，肥也』者，言人肉多則體肥，以喻人之性行敦重也。○云『狄滌，往來疾貌也』者，《詩》云『踧踧周道』，字雖異，與此『狄』同。《詩》又云『滌滌山川』。皆物之形狀，故云『往來疾貌』。謂樂之曲折，音聲速疾也。」[57]

此條鄭、王義解可對應比勘者主要包括三句：（一）「粗厲猛起奮末廣賁之音作，而民剛毅」一句，鄭注彰顯其怒氣，王肅注則無此義。孔穎達《正義》「廣賁」之解，乃揉合鄭、王二說也。（二）「寬裕肉好順成和動之音作，而民慈愛」一句，鄭只解「肉」為「潤」，王肅解「肉」為「音之洪潤」，或為王肅補鄭注之未備，或鄭、王不同。此條鄭、王文字已不能知其究竟。孔穎達《正義》似已離鄭、王解義遠矣。此條《正義》並未能遵守「禮是鄭學」的原則，或疏文執筆者已不能真正理解鄭、王解義。（三）「流辟邪散狄成滌濫之音作，而民淫亂」一句，鄭訓「狄」、「滌」為「往來疾貌」，即陸德明《釋

文》所讀「他曆反」，王肅則讀「狄」如字，解為夷狄之狄，「滌」字
則解為「放盪」。三句中鄭、王解義最明顯不同者當數「狄」字之
訓。此條孔穎達《正義》用鄭說。鄭、王均解「濫」為「僭差」，則
無不同。清・王夫之《禮記章句》卷十九：「微，隱也。志隱結而不
能宣也。噍，蹙也。殺，減也。思憂，悲思憂愁也。……猛起，突兀
高起也。奮末，迅厲以終也。賁，與憤通。氣盛而外溢也。……肉好
者，如璧之肉好，圓而勻也。流辟者，餘音引曳趨於偏聲也。邪散
者，往而不返，弗能節也。狄，與逷同，遠而不親也，成樂之終也。
狄以成，蕩而不恤其初也。滌，如水滌物，流去而不收也。濫，尾
也。後世樂府所謂梦者是也。其濫如滌漫，引而不能止也。……」
「賁」字之訓，王夫之並未如鄭玄一般彰顯其憤怒意，亦未用王肅之
「廣大」意。「肉」字之解，「狄」字之解，王夫之均似既不用王，也
不用鄭。孫希旦《集解》：「廣賁，謂樂音廣大而憤怒也。」是如孔穎
達《正義》，揉合鄭、王二說也。「肉好，以璧之肉好喻音之圓轉而潤
澤也。」是用宋人陳祥道說而不用鄭、王說也。「流辟邪散狄成滌
濫」一句，孫希旦亦用陳祥道說而不用鄭、王說。[58]王引之亦不用
鄭、王二說而另為新解，然不若孫希旦用宋人說也。[59]

八十二　是故先王本之情性，稽之度數，制之禮義，合生
　　　　氣之和，道五常之行，使之陽而不散，陰而不
　　　　密，剛氣不怒，柔氣不懾，四暢交於中而發作於
　　　　外，皆安其位而不相奪也。然後立之學等，廣其
　　　　節奏，省其文采，以繩德厚，……

58 詳參清・孫希旦：《禮記集解》，頁999。
59 詳見清・朱彬：《禮記訓纂》，頁577。

鄭注：「生氣，陰陽氣也。五常，五行也。『密』之言閉也。懾，猶
恐懼也。等，差也。各用其才之差學之。廣，謂增習之。省，
猶審也。文采，謂節奏合也。繩，猶度也。《周禮》〈大司
樂〉：『以樂語教國子興、道、諷、誦、言、語。以樂舞教國子
舞〈雲門〉、〈大卷〉、〈大咸〉、〈大韶〉、〈大夏〉、〈大濩〉、〈大
武〉。』」[60]

王注：「繩，法也。法其德厚也。」（《史記》〈樂書〉裴駰《集解》
引）

案：《釋文》：「道，音導。……省，西頂反。……興、道，上許膺
反，下音導。……卷，音權。」孔穎達《禮記正義》：「『是故』至
『深矣』○上經既明樂之感人，故此節明先王節人情性，使之和其律
呂，親疏有序，男女不亂，乃成為樂也。……『以繩德厚』者，繩，
度也，謂准度以道德仁厚也。」[61]

　　此條鄭、王義解可對應比勘者主要在「以繩德厚」四字，鄭、王
雖訓「繩」字不一，然句意無不同也。不贅。

八十三　土敝則草木不長，水煩則魚鼈不大，氣衰則生物
　　　　不遂，世亂則禮慝而樂淫。是故其聲哀而不莊，
　　　　樂而不安，慢易以犯節，流湎以忘本，廣則容
　　　　姦，狹則思欲，感條暢之氣，而滅平和之德……

鄭注：「遂，猶成也。慝，穢也。廣，謂聲緩也。狹，謂聲急
也。……」[62]

60　呂友仁整理本：《禮記正義》，頁1502。
61　呂友仁整理本：《禮記正義》，頁1503。
62　呂友仁整理本：《禮記正義》，頁1505。

附注：「廣則容姦，狹則思欲」，唐‧張守節《正義》：「廣，聲緩
也。容，合也。其聲緩者，則含容姦偽也。」裴駰《集解》引
王肅曰：「其音廣大，則容姦偽；其狹者，則使人思利欲
也。」張守節《正義》：「狹，聲急也。其聲急者，則思欲攻之
也。」（見《史記》〈樂書〉）

案：《釋文》：「慝，吐得反，注及下同。」孔穎達《禮記正義》：「『廣
則容姦』者，廣，謂節間疏緩。言音聲寬緩，多有姦淫之聲也。『狹
則思欲』者，狹，謂聲急，節間迫促。樂聲急，則動發人心，思其情
欲而切急。」[63]

　　此條鄭、王義解可對應比勘者主要在「廣」、「狹」二字之訓。
「廣」字之訓，鄭、王明顯不同，鄭曰聲緩，王謂廣大。「狹」字則
只見鄭玄字訓而王肅未見字訓。唐‧張守節用鄭說。宋人多不作字
訓。元‧陳澔《禮記集說》：「廣，猶大也。大則使人容為姦宄。」似
近王肅說。清‧王夫之《禮記章句》卷十九：「廣，合眾音也。狹，
專一音也。合則龐雜以喧豗啟亂，專則孤清以幽昵誨淫。」此類鄭、
王質略難明者，後人多另立新解。然李振興《王肅之經學》解之曰：
「此經乃承上文『世亂則禮慝而樂淫』為言，而寬廣不節，自易流為
淫聲，流為淫聲，其容姦偽矣。王言為是。」[64]

八十四　　……是故清明象天，廣大象地，終始象四時，周
　　　　　還象風雨，五色成文而不亂，八風從律而不見
　　　　　姦，百度得數而有常……。

鄭注：「清明，謂人聲也。廣大，謂鐘鼓也。周還，謂舞者。五色，

63　呂友仁整理本：《禮記正義》，頁1505。
64　李振興：《王肅之經學》，頁647。

五行也。八風從律，應節至也。百度，百刻也。言日月盡夜不
失正也。……」[65]

王注：「清明、廣大、終始、周旋，皆樂之節奏、容儀、發動也。」
（《史記》〈樂書〉引此句作「周旋象風雨」。此王肅語為裴駰
《集解》引）張守節《正義》：「言歌聲清明，是象天氣也。廣
大，謂鐘鼓有形質，是象地形也。謂奏歌周而復始，如四時循
環也，若樂六變九變是也。謂舞人迴旋，如風雨從天而下。」
「百度得數而有常」，王肅曰：「至樂之極，能使然耳。」（《史
記》〈樂書〉裴駰《集解》引）

案：《釋文》：「還，音旋，注同。」孔穎達《禮記正義》：「『是故清明
象天』者，由樂體如此，故人之歌曲，清絜顯明以象於天也。『廣大
象地』者，謂鐘鼓鏗鏘，寬廣壯大，以象於地也。『終始象四時』
者，終於羽，始於宮，象四時之變化，終而復始也。『周還象風雨』
者，言舞者周帀迴還，象風雨之迴復也。……」[66]

　　此條鄭、王義解可對應比勘者有二：（一）關於「清明」、「廣
大」、「終始」、「周還」之解，鄭注從音樂演奏參加者之不同分工言
之，王肅注則總從音樂風格言之。鄭注顯得具體，王注顯得抽象，此
鄭、王經注不同之一大特色。孔穎達《正義》用鄭說疏義而不用王。
張守節亦如之。宋·衛湜《禮記集說》引長樂陳氏（祥道，字用之）
曰：「……樂之道，本末具舉，情文兼盡，其聲清而不可濁、明而不
可掩者以象天也，非特人聲而已；其體廣而不可極、大而不可圍者以
象地也，非特鐘鼓而已；六舞終於〈大武〉，始於〈雲門〉，八音終於
革木，始於金石，六律終於無射，始於黃鐘，六同終於夾鐘，始於大
呂，皆象四時也，非特宮、羽而已；五聲六律十二管還相為宮舞，動

65　呂友仁整理本：《禮記正義》，頁1506。
66　呂友仁整理本：《禮記正義》，頁1510。

其容以要鐘鼓，俯會之節，千變萬化，唯意所適，皆象風雨也，非特舞之一端而已……」[67]此顯然是對鄭氏及孔氏《正義》提出批評，然並不從王以駁鄭，而是表達出鄭、王及孔氏《正義》之漢唐經解，均不能周詳始末、情文兼盡地知樂之道，只知其一二而已。元・陳澔《禮記集說》：「方氏曰：清明者，樂之聲，故象天。廣大者，樂之體，故象地。終始者，樂之序，故象四時。周還者，樂之節，故象風雨。」清・王夫之《禮記章句》卷十九：「清明，五音宣亮也。廣大，皆備眾音也。終始有序，故象四時之不忒。周還往復，相為連貫者也。風雨流行，盈浹於兩間，故周還之靈通者，似之五色干戚羽旄之文也。成文不亂，互相成而各著也。八風，八方之風。正東條風立春至，東南明庶風春分至，正南清明風立夏至，西南景風夏至至，正西涼風立秋至，西北閶闔風秋分至，正北不周風立冬至，東北廣莫風冬至至。從律，律與之相葉也。不姦，不閒侵也。百度，俯仰進退周旋綴兆之容也。得數疾徐應節也。……」由後人之疏釋可見，鄭注此類有關義理之文，多生澀、拘泥，見名物而不見義理，因泥於「度數」，故每失之偏頗，這方面王肅明顯有了進步。此句中「清明」、「廣大」、「百度」之解，鄭注明顯不及王肅能融會貫通。（參見下文）孫希旦《集解》：「清明，言其聲之無所淆雜，猶《論語》之言『皦如』也。廣大，言其體之度無不包載，猶季劄言地之『無不載』也。終始，言其先後之有序。周還，言其迴圈而不窮。樂以五聲相生而成音節，猶五色相次而成文章。」[68]李振興《王肅之經學》曰王肅說較鄭說為得經旨。[69]（二）「百度得數而有常」。宋・衛湜《禮記集說》引長樂陳氏（祥道，字用之）曰：「……『百度得數而有常』，豈

---

67 宋・衛湜：《禮記集說》卷九十六，四庫本。

68 清・孫希旦：《禮記集解》，頁1004。

69 李振興：《王肅之經學》，頁647。

不原於十二律邪？說者以百刻為百度，何其誤也！聲音律呂，發越於樂縣之間，其體有小大，不相廢而相成，其用有終始，不相戾而相生，一唱一和，一清一濁，迭相為經，而其常未始有窮也。……」顯然是駁鄭玄之說也。據嚴陵方氏（慤，字性夫）之說，則鄭玄之說不無道理，其文曰：「……律十有二宮以應歲十有二月，合而為四時，四時分而為八節，八節行之以八風，故八風在天則應乎八節，在地則位於八方，在《易》則畫於八卦，在樂則播於八音，其所以從律則一也。律，述氣者也。風，則天地之氣也。風從律之所述，則應期而不姦矣。百度者，晝夜之刻數也，陽長則陰消，則晝得數為多，夜得數為少；陰長則陽消，則晝得數為少，夜得數為多。得數多者其晷長，得數少者其晷短。長短者，度之所起也，故謂之度。陰陽一消一長，晝夜一短一長，雖小變而不失其大常，故曰得數而有常。小者，陰也。大者，陽也。……」慶源輔氏（廣，字漢卿）之說亦證鄭玄之說有理，其文曰：「上既言樂作矣，故此言樂之理。樂之清明則象天，樂之廣大則象地，此可以默識而不可以言傳。始終、終始，則象四時。周還、回復，則象風雨。風雨之生物，不一而止，故樂之周旋回復似之。不曰始終而曰終始，以見相生無窮也。此其所以象四時。色，疑『聲』字，文誤也。『五聲成文而不亂』，言在樂者也。『八風從律而不姦』，言在天地者也。『百度得數而有常』，言在人者也。……」[70]

八十五　樂者，心之動也。聲者，樂之象也。文采節奏，
　　　　聲之飾也。君子動其本，樂其象，然後治其飾。
　　　　是故先鼓以警戒，三步以見方，再始以著往，復

---

70 宋・衛湜：《禮記集說》卷九十六，四庫本。

　　　亂以飭歸，奮疾而不拔，極幽而不隱，獨樂其
　　志，不厭其道，……

鄭注：「文采，樂之威儀也。先鼓，將奏樂，先擊鼓，以警戒眾也。
　　　三步，謂將舞必先三舉足，以見其舞之漸也。再始以著往，武
　　　王除喪，至盟津之上，紂未可伐，還歸二年，乃遂伐之。
　　　〈武〉舞再更始，以明伐時再往也。復亂以飭歸，謂鳴鐃而
　　　退，明以整歸也。奮疾，謂舞者也。極幽，謂歌者也。」[71]

附注：「三步以見方」，王肅曰：「舞〈武〉樂，三步為一節者，以見
　　　伐道也。」（《史記》〈樂書〉裴駰《集解》引）張守節《正
　　　義》：「見，胡練反。三步，足三步也。見方，謂方戰也。武王
　　　伐紂，未戰之前，兵士樂奮其勇，出軍陣前三步，示勇氣，方
　　　將戰也。今作樂象之。纘列畢而儛者將欲儛，先舉足三頓為
　　　步，以表方將儛之勢也。」

　　　「奮疾而不拔」，王肅曰：「舞雖奮疾而不失節，若樹木得疾風
　　　而不拔。」（《史記》〈樂書〉裴駰《集解》引）張守節《正
　　　義》：「謂舞形也。奮，迅；疾，速也。拔，傾側也。伐紂時士
　　　卒歡喜，奮迅急速，以尚威勢，猛而不傾側也。今〈武〉舞亦
　　　奮迅急而速，不傾倒象。」

　　　「獨樂其志，不厭其道」，王肅曰：「樂能使仁人獨樂其志，不
　　　厭倦其道也。」（《史記》〈樂書〉裴駰《集解》引）張守節
　　　《正義》：「言武王諸將，人各忻說，象武王有德，天下之志並
　　　無厭（干戈）（仁義）君臣之道。」

案：《釋文》：「見，賢遍反，下及注皆同。著，張慮反，注同。……
拔，步葛反，又皮八反。樂，皇音洛，……」孔穎達《禮記正義》：

71　呂友仁整理本：《禮記正義》，頁1507-1508。

「『樂者，心之動也』者，心動而見聲，聲成而為樂，樂由心動而成，故云『樂者，心之動也』。……『然後治其飾』者，則亦聲之飾也。以此三者……自此以下，記者引周之〈大武〉之樂以明此三者之義。○『是故先鼓以警戒』者，謂作武王伐紂〈大武〉之樂，欲奏之時，先擊打其鼓聲以警戒於眾也。○『三步以見方』者，謂欲舞之時，必先行三步以見方。謂方將欲舞，積漸之意也。○『再始以著往』者，謂作〈大武〉之樂，每曲一終，而更發始為之。凡再更發始，以著明往伐紂之時。初發始為曲，象十一年往觀兵於盟津也。再度發始為曲，象十三年往伐紂也。○『復亂以飭歸』者，亂，治也。復，謂舞曲終，舞者復其行位而整治，象武王伐紂既畢，整飭師旅而還歸也。○『奮疾而不拔』者，拔，疾也。謂舞者奮迅疾速而不至大疾也。故庾云：『舞者雖貴於疾，亦不失節。謂不大疾也。』○『極幽而不隱』者，謂歌者坐歌不動，是極幽靜；而聲發起，是不隱也。○『獨樂其志，不厭其道』者，樂其志者，多違道理。言武王今獨能樂其志意，不違厭其仁義之道理也，恒以道自將。」[72]

此條鄭、王義解可對應比勘者主要在「三步以見方」一句，鄭曰此指舞始必先三舉足，王則曰此「三步以見方」指〈武〉舞三步為一節。張守節《史記正義》之解或許符合鄭注之意，與王肅之「三步為一節」之說或有不同。此具體舞步之細節，鄭、王注文質略難明。宋・衛湜《禮記集說》引長樂陳氏（祥道，字用之）曰：「……『三步以見方』，〈武〉始而北出也。『再始以著往』，再成以滅商也。『復亂以飭歸』，入而振旅也。……」嚴陵方氏（慤，字性夫）曰：「鼓陽聲所以作樂。凡作樂，皆先之以鼓，以是故也，作之將以用事，用事不可以無戒，作之乃所以戒之也。三者，數之成。三步乃能見方者，

---

72 呂友仁整理本：《禮記正義》，頁1513。

警戒之故也。方者，舞之位。舞有四表，皆自南北出，故言方焉。作始之謂始舞，始而北出，再始則周而復始故也。始為往，終為復……」[73]或與王肅意同。清・王夫之《禮記章句》卷十九：「三步者，將舞而先三巡舞位以齊一之也。見方，謂使知法則也。再始，謂每樂一終，必再擊鼓以始之……」此種鄭、王注均質難略明者，必重新根據自己的理解疏其義。孫希旦《集解》：「『三步以見方』者，舞之初作，先三舉足，以示其所往之方」。[74]是為就鄭義也，但「方」字之解略與鄭異。朱彬《禮記訓纂》則逕引王肅說以解之。[75]李振興《王肅之經學》亦以為王肅說較鄭說、孫希旦說為可取。[76]此外「奮疾而不拔」一句，鄭解句義不夠明晰，孔穎達《正義》解為「舞者奮迅疾速而不至大疾」，王肅解為「舞雖奮疾而不失節，若樹木得疾風而不拔。」是不同也。宋・衛湜《禮記集說》引嚴陵方氏（慤，字性夫）曰：「樂由陽來，陽之氣為舒，其德為明，故容雖疾而不至於拔者，以氣之舒故也，義雖幽而不至於隱者，以德之明故也，拔則其本去矣，隱則其文憊矣，不拔以見乎容雖疾而本常自若也，不隱以見乎義雖幽而文又可考也。」是近王肅說而遠孔氏。金華應氏（鏞，字子和）曰：「發揚蹈厲之已蚤可謂奮疾矣，而不失之暴，舒徐和緩之象也……」[77]是又近孔氏《正義》說而與方性夫說有不同。清・朱彬《禮記訓纂》亦逕引王肅說以解之。[78]又，「獨樂其志，不厭其道」一句鄭不為注，王肅解為「樂能使仁人獨樂其志，不厭倦其道也。」孔穎達、張守節之解似均與王肅說有異。王肅說言樂之具有普遍意義的

---

73 宋・衛湜：《禮記集說》卷九十七，四庫本。

74 清・孫希旦：《禮記集解》，頁1007。

75 清・朱彬：《禮記訓纂》，頁583。

76 李振興：《王肅之經學》，頁648-649。

77 宋・衛湜：《禮記集說》卷九十七，四庫本。

78 清・朱彬：《禮記訓纂》，頁583。

社會功能，孔穎達、張守節則只論〈大武〉樂之狹義，是傾向於鄭玄注經之風格，而王肅說似為泛說一般意義。宋・衛湜《禮記集說》引長樂劉氏（彝，字執中）曰：「獨樂其志，所以嗣文王而行堯舜之道也，天下之民攜老挈幼以歸之，不厭其道之謂也，而皆象之以舞焉……」似近孔穎達、張守節之說而遠王肅說。慶源輔氏（廣，字漢卿）曰：「『獨樂』而下，又廣言樂舞之義。『不厭其道』，謂於道無厭斁也，故能修舉其道以示人而不私於己。」[79]則又似與王肅說近。李振興《王肅之經學》則以為王肅說可取：「孔氏之言，殊為牽強無理。經文並未涉及武王，亦未言及〈大武〉，何需附會？此章言樂所以為德之象，有其德，必有其象也。」[80]

八十六　「樂者，非謂黃鐘、大呂、弦歌、干揚也，樂之
　　　　末節也，故童者舞之。鋪筵席，陳尊俎，列籩
　　　　豆，以升降為禮者，禮之末節也，故有司掌之。
　　　　樂師辨乎聲詩，故北面而弦；宗、祝辨乎宗廟之
　　　　禮，故後尸……

鄭注：「言禮樂之本，由人君也。禮本著誠去偽，樂本窮本知變。
　　　辨，猶別也，正也。弦，謂鼓琴瑟也。後尸，居後贊禮儀。此
　　　言知本者尊，知末者卑。」
附注：「樂師辨乎聲詩，故北面而弦」，裴駰《集解》引王肅曰：「但
　　　能別聲詩，不知其義，故北面而弦。」張守節《正義》：「此更
　　　引事證樂師曉樂者辨別聲詩。聲，謂歌也。言樂師雖能別歌詩，
　　　並是末事，故北面，言坐處卑也。」（《史記》〈樂書〉注引）

---

79 宋・衛湜：《禮記集說》卷九十七，四庫本。
80 李振興：《王肅之經學》，頁649。

案：此條鄭、王義解無不同。不贅。

八十七　……子夏對曰：「今夫古樂：進旅退旅，和正以
　　　　廣；弦匏笙簧，會守拊鼓；始奏以文，復亂以
　　　　武；治亂以相，訊疾以雅；……」

鄭注：「旅，猶俱也。俱進俱退，言其齊一也。和正以廣，無姦聲
　　　也。會，猶合也，皆也。言眾皆待擊鼓乃作。《周禮》〈大師
　　　職〉曰：『大祭祀，帥瞽登歌，合奏擊拊；下管播樂器，合奏
　　　鼓……』文，謂鼓也。武，謂金也。相，即拊也，亦以節樂。
　　　拊者，以韋為表，裝之以穅。穅，一名相，因以名焉。今齊人
　　　或謂穅為相。雅，亦樂器名也，狀如漆筩，中有椎。」[81]

附注：相，王肅曰：「相輔也。」

案：《釋文》：「匏，白交反。……相，息亮反，注同，即拊也，以韋
為之，實之以穅。王云：『輔相也。』」孔穎達《禮記正義》：「……
『始奏以文』者，文，謂鼓也。言始奏樂之時，先擊鼓，前文云『先
鼓以警戒』是也。○『復亂以武』者，武，謂金鐃也。言舞畢反復亂
理，欲退之時，擊金鐃而退，故云『復亂以武』也。○『治亂以相』
者，相即拊也，所以輔相於樂，故謂拊為相也。亂，理也。言治理奏
樂之時，先擊相，故云『治亂以相』。……」[82]

　　此條鄭、王義解可對應比勘者主要在「相」字，據孔穎達《正
義》，似無不同。清・孫希旦《集解》：「愚謂『旅進旅退』者，舞
也。『和正以廣』者，聲也。弦，謂琴瑟，堂上之樂也。笙，堂下之
樂也。笙，以匏為體，而植管於其中。簧，管中金葉，所以鼓動而出

81　呂友仁整理本：《禮記正義》，頁1521。
82　呂友仁整理本：《禮記正義》，頁1522。

聲者也。守，猶待也。大師登歌，先擊柎以令之，是堂上之樂必待柎
而後作也。下管，先鼓……以令之，是堂下之樂必待鼓而後作也。始
奏以文，謂樂始作之時，升歌〈清廟〉，以明文德也。亂，樂之終也。
『復亂以武』，謂樂終合舞，舞〈大武〉以象武功也。《論語》曰『〈關
雎〉之亂』。彼謂合樂為亂，此謂合舞為亂，蓋合樂合舞皆在樂之終
也。『治亂以相』，謂正治合舞之時，擊柎以令之也。登歌擊柎，則
凡令歌，皆先擊柎，合舞之時，堂上亦歌詩以合之，故擊柎以令之
也。」[83]亦無不同。李振興《王肅之經學》亦以為此條鄭、王無不同。

八十八　（接上條子夏曰文）今夫新樂：進俯退俯，姦聲
　　　　以濫，溺而不止；及優侏儒，獶雜子女，不知父
　　　　子……。

鄭注：「俯，猶曲也，言不齊一也。濫，濫竊也。溺而不止，聲淫
　　　亂，無以治之。獶，獼猴也。言舞者如獼猴戲也，亂男女之尊
　　　卑。獶，或為優。」
附注：《史記》〈樂書〉引此條作「姦聲以淫，溺而不止」。裴駰《集
　　　解》引王肅曰：「姦聲淫，使人溺而不能自止。」
　　　「及優侏儒」，裴駰《集解》引王肅曰：「俳優短人也。」
案：《釋文》：「濫，力暫反。溺，乃狄反。……獶，乃刀反，獼猴
　　也，依字亦作猱。獼，音彌，武移反，本亦作彌。」孔穎達《禮記正
　　義》：「『今夫』至『發也』○此經明子夏對文侯新樂之禮。新樂者，
　　謂今世所作淫樂也。○『進俯退俯』者，謂俯僂曲折，不能進退齊
　　一，俱屈曲進退而已，行伍雜亂也。○『姦聲以濫』者，謂濫竊不

83　清‧孫希旦：《禮記集解》，頁1013-1014。

正。言姦邪之聲，濫竊不正，不能『和正以廣』也。○『溺而不止』者，聲既淫妙，人所貪溺，不可禁止也。不能『始奏以文，復亂以武』也。○『及優侏儒，獿雜子女』者，言作樂之時，及有俳優雜戲、侏儒短小之人。獿雜，謂獼猴也。言舞戲之時，狀如獼猴，間雜男子婦人。言似獼猴，男女無別也。……」[84]

此條鄭、王義解可對應比勘者有二句：（一）「姦聲以濫，溺而不止」，鄭、王解總體句義無大異，唯王本作「姦聲以淫」不作「姦聲以濫」。《史記》所引同王肅本而不同於鄭注本。（二）「及優侏儒」，鄭不為注，王肅補注之。此為王肅補鄭注之未備例。不贅。

八十九　……子夏對曰：「鄭音好濫淫志，宋音燕女溺志，衛音趨數煩志，齊音敖辟喬志。……」

鄭注：「言四國皆出此溺音。濫，濫竊姦聲也。燕，安也。《春秋傳》曰：『懷與安，實敗名。』趨數，讀為『促速』，聲之誤也。煩，勞也。祭祀者不用淫樂。」[85]

附注：王肅曰：「燕，歡悅。」（《史記》〈樂書〉裴駰《集解》引）

案：《釋文》：「燕，於見反，安也。」孔穎達《禮記正義》：「『子夏』至『用也』○此一節子夏為文侯明溺音所出也。○『鄭音好濫淫志』者，濫，竊也，謂男女相偷竊。言鄭國樂音好此相偷竊，是淫邪之志也。○『宋音燕女溺志』者，燕，安也；溺，沒也。言宋音所安唯女子，所以使人意志沒矣，即前『溺而不止』是也。」[86]

此條鄭、王義解可對應比勘者唯「燕」字，鄭訓「安」，《正義》

84　呂友仁整理本：《禮記正義》，頁1523-1524。
85　呂友仁整理本：《禮記正義》，頁1527。
86　呂友仁整理本：《禮記正義》，頁1527。

謂使女子安；王訓為「歡悅」，句義或為使女子歡悅。繹《正義》之
解，似鄭、王句義無大異，使女子「意志沒」與使女子「歡悅」似目
的一致。《釋文》用鄭說。孔穎達用鄭說。楊天宇《禮記譯注》亦用
鄭說。歷代禮家訓釋，多不及此異。

九十　鐘聲鏗，鏗以立號，號以立橫……

鄭注：「號，號令，所以警眾也。橫，充也，謂氣作充滿也。」[87]

附注：王肅曰：「鐘聲高，故以之立號也。」（《史記》〈樂書〉裴駰
　　　　《集解》引）

案：《釋文》：「鏗，苦耕反，餘苦庚反。……」孔穎達《禮記正義》：
「『鐘聲』至『武臣』○此一節論樂器之聲各別，君子之聽，思其所
用之臣。各隨文解之。○『鐘聲鏗』者，言金鐘之聲鏗鏗然矣。○
『鏗以立號』者，言鏗是堅剛，故可以興立號令也。」[88]
　　此條鄭注未及「鐘聲鏗」為何意，王肅補之，是為王肅補鄭之未
備例。

九十一　石聲磬，磬以立辨……

鄭注：「石聲磬，『磬』當為『罄』，字之誤也。辨，謂分明於節
　　　　義。」

附注：《史記》〈樂書〉引此句為「石聲硜，硜以立別」。裴駰《集
　　　　解》引王肅曰：「聲果勁。」

案：《釋文》：「石聲磬，依注音罄，口挺反，一音口定反。」孔穎達

87　呂友仁整理本：《禮記正義》，頁1536。
88　呂友仁整理本：《禮記正義》，頁1536。

《禮記正義》:「『石磬』至『之臣』○此一經明『石聲磬』者,石,磬也。磬是樂器,故讀聲音『磬』然矣。其聲能和,故次鐘也。言磬輕清響矣,叩其磬,則其聲之磬磬然也。○『磬以立辨』者,辨,別也。崔云:『能清別於眾物,則分明辨別也。』」[89]

此條例同上條。

九十二 竹聲濫,濫以立會……

鄭注:「濫之意猶攬,聚也。會,猶聚也。聚,或為『最』。[90]」[91]

附注:《史記》〈樂書〉裴駰《集解》引王肅曰:「濫,會諸音。」

案:孔穎達《禮記正義》:「『竹聲』至『之臣』○此一經明『竹之濫』者,濫,猶攬也,言竹聲攬然有積聚之意也。○『濫以立會』者,以竹聲既攬聚,故能立會矣。」[92]

上二條鄭不解具體的聲音特色,王肅補之。此條鄭解具體之聲音特色,王肅所解與之無不同。李振興《王肅之經學》亦以為王與鄭無不同。不贅。

九十三 賓牟賈侍坐於孔子。孔子與之言及樂,曰:「夫〈武〉之備戒之已久,何也?」對曰:「病不得其眾也。」「詠歎之,淫液之,何也?」對曰:

---

89 呂友仁整理本:《禮記正義》,頁1537。

90 校勘記:「聚,或為最」,俞樾《禮記異文箋》云:「案『最』乃『冣』字之誤。《說文》冖部:『冣,積也。』徐鍇曰:『古人以聚物之聚為冣,才句切。』……蓋二字並從『取』聲,其音相同,故古得通用。」——呂友仁整理本:《禮記正義》,頁1568。

91 呂友仁整理本:《禮記正義》,頁1538。

92 呂友仁整理本:《禮記正義》,頁1538。

「恐不逮事也。」「發揚蹈厲之已蚤，何也？」對曰：「及時事也。」「〈武〉坐致右憲左，何也？」對曰：「非〈武〉坐也。」（鄭注：言〈武〉之事無坐也。致，謂膝至地也。憲，讀為軒，聲之誤。）「聲淫及商，何也？」對曰：「非〈武〉音也。」（鄭注：言〈武〉歌在正其軍，不貪商也。時人或說其義為貪商也。）子曰：「若非〈武〉音，則何音也？」對曰：「有司失其傳也。若非有司失其傳，則武王之志荒矣。」子曰：「唯。丘之聞諸萇弘，亦若吾子之言是也。」賓牟賈起，免席而請曰：「夫〈武〉之備戒之已久，則既聞命矣，敢問遲之遲而又久，何也？」子曰：「居，吾語女。夫樂者，象成者也。總干而山立，武王之事也。發揚蹈厲，大公之志也。〈武〉亂皆坐，周、召之治也。」

鄭注：「〈武〉，謂周舞也。備戒，擊鼓警眾。病，猶憂也。以不得眾心為憂，憂其難也。詠歎、淫液，歌遲之也。逮，及也。事，伐事也。時至，武事當施也。……有司，典樂者也。傳，猶說也。荒，老耄也。言典樂者失其說也，而時人妄說也。《書》曰：『王耄荒。』萇弘，周大夫。遲之遲，謂久立於綴。居，猶安坐也。成，謂已成之事也。總干，持盾也。山立，猶正立也。象武王持盾正立待諸侯也。發揚蹈厲，所以象威武時也。〈武〉舞象戰鬥也。亂，謂失行列也。失行列則皆坐，象周公、召公以文止武也。」[93]

附注：（一）「及時事也」，《史記》〈樂書〉裴駰《集解》引王肅曰：
「欲令之事各及時。」張守節《正義》：「此答非也。牟賈意言
發揚蹈厲象武王一人意欲及時之事，故早為此也。鄭亦隨賈意
注之也。」

（二）「致右憲左，何也」，《史記》〈樂書〉裴駰《集解》引王
肅曰：「右膝至地，左膝去地也。」張守節《正義》：「憲音
軒。……坐，跪也。致，至也。軒，起也。問舞人何忽有時而
跪也。」

（三）「『聲淫及商，何也？』對曰：『非〈武〉音也。』」《史
記》〈樂書〉裴駰《集解》引王肅曰：「聲深淫貪商。」孔穎達
《正義》引王肅曰：「聲韻歆羨淫液，貪商也。」又《史記》
〈樂書〉裴駰《集解》引王肅曰：「言武王不獲已為天下除
殘，非貪商也。」

（四）「夫樂者，象成者也」，《史記》〈樂書〉裴駰《集解》引
王肅曰：「象成功而為樂。」

（五）「總干而山立，武王之事也」，《史記》〈樂書〉裴駰《集
解》引王肅曰：「總持干楯，山立不動。」張守節《正義》：
「象武王伐紂，持楯立，以待諸侯至，故云武王之事也。」

（六）「發揚蹈厲，大公之志也」，《史記》〈樂書〉裴駰《集
解》引王肅曰：「志在鷹揚也。」張守節《正義》：「答遲久已
竟，而牟賈前答發揚蹈厲以為象武王欲及時事，非也。言此是
太公志耳。太公相武王伐紂，志願武王之速得，自奮其威勇以
助也。」

（七）「〈武〉亂皆坐」，《史記》〈樂書〉裴駰《集解》引王肅
曰：「〈武〉亂，〈武〉之治也。皆坐，以象安民無事也。」張
守節《正義》：「賈前答『武坐』，非也，因又為之說，言當伐

紂時，士卒行伍有亂者，周、召二公以治正之，使其跪敬致右
軒左，以待處分，故今八佾象鬭時之亂，挨相正之，則俱跪，
跪乃更起以作行列，象周、召之事耳，非〈武〉舞有坐之也。」
案：孔穎達《禮記正義》：「『賓牟』至『眾也』○此一經《別錄》是
〈賓牟賈問〉章。自此以下至『不亦宜乎』，總是賓牟賈與夫子相問
答之事。今各依文解之。……『孔子與之言及樂』者，孔子與賓牟賈
言說，初論他事，次及於樂。○『曰：夫〈武〉之備戒之已久，何
也』者，此是孔子之問，凡有五。……欲作〈武〉樂之前，先擊鼓備
戒其眾，備戒之後，久始作舞，故孔子問之云：〈武〉樂先擊鼓備戒
已久，乃始作舞，何？○『對曰：病不得其眾也』者，此賓牟賈所
答，亦有五。但三答是，二答非。今此答是也。病，謂憂也。言武王
伐紂之時，憂病不得士眾之心，故先鳴鼓以戒士眾，久乃出戰。今
〈武〉樂，故令舞者久而不即出，是象武王憂不得眾心故也。○注
『〈武〉謂』至『難也』○此以下王事，故知周舞也。○『憂其難』
者，憂其不得士眾之難，故擊鼓久而不舞。○『詠歎之，淫液之，何
也』者，此孔子之問。欲舞之前，其歌聲吟詠之，長歎之，其聲淫
液，是貪羨之貌。言欲舞之前，其歌聲何意吟詠長歎歆羨也？○『對
曰：恐不逮事也』○此是賓牟賈答孔子之辭。所以舞前有此詠歎、淫
液之歌者，象武王伐紂，恐諸侯不至，不逮及戰事，故歌聲吟詠而歆
羨。此答是也。○注『詠歎、淫液，歌遲之也』○『詠歎』者，謂長
聲而歎矣。『淫液』，謂音連延而流液不絕之意。○『歌遲之』，謂作
此歌，吟思之，欲待眾之至也。○『發揚蹈厲之已蚤，何也』者，此
又明是孔子之問。初舞之時，手足發揚，蹈地而猛厲。言舞初則然，
故云『已蚤』。何也？[94]意謂舞時發揚蹈厲即大蚤。○『對曰：及時事

---

94 校勘記：此句呂友仁整理本句讀為：「言舞初則，故云『已蚤何也』，意謂舞時發揚

也』者，此亦賓牟賈對辭。所以舞時蚤為發揚蹈厲，象武王及時伐紂戰事也，故『發揚』象戰。此答非也。知非者，下云『發揚蹈厲，是大公之志』，故知此答非也。○『〈武〉坐致右憲左，何也』者，此亦孔子問辭。坐，跪也。致，至也。軒，起也。問〈武〉人何忽有時而跪，以右膝至地而左足仰起，何故也？○『對曰：非〈武〉坐也』○此是賓牟賈答，云『致右軒左』，非是〈武〉人之坐，言以〈武〉法無坐。此答亦非。知者，下云『〈武〉亂皆坐，周、召之治也』，是〈武〉法有坐，故知此答非也。○『聲淫及商，何也』者，此亦孔子問辭。淫，貪也。問奏樂之聲，何意有貪商之聲也。王氏云：『聲韻歌羨淫液，貪商也。』○『對曰：非〈武〉音也』者，此賓牟賈之答。非〈武〉音，謂非是〈武〉樂之意。[95]賓牟賈言，武王應天從人，不得已而伐之，何容有貪商之聲，故言『非〈武〉音』。此答是。○注『言〈武〉』至『商也』○『言〈武〉歌在正其軍，不貪商』者，解經『非〈武〉音』。言〈武〉歌象武王正其軍事，不得有貪商之歌，故知貪商者非〈武〉樂之音也。云『時人或說其義為貪商也』者，解經中『聲淫及商』之義，言當時人不曉〈武〉音，謂此歌聲為貪商，故云『或說其義為貪商』。孔子以時人之意而問賓牟賈，然時人之說非也。孔子大聖，應知其非而問之者，孔子雖知其非而問賓牟賈，是知非而故問矣。○『子曰：若非〈武〉音，則何音也』者，賓牟賈既答貪商非是〈武〉音，孔子因而問之，云貪商之歌若非〈武〉樂之音，則何音也？○『對曰：有司失其傳也』者，此賓牟賈答。云有司，謂典樂者失傳說也。言〈武〉樂之歌有貪商之意者，是典樂有司失其傳說，謂為貪商，故時人惑之。○『若非有司失其傳，

蹈厲即大蚤。」似不妥。筆者依沈嘯寰、王星賢句讀如上。（參清・孫希旦：《禮記集解》，頁1021，沈嘯寰、王星賢點校本，中華書局）

95 校勘記：「謂非是武樂之意」，「意」，阮本作「音」，閩、監、毛本同，疑是。——呂友仁整理本：《禮記正義》，頁1568。

則武王之志荒矣』者，賓牟賈又云：若非是有司失其傳說，將言武王
實為貪商，則是武王之志荒毛矣。言武王荒毛，遂有貪商也。然武王
大聖，伐暴除殘，何有貪商之意，故知有司妄說為貪商，使時人致
惑。○注『荒，老』至『毛荒』○案《大戴禮》云：『文王年十五而
生武王發。』又〈文王世子〉篇云：『文王九十七而終，則武王九十
三而終矣。』文王受命七年而崩，十三年伐紂，是文王崩後六年伐
紂，時武王八十九矣，年雖老，而大聖不荒毛也。『《書》曰：王荒
毛』，〈呂刑〉文也。言穆王享國百年而毛荒，證荒為老毛也。○『子
曰：唯。丘之聞諸萇弘』者，孔子既得賓牟賈之答，故云聞諸萇弘。
諸，於也。聞於萇弘之說。○『亦若吾子之言是也』者，謂賓牟賈為
『吾子』者，《儀禮》注云：『子，男子之美稱。』言『吾子』，相親
之辭。○『賓牟』至『何也』○自此以前，孔子問賓牟賈。自此以
後，是賓牟賈問孔子。此一經是賓牟賈問辭也。○『免席而請曰』
者，免席，謂避席也。言賓牟賈前答孔子，雖被孔子所許，於前答之
事猶有不曉，而反請問孔子，故曰『免席而請』也。○『夫〈武〉之
備戒之已久，則既聞命矣』者，前經是夫子之問，賓牟賈前答其已久
之意，被孔子所許，不得為非，是『既聞命矣』。○『敢問遲之遲而
又久，何也』者，此賓牟賈問孔子之辭。遲之遲者，賀氏云：『備戒
已久是遲，久立於綴亦是遲，而又久，何意如此？』○『子曰』至
『治也』○自此以下，孔子為賓牟賈說〈武〉樂之意，並廣明克殷以
後之事。此一經為賓牟賈說其將舞之事。『夫樂者，象成者也』，言作
樂者，放象其成功者也。『總干而山立』者，言將舞之時，舞人總持
干盾以正立，似山不動搖，象武王持盾以待諸侯之至也。『發揚蹈
厲，大公之志也』者，言〈武〉樂之舞，發揚蹈厲，象大公威武鷹揚
之志也。『〈武〉亂皆坐，周、召之治也』者，亂，謂失行列。作此
〈武〉舞，迴移轉動，亂失行列，皆坐。所以坐者，象周公、召公以

文德治之，以文止武，象周、召之治也。」[96]

此條鄭、王義解可對應比勘者包括：（一）「『發揚蹈厲之已蚤，何
也？』對曰：『及時事也』。」鄭注曰：「事，伐事也。時至，武事當施
也。」王注曰：「欲令之事各及時。」似義無不同。清·孫希旦《集
解》：「愚謂用兵之時，其發揚蹈厲宜也，今〈大武〉於初作之時已如
此，故言『已蚤』。及時事者，言欲及時而行討伐，故初舞即致其勇決
之意也。」[97]不贅。（二）「〈武〉坐致右憲左」，鄭注曰：「致，謂膝至
地也。憲，讀為軒，聲之誤」；王肅曰：「右膝至地，左膝去地也。」
鄭、王句義似無不同，然王肅注較鄭注為明晰。不贅。（三）「『聲淫
及商，何也？』對曰：『非〈武〉音也。』」鄭注曰：「言〈武〉歌在
正其軍，不貪商也。時人或說其義為貪商也。」王注曰：「言武王不
獲已為天下除殘，非貪商也。」鄭、王皆言〈武〉樂之聲本不貪商，
只是解其之所以非貪商之理由有不同。然鄭、王、孔氏《正義》皆未
解何謂「貪商」。宋·衛湜《禮記集說》引山陰陸氏（佃，字農師）
曰：「憲，讀如字。憲左，謂縣左膝不致地……紂作靡靡之樂，所謂
及商者此歟？『對曰：有司失其傳。』」後『商之遺聲也』五字，在此
當承『對曰』，脫亂在後。去聖益遠，其傳之失者有矣，而君子知其
不然，以在我者揆之而已……此言聞諸萇弘，若〈曾子問〉曰『吾聞
諸老聃』，則先儒所謂問樂於萇弘、問禮於老聃是也。」[98]（四）「夫
樂者，象成者也」，鄭注曰：「成，謂已成之事也」；王肅曰：「象成功
而為樂。」鄭注顯然不及王注語義通達，鄭解拘於小而失其大。這也
是鄭、王解之一大不同。孔穎達《正義》疏鄭曰：「言作樂者，放象
其成功者也」。顯然較鄭注語意更通達。（五）「總干而山立，武王之事

---

96 呂友仁整理本：《禮記正義》，頁1541-1544。
97 清·孫希旦：《禮記集解》，頁1021-1022。
98 宋·衛湜：《禮記集說》卷九十九，四庫本。

也。」鄭注曰:「總干,持盾也。山立,猶正立也。象武王持盾正立
待諸侯也。」王肅曰:「總持干楯,山立不動。」義解似無不同。不
贅。(六)「發揚蹈厲,大公之志也。」鄭注曰:「發揚蹈厲,所以象威
武時也。」王肅曰:「志在鷹揚也」。《正義》曰:「『發揚蹈厲,大公
之志也』者,言〈武〉樂之舞,發揚蹈厲,象大公威武鷹揚之志也。」
顯然是融合了鄭、王之說以解之。義無不同。不贅。(七)「〈武〉亂
皆坐,周、召之治也。」鄭注曰:「〈武〉舞象戰鬥也。亂,謂失行列
也。失行列則皆坐,象周公、召公以文止武也。」王肅曰:「〈武〉
亂,〈武〉之治也。皆坐,以象安民無事也。」顯然鄭、王解義不
同。《正義》尊鄭義。張守節亦從鄭義。宋‧衛湜《禮記集說》引橫
渠張氏曰:「『〈武〉亂皆坐,周召之治』,此象武功成,周、召以文治
也。坐者,無事於武也。」[99]後之《禮》家又多有解「亂」為樂之卒
章者,如陳澔、陳可大、孫希旦、[100]李振興等。就鄭、王義解而言,
李振興曰:鄭意乃謂〈武〉舞迴移轉動,亂失行列;皆坐者,象周、
召二公之以文德止武,而象其治也。王義乃謂〈武〉舞象武王平定暴
亂,治理天下,而皆坐,則象靖亂後之安民無事也。[101]王夫之《禮記
章句》卷十九:「……亂,終也。皆坐者,每成之終皆坐而後退
也……」相較之下,鄭說顯然難從。

九十四　「且夫〈武〉,始而北出,再成而滅商,三成而
　　　　南,四成而南國是疆,五成而分,周公左,召公
　　　　右,六成復綴以崇。天子夾振之而駟伐,盛威於
　　　　中國也。分夾而進,事蚤濟也。……」

99　宋‧衛湜:《禮記集說》卷九十九,四庫本。
100　詳參清‧朱彬:《禮記訓纂》,頁595,清‧孫希旦:《禮記集解》,頁1023。
101　李振興:《王肅之經學》,頁654。

鄭注：「成，猶奏也。每奏〈武〉曲一終為一成。始奏，象觀兵盟津時也。再奏，象克殷時也。三奏，象克殷有餘力而反也。四奏，象南方荊蠻之國侵畔者服也。五奏，象周公、召公分職而治也。六奏，象兵還振旅也。復綴，反位止也。崇，充也。凡六奏以充〈武〉樂也。夾振之者，王與大將夾舞者，振鐸以為節也。駟，當為『四』，聲之誤也。〈武〉舞，戰象也。每奏四伐，一擊一刺為一伐。〈牧誓〉曰：『今日之事，不過四伐五伐。』分，猶部曲也。事，猶為也。濟，成也。舞者各有部曲之列，又夾振之者，象用兵務於早成也。」[102]

附注：（一）「三成而南」，《史記》〈樂書〉裴駰《集解》引王肅曰：「誅紂已而南。」張守節《正義》：「儛者第三奏，往而轉向南，象武王勝紂，向南還鎬之時也。」（筆者按：《集解》所引王肅曰語即《家語》王肅注文。《家語》〈辨樂解第三十五〉文作「三成而南反」[103]）

（二）「四成而南國是疆」，《史記》〈樂書〉裴駰《集解》引王肅曰：「有南國以為疆界。」張守節《正義》：「儛者第四奏，象周太平時，南方荊蠻並來歸服，為周之疆界。」（筆者按：此引王肅曰亦同《家語》王肅注。參上條。）

（三）「五成而分，周公左，召公右」，《史記》〈樂書〉作「五成而分陝，周公左，召公右」，裴駰《集解》引王肅曰：「分陝東西而治。」張守節《正義》：「儛者至第五奏，而東西中分之，為左右二部，象周太平後，周公、召公分職為左右二伯之時。」（此條《家語》〈辨樂解第三十五〉文作「五成而分陝，

102 呂友仁整理本：《禮記正義》，頁1544-1545。

103 《孔子家語》王肅注，四庫本。

周公左，召公右」。王肅注：「分東西而治也。」[104]

（四）「六成復綴以崇。天子夾振之而駟伐，盛威於中國也」，《史記》〈樂書〉中華書局校點本斷此句為：「六成復綴，以崇天子，夾振之而四伐，盛威於中國也。」裴駰《集解》引王肅曰：「以象尊崇天子。」「振，威武也。四伐者，伐四方與紂同惡者。一擊一刺為一伐也。」張守節《正義》：「夾振，謂武王與大將夾軍而奮鐸振動士卒也。言當奏〈武〉樂時，亦兩人執鐸夾之，為節之象也。凡四伐到一止，當伐紂時，士卒皆四伐一止也，故〈牧誓〉云『今日之事，不過四伐五伐』是也。故作〈武〉樂儛者，亦以干戈伐之象也。」（筆者按：此條《家語》〈辨樂解第三十五〉文作「六成而復綴以崇其天子焉。眾夾振之而四伐，所以盛威於中國。」王肅注：「以象尊天子也。凡成，謂舞之節解也。夾武王四面，會振威武。四伐者，伐四方與紂同惡也。」[105]

（五）「分夾而進，事蚤濟也」，《史記》〈樂書〉裴駰《集解》引王肅曰：「分部而並進者，欲事早成。」（筆者按：此條《家語》〈辨樂解第三十五〉文作「分夾而進，所以事蚤濟。」王肅注：「所以分夾而蚤進者，欲事蚤成。」[106]

案：此句接上條，亦為孔子答賓牟賈之語。孔穎達《禮記正義》：「『且夫』至『以崇』○此一經孔子為賓牟賈說〈武〉樂六成之意。……『始而北出』者，謂初舞位最在於南頭，從第一位而北出者，次及第二位稍北出者。熊氏云：『則前云三步以見方，是一成也。作樂一成而舞，象武王北出觀兵也。』○『再成而滅商』者，謂

---

104 《孔子家語》王肅注，四庫本。

105 《孔子家語》王肅注，四庫本。

106 《孔子家語》王肅注，四庫本。

作樂再成，舞者從第二位至第三位，象武王滅商，則與前文『再始以著往』為一也。○『三成而南』者，謂舞者從第三位至第四位，極北而南反，象武王克紂而南還也。○『四成而南國是疆』者，謂〈武〉曲四成，舞者從北頭第一位卻至第二位，象武王伐紂之後，南方之國於是疆理也。○『五成而分，周公左，召公右』者，從第二位至第三位，分為左右，象周公居左，召公居右也。○『六成復綴以崇』者，綴，謂南頭初位。舞者從第三位南至本位，故言『復綴』。『以崇』，崇，充也。謂六奏充其〈武〉樂，象武王之德充滿天下。此並熊氏之說也。而皇氏不云次位，舞者本在舞位之中，但到六成而已，今舞亦然。義亦通也。○注『成，猶』至『樂也』○成，謂曲之終成，每一曲終成而更奏，故云『成，猶奏也。』云『復綴，反位止也』者，謂最在南第一位，初舞之時，從此位入北，至六成，還反復此位。如鄭所注，熊氏得之。云『凡六奏以充〈武〉樂也』者，充，謂充備。言六奏其曲，〈武〉樂充備，故云『六奏以充〈武〉樂』。言〈武〉樂充備，是功成大平，周德充滿於天下也。○『天子夾振之』者，謂〈武〉樂之作，言天子與大將夾舞者，振鐸以節之。『而駟伐』者，駟，當為『四』。四伐，謂擊刺，作〈武〉樂之時，每一奏之中而四度擊刺，象武王伐紂四伐也。○『威武於中國也』者，象武王之德盛大威武於中國。○注『夾振』至『五伐』○『王與大將夾舞者，振鐸以為節也』者，經云『天子夾振』，是兩邊相夾，天子與大將相對，明是尊者，故知『王與大將』也。經云『振之』，鐸是所振之物，故知振鐸以為舞者之節也。〈武〉樂在庭，天子尊極，所以得親夾舞人為振鐸者，熊氏：『案〈祭統〉云：君執干戚就舞位，冕而總干，率其群臣，以樂皇尸。又下云：食三老五更於大學，冕而總干。尚得親舞，何以不得親執鐸乎？此執鐸為祭天時也。』皇氏云：『武王伐紂之時，王與大將親自執鐸以夾軍眾。今作〈武〉樂之時，令二人振鐸

夾舞者，象武王與大將伐紂之時矣。』皇氏此說稍近人情，理通，勝於熊氏。但注云『王與大將夾舞者』，則似天子親夾舞人，則皇氏說不便。未知孰是，故備存焉。王肅讀『天子』上屬，謂作樂六成，尊崇天子之德矣。案《聖證論》王肅引《家語》而難鄭云：『六成而復綴，以崇其為天子。此《家語》之文也。』馬昭申鄭意云：『凡樂之作，皆所以昭天子之德，豈特六成之末而崇之乎？』孔晁又難馬昭云：『天子夾振用舞之法，在於經典。今謂天子夾振，此經之正文。又親舞總干，具如熊氏之說，此則經典之證也。』[107]○云『駟，當為四，聲之誤也』者，以〈牧誓〉有『四伐』之文，故讀為『四』也。云『每奏四伐』者，〈武〉樂六奏，每一奏之中，舞者以戈矛四度擊刺，象伐紂時也。引〈牧誓〉曰『今日之事，不過四伐五伐』者，此武王戒誓士眾云：今日戰事前進，不得過四伐五伐，乃止齊焉。今〈武〉樂唯用四伐，不用五伐者，尚其少也。○『分夾而進，事蚤濟也』者，分，謂部分；夾，謂振鐸夾之。言舞者各有部分，振鐸夾之而進也。事，為也，象武王伐紂，為蚤濟成也。象為事之蚤成，故前進也。」[108]

此條鄭、王義解比勘，除需結合《史記集解》所引王肅注外，還須參證《孔子家語》及其王肅注文，其可對應比勘者包括：（一）「三成而南」一句，鄭、王解義無不同。不贅。（二）「四成而南國是疆」一句，鄭、王注於整體句義亦無不同，然鄭、王注文所呈現的信息內容有不同，鄭注呈現武王伐紂時，南方荊蠻之國曾有反叛者，因此周人有疆理南國之行動；王肅注或因鄭注已有此信息，故不再言及此，只籠統言周人曾疆理南國。此種或有王肅補鄭注之未備之因素在其

---

107 校勘記：「孔晁……」以下語，依義似有誤，呂友仁整理本未見校勘記，暫存疑。——筆者注。

108 呂友仁整理本：《禮記正義》，頁1546-1547。

中。（三）「五成而分，周公左，召公右」一句。此句參證《孔子家語》及其王肅注，證鄭、王注義當無不同。不贅。（四）「六成復綴以崇天子夾振之而駟伐」一句，鄭、王解義大不同。崇，鄭讀為「充」，王則從本讀，解為尊崇。熊安生尊鄭說而不用王肅說。「天子」，鄭下讀，王則上讀，是斷句亦不同也。由「崇」字和斷句之不同，引出此句所涉禮儀之大不同。鄭以為「天子夾振之⋯⋯」，是此舞乃「天子與大將夾舞」；熊安生以為當是天子親舞，尊鄭說。皇侃則以為當非天子親舞。孔穎達《正義》於此有不知所從之惑。凡王肅在《聖證論》中專門駁鄭者，均王肅以為特別關鍵之問題。此亦一也。馬昭以為王肅解曰「六成復綴以崇其天子焉」，恐不妥，當尊鄭說。孔晁之說因孔穎達《正義》引文有疑，暫存疑。「駟伐」之義，鄭、王解說亦大不同，鄭以〈牧誓〉之說解之，王肅則以「伐四方」解之。「夾振之」，鄭解「振」為「振鐸以為節」，王肅則訓「振」為「威武」，是又不同也。（五）「分夾而進，事蚤濟也」，鄭、王義解大略相同。（六）「成」，鄭訓為「奏」，王訓為「舞之節解」。鄭注不及王肅說明晰，然義似無異。宋·衛湜《禮記集說》引橫渠張氏曰：「舞以八佾，佾以八人為列，則六十四人也。六成者，六奏曲終也。凡舞者，必於其中以見其象。周始有雍州之地，及滅商所得者，又有冀、青，猶有六州之地。既得天下，必須鎮撫其諸侯，故三成而南，鎮撫南方諸侯也；四成則見南方之國皆疆理而治也。『五成而分』，舞列皆分兩行，以象周、召分而治也。『六成復綴以崇』，此時必改易衣冠服飾，使之充盛，象治定致文也。『天子夾振而駟伐』，以舞列分為左右，則總干者在中央，振鐸而舞，列夾而進也。駟伐者，必是舞列四出，象兵四出也。南國是疆之後，亦有不服者，如淮夷是也，其時須當用兵，故言『盛威於中國』，大中國之威也。」是就「三成而南」言，張載與鄭、王皆不同。「六成」一句，張載則明顯近鄭而遠

王肅說。「馴伐」，則張載說近王肅義而遠鄭，鄭說略顯拘泥。衛湜又引延平周氏（諝，字希聖）曰：「樂以一變為一成。紂都在北，故〈武〉始而北出，以象其觀政商郊，再成以象克紂，三成以象克紂而反，四成以象有南國之土，五成以象周、召之分治，六成以象武功之成……故六成夾振之而馴伐，所以象武王之躬伐……」又引長樂陳氏（祥道，字用之）曰：「先儒謂立四表於郊丘廟庭，舞人自南表向二表為一成，自二表至三表為二成，自三表至北表為三成，乃轉而南向，自一表至二為四成，自二表至三為五成，自三表至南表為六成，則天神皆降，……蓋周都商之西南，商都周之東北，故〈武〉始而北出，則至二表矣，此『三步以見方』者也；再成而滅商，則至三表矣，此『再始以著往』者也；三成而南，則至四表矣（《家語》曰『三成而南反』）；四成而南國是疆，則又自北而南至二表矣；五成而分，周公左，召公右，則至三表矣，此『復亂以飭歸』者也；六成復綴以崇天子（《家語》曰『以崇其天子』），則復初表矣，此樂終而德尊也。蓋〈武〉始而北出，則出表之東北，以商居東北故也，故三成而南，則入表之西南，以周居西南故也。疆南國，然後可得而分治，分治然後可得而復綴。分治系於臣，故散而為二；復綴統於君，故合而為一。〈樂記〉言『復綴以崇天子』，繼以『夾振之而馴伐』者，又本其始也。何則？……『夾振之而馴伐』，所以象司馬振鐸、師徒皆作也。……」是「六成」一句，陳祥道近王肅說而不用鄭說也。衛湜又引嚴陵方氏（愨，字性夫）曰：「『六成復綴以崇天子』者，……則成功者，可不歸諸天子乎？歸功，所以崇之也，故曰『以崇天子』……」是亦用王肅說而不用鄭說。又引馬氏（睎孟，字彥醇）曰：「先儒謂樂六成以尊崇天子之德。凡樂之作，皆所以昭天子之德，豈特六成之末始崇天子乎？」[109]是馬睎孟尊鄭，特申馬昭之說。

109 宋‧衛湜：《禮記集說》卷九十九，四庫本。

清・王夫之《禮記章句》卷十九：「始，第一成也。成者，一奏之終……復綴，復始成之舞位。崇天子，還繞總干山立者，象四方之尊奉武王也。……駟，與『四』同，一擊一刺為一伐……」是王夫之兼用鄭、王義而解之。孫希旦《集解》亦如王肅讀為「六成復綴以崇天子」。然「振」字之訓，孫希旦用鄭而不用王，解為「振鐸」。[110]

九十五　……將帥之士使為諸侯，名之曰建櫜。然後天下知武王之不復用兵也。

鄭注：「……建，讀為鍵，字之誤也。兵甲之衣曰櫜。『鍵櫜』，言閉藏兵甲也。《詩》曰『載櫜弓矢』。《春秋傳》曰『垂櫜而入』。《周禮》曰『櫜之欲其約也。』」

附注：「名之曰建櫜」，《史記》〈樂書〉裴駰《集解》引王肅曰：「所以能櫜弓矢而不用者，將率之士力也，故建以為諸侯，謂之建櫜也。」司馬貞《索隱》：「王肅云將帥能櫜弓矢而不用，故建以為諸侯，因謂建櫜也。」

案：《釋文》：「建，依注讀為鍵，其展反，……櫜，音羔，注出。」孔穎達《禮記正義》：「『將帥之士使為諸侯，名之曰建櫜』者，封為諸侯者，以報勞賞其功也，即〈牧誓〉云『千夫長』是也。『名之曰建櫜』者，鍵，籥牡也；櫜，後鎧之櫜也。言鎧及兵戈，悉櫜韜之，置於府庫而鍵閉之，故云『名之曰建櫜』也。」[111]

　　此條鄭、王義解無大不同，鄭解其字訓，王重點解其引申義，可謂相得益彰。不贅。

110　詳清・孫希旦：《禮記集解》，頁1024。
111　呂友仁整理本：《禮記正義》，頁1548。

九十六　散軍而郊射：……

鄭注：「郊射，為射宮於郊也。……」[112]
王注：「郊有學宮，可以習禮也。」（《史記》〈樂書〉裴駰《集解》
　　　引）

案：孔穎達《禮記正義》：「『散軍』至『宜乎』○此一經論克商之後
脩文教也。○『散軍而郊射』者，還鎬京，止武而習文也。郊射，射
於射宮，在郊學之中也。天子於郊學而射，所以擇士簡德也。」[113]
　　此條鄭、王解義亦無不同。不贅。

九十七　君子曰：禮樂不可斯須去身。致樂以治心，則
　　　　易、直、子、諒之心油然生矣。……

鄭注：「致，猶深審也。子，讀如『不子』之子。油然，新生好貌
　　　也。善心生則寡於利欲，寡於利欲則樂矣。志明行成，不言而
　　　見信如天也，不怒而見畏如神也。樂由中出，故治心。」[114]
王注：「易，平易。直，正直。子諒，愛信也。」（《史記》〈樂書〉
　　　裴駰《集解》引）

案：《釋文》：「油然，音由，好貌。」孔穎達《禮記正義》：「……言
樂能化人，始至於善，……各隨文解之。此一經明樂以治心。記者引
君子之言，故云『君子曰』。……『致樂以治心，則易、直、子、諒
之心油然生矣』者，致，謂深致詳審；易，謂和易；直，謂正直；
子，謂子愛；諒，謂誠信。言能深遠詳審此樂以治正其心，則和易、

112　呂友仁整理本：《禮記正義》，頁1549。
113　呂友仁整理本：《禮記正義》，頁1550。
114　呂友仁整理本：《禮記正義》，頁1552。

正直、子愛、誠信之心油油然從內而生矣。言樂能感人，使善心生也。」[115]

此條亦是王注補鄭注之未備，鄭注於字義訓釋不夠具體，王肅補之，可謂相得益彰。不贅。

九十八　樂也者，動於內者也；禮也者，動於外者也；故禮主其減，樂主其盈。禮減而進，以進為文；樂盈而反，以反為文。禮減而不進則銷，樂盈而不反則放，故禮有報而樂有反。……

鄭注：「禮主其減，人所倦也。樂主其盈，人所歡也。進，謂自勉強也。反，謂自抑止也。文，猶美也，善也。放，淫於聲，樂不能止也。報，讀為褒。褒，猶進也。」[116]

附注：《史記》〈樂書〉述此句為「……禮主其謙，樂主其盈。禮謙而進，以進為文；樂盈而反，以反為文。禮謙而不進則銷，樂盈而不反則放。故禮有報而樂有反。」

「禮主其謙」，裴駰《集解》引王肅曰：「自謙損也。」司馬貞《索隱》：「王肅曰：『自謙慎也。』」

「樂主其盈」，裴駰《集解》引王肅曰：「充氣志也。」

「禮謙而進，以進為文」，裴駰《集解》引王肅曰：「禮自減損，所以進德修業也。」

「樂盈而反，以反為文」，裴駰《集解》引王肅曰：「樂充氣志而反本也。」

115　呂友仁整理本：《禮記正義》，頁1553。
116　呂友仁整理本：《禮記正義》，頁1556。

「故禮有報而樂有反」，裴駰《集解》引王肅曰：「禮自減損，
　　而以進為報也。」孫炎曰：「報，謂禮尚往來，以勸進之。」
案：孔穎達《禮記正義》：「『樂也』至『無亂』○此一節論禮之體或
減或盈，其事各異，王者當各依其事而和節之也。○『故禮主其減』
者，行禮在於困匱，主在減損，謂人不能行也。○『樂主其盈』者，
作樂人所歡樂，言樂主於盈滿，人皆欲得聞也。○『禮減而進，以進
為文』者，禮既減損，當須勉勵於前進。文，謂美善之名。若能前
進，則為美善也。○『樂盈而反，以反為文』者，樂主其盈，當須抑
退而自反，則為美善也。○『禮減而不進則銷』者，覆明前經禮須進
之意。禮既減損，若不勉強自進，則禮道銷衰也。○『樂盈而不反則
放』者，言樂主盈滿，若不反自抑損，則樂道流放也。○『故禮有報
而樂有反』者，報，讀為褒，褒，猶進也。以其病害如此，故行禮之
道，須有自進；作樂之道，須有自退反也。……」[117]

　　此條鄭、王義解值得注意的可對應比勘處主要在「樂盈而反，以
反為文」一句，其他解義鄭、王顯無不同，不贅。鄭之「人所倦」與
王之「自謙損」，實有相通之義。鄭之「人所歡」與王之「充氣志」
亦有可通。鄭之「自勉強」與王之「進德修業」亦可通。「反」字之
訓，鄭、王義解看似相異，實則亦可通，鄭曰「自抑止」乃謂樂不能
太「放」，故須「自抑止」；王曰「樂充氣志而反本」；其義實可通
也。只是王肅說稍顯抽象，鄭說稍顯具體而已。下一句「禮有進而樂
有反」，鄭解「進」為「褒」，類今所謂鼓勵、勉勵；王曰「禮自減
損，而以進為報也」，亦與鄭義可通。宋·衛湜《禮記集說》引長樂
陳氏（祥道，字用之）曰：「禮未嘗不主減，然而饗必至於百拜，儀
必至於三千，則以進為文可知。樂未嘗不主盈，然而合樂必止三終，

奏〈韶〉必止九成，則以反為文可知。」又引嚴陵方氏（愨，字性夫）曰：「其情減，則知退而不知進，故宜文之以進；其情盈，則知出而不知反，故宜文之以反。報者，施之對。……」又引馬氏（睎孟，字彥醇）曰：「……蓋樂由中出而為人心之所喜，禮動於外……蓋禮自外作而先王有以強世。禮主於減，故君子勉而作之而以進為文；樂主於盈，故君子反而抑之而以反為文。以進為文，然後能全其禮；以反為文，然後能全其樂……三辭三讓而至，不然則已……酒清人渴而不敢飲，肉乾人饑而不敢食，日暮人倦、齊莊正齊而不敢懈怠以成禮節，此皆勉而進之者也。……此皆反而抑之者也。禮減而不進則禮之道幾於息矣，故銷；樂盈而不反[118]則樂之道至於流矣，故放。先王知禮樂之偏，故禮則有報而樂則有反。……」又引新安朱氏曰：「禮主其減者，禮主於撙節、退遜、檢束，然以其難行，故須勇猛力進始得，故以進為文。樂主其盈者，樂主於舒暢發越，然一向如此，必至於流蕩，故以反為文。禮之進，樂之反，便得性情之正。」朱子又曰：「主減者當時，須力行將去；主盈者當反，須回顧身心。」[119]元‧陳澔《禮記集說》引馬氏曰：「禮主減，故勉而作之，而以進為文；樂主盈，故反而抑之，而以反為文。……減而不進，則幾於息矣，故銷；盈而不反，則至於流矣，故放。先王知其易偏，故禮則有報，樂則有反。禮有報者，資於樂也；樂有反者，資於禮也。」又引劉氏曰：「禮之儀動於外，必謙卑退讓以自牧，故主於減殺；樂之德動於中，必和順充積而後形，故主於盈盛。蓋樂由陽來故盈，禮自陰作故減也。然禮之體雖主於退讓，而其用，則貴乎行之以和，故以進為文也；樂之體雖主於充盛，而其用，則貴乎抑之以節，故以反為文

---

118 校勘記：「反」，四庫本原誤作「及」，此逕改。──筆者注。
119 宋‧衛湜：《禮記集說》卷一百，四庫本。

也。禮若過於退讓而不進，則威儀銷沮，必有禮勝則離之失；樂過於盛滿而不反，則意氣放肆，必有樂勝則流之弊。故禮必有和以為減之報。報者，相濟之意也。樂必有節以為盈之反。反者，知止之謂也。禮減而得其和以相濟，則從容欣愛而樂矣。此樂以和禮也。樂盈而得其節以知止，則優柔平中而安矣。此禮以節樂也。禮樂相須並用，而一歸於無過無不及之中，而合其事理之宜。故曰禮之報，樂之反，其義一也。（報如字）」[120]很難說「減」與「謙」誰對誰錯，但相互對校補充，可見二字用義有歸一處。鄭、王義解，均較為質略，這有詮釋體例使然，亦是漢魏間經學詮釋之傳統，同時，漢魏經學家確乎善詮釋名物制度，不擅長詮釋義理問題。宋以後，義理問題成為主要思考對象，而名物制度則次之，故義理問題之詮釋自然度越前賢。就鄭、王具體的字義句義詮釋而言，鄭之經學詮釋大多偏於具體的行為儀節，王肅之經學詮釋則多有向思想精神義理方面靠攏的傾向。[121]但是，王肅是用名物度數的詮釋方法與體例，詮釋義理問題，難免有說不透、說不破之弊。只有到了宋以後經學家們用詮釋義理的方法，才能把義理問題相對說清。關於鄭、王義解之比勘清理，無疑可映現中國經典詮釋學之變化端倪，尤可映現中國經典詮釋學家們學術思考方式之變化端倪。

---

120 元・陳澔《禮記集說》（上海市：上海古籍出版社，1987年影印本），頁220。（下引版本同）

121 參拙著《毛詩鄭王比義發微》，北京市：華夏出版社，2016年。

雜記上第二十

九十九　違諸侯，之大夫，不反服。違大夫，之諸侯，不
　　　　反服。

鄭注：「其君尊卑異也。違，猶去也。去諸侯仕諸侯，去大夫仕大
　　　　夫，乃得為舊君服。」[1]

附注：《通典》卷九十〈禮〉五十：「周制：諸侯大夫之臣為舊君
　　　　服。記云：違諸侯，之大夫，不反服。違大夫，之諸侯，不反
　　　　服。」引王肅曰：「所適尊卑同，反服舊君。」

案：孔穎達《禮記正義》：「『違諸』至『反服』○違，去也。去諸
　　　　侯，謂不便其居及辟仇也。之，往也。己若本是諸侯臣，如去往仕大
　　　　夫，此是自尊適卑，若舊君死，則此臣不反服也。言不反者，謂今仕
　　　　卑臣，不可反服於前之尊君也。○『違大夫，之諸侯，不反服』者，
　　　　此謂本是大夫臣，今去仕諸侯，此是自卑適尊，若猶服卑君，則為新
　　　　君之恥也，故亦不反服舊君也。○注『其君』至『君服』○鄭以經尊
　　　　卑不敵，不反服。若所仕敵，則反服舊君，服齊衰三月。」[2]

　　　　此條據孔穎達《正義》，鄭、王無不同也。不贅。

1　呂友仁整理本：《禮記正義》，頁1606。
2　呂友仁整理本：《禮記正義》，頁1606-1607。

一○○　子羔之襲也：繭衣裳與稅衣纁袡為一，素端
　　　　一……。

鄭注：「繭衣裳者，若今大襡也。纊為繭，縕為袍，表之以稅衣，乃
　　　為一稱爾。稅衣，若玄端而連衣裳者也。大夫而以纁為之緣，
　　　非也。唯婦人纁袡。禮以冠名服，此襲其服，非襲其冠。曾子
　　　譏襲婦服而已。玄冕又大夫服，未聞子羔曷為襲之？玄冕，或
　　　為『玄冠』，或為『玄端』。」

附注：袡，王肅曰：「婦人蔽膝也。」

案：《釋文》：「繭，古典反。稅，他喚反，注同。纁，許云反。
袡，……而占反，裳下襈也，王肅云婦人蔽膝也。」孔穎達《禮記正
義》：「『子羔』至『婦服』○此明大夫死者襲衣稱數也。○『繭衣
裳』者，纊為繭，謂衣裳相連而縞纊著之也。玄端多種，今衣裳連，
是玄端玄端玄裳也。[3]『纁袡為一』者，纁，絳也；袡，裳下緣襈
也。以絳為緣，故云『稅衣纁袡』也。繭衣既褻，故用稅衣表之，合
為一稱，故云『繭衣裳與稅衣纁袡為一』也。……」[4]

　　此條鄭不訓「袡」，王肅補之，是王肅補鄭之未備例。參前。不贅。

3　校勘記：「是玄端玄端玄裳也」，阮本同。浦鏜校云：「重有『玄端』二字疑
　　衍。」——呂友仁整理本：《禮記正義》，頁1645。
4　呂友仁整理本：《禮記正義》，頁1618。

雜記下第二十一

一〇一　有殯，聞外喪，哭之他室。（鄭注：明所哭者異也。哭之
　　　　為位。）入奠，卒奠出，改服即位，如始即位之
　　　　禮。

鄭注：「謂後日之哭，朝入奠於其殯，既乃更即位就他室，如始哭之
　　　　時。」[1]

王注：「往哭而退，不待斂也。」

案：孔穎達《禮記正義》：「『有殯』至『之禮』○『有殯』，謂父母喪
未葬，喪柩在殯宮者也。『外喪』，謂兄弟喪在遠者也。『他室』，別室
也。若聞外喪，猶哭於殯宮，然則嫌是哭殯，則於別室哭之，明所哭
者為新喪也。○『入奠』者，謂明日之朝，著己重喪之服，入奠殯宮
及下室。○『卒奠出』者，謂卒終己奠而出。○『改服即位』者，謂
改己重喪服，著新死未成服之服。即位，謂即昨日他室之位。『如始
即位之禮』者，謂今日即哭位之時，如昨日始聞喪即位之時。」[2]
《通典》卷九十七〈禮〉五十七「居親喪既殯遭兄弟喪及聞外喪議」
條：「周制：〈檀弓〉曰：『有殯，聞遠兄弟之喪（有殯，父母之喪也。遠
兄弟者，有兄弟親而道遠也。），哭於側室（嫌哭殯也），無側室哭於門內之
右（近南者為之變位也。東為右，就主人位也。）。同國則往哭之。』又

1　呂友仁整理本：《禮記正義》，頁1634。
2　呂友仁整理本：《禮記正義》，頁1634。

曰：『有殯，聞遠兄弟之喪，雖緦必往。非兄弟雖鄰不往。（疏無親
也。）〈雜記〉曰：『有殯，聞外喪，哭之他室。（明所哭者異也。哭為之位
記也。）入奠，卒奠出，改服即位，如始即位之禮。（謂後日之哭也，朝
入奠於其殯，乃更即位就他室，如始哭之時也。）』○魏王肅云：『往哭而
退，不待斂也。』《鄭記》問曰：『或言往哭，或言側室，或言他室，
不同何也？及〈雜記〉云：三年之喪，雖功縗不弔，如有服，服其服
而往。³雖緦必往，亦當服其服不？』王瓚答曰：『〈檀弓〉言往哭，
不言輕重，通三年當往也。〈雜記〉斬縗言功縗乃服其服而往，則齊
縗亦於功縗乃服其服也。哭他室者，為外兄弟，明皆當先哭乃行耳。
異國則不往也。』（吳射慈云：雖緦必往，親骨肉也；雖鄰不往，疏無親也。蜀
譙周云：禮哭於門內之右，明為變位也。後日之哭，既朝奠其殯，卒事出，改服即
位，如初亦三日五哭也。）○晉束皙問曰：『有父母喪，遭外緦麻喪，往
奔不？』步熊答曰：『不得也。若外祖父母喪，非嫡子可往；若姑姊
妹喪，嫡庶皆宜往奔也。』……」

此條亦當為王肅注補鄭注之未備例。鄭注只及聞外喪後，如何先
哭之「他室」，至於要不要「往奔之」，未及。王肅則補注涉及到的一
個當時人特別關注的禮制——即除了在自己家「哭之他室」，對於所
聞之「外喪」，還要不要親自往奔喪。王肅乃謂：要往哭，哭罷即返
回自己家。

一〇二　卒哭而諱。（鄭注：自此而鬼神事之，尊而諱其名。）王父
　　　　母、兄弟、世父、叔父、姑、姊妹，子與父同
　　　　諱。

3　《禮記》〈雜記下第二十一〉：「三年之喪，雖功衰不弔。自諸侯達諸士，如有服而
　　將往哭之，則服其服而往。」——楊天宇：《禮記譯注》，頁721。

鄭注：「父為其親諱，則子不敢不從諱也。謂王父母以下之親諱[4]，是謂士也。天子、諸侯諱群祖。」[5]

王注：「王父母之兄弟、伯父、叔父、姑、姊妹，皆父之所諱也。」（《通典》卷一百四〈禮〉六十四「卒哭後諱及七廟諱字議」條引）

案：孔穎達《禮記正義》：「『卒哭』至『則諱』○此一節論親戚死亡諱辟名之事。各隨文解之。○『卒哭而諱』者，謂卒哭之前，猶以生禮事之；卒哭之後，去生漸遠，以鬼道事之，故諱其名。○『王父母』者，謂父之王父母，於己為曾祖父母，正服小功，不合諱也，以父為之諱，故子亦同於父而諱之。○『兄弟』者，是父之兄弟，於己為伯叔，正服期，父亦為之期，是子與父同有諱也。○『世父、叔父』者，是父之世父、叔父，於己是從祖也，正服小功，不合諱，以父為之諱，故己從父而諱。○『姑』者，謂父之姑也，於己為從祖姑，在家正服小功，出嫁緦麻，不合諱，以父為之諱，故己從父而諱。○『姊妹』者，謂父之姊妹，於己為姑，在家正服期，出嫁大功九月，是己與父同為之諱也。○『子與父同諱』者，言此等之親，子之與父，同為之諱。○注『父為』至『群祖』○云『父為其親諱，則子不敢不從諱也』者，謂父之王父母、世父、叔父及姑等，於己小功以下，不合諱，但父為之諱，故子不敢不從諱。其父之兄弟及姊妹，己為合諱，不假從父而諱。鄭此注者，據己不合諱者而言之也。云『謂王父母以下之親諱，是謂士也』者，此士者，謂父身也。以父是士，故諱王父。若是庶人，子不逮事父母，則不諱王父母也。直云『王父母』以下足矣，復云『之親諱』者，父之世父、叔父與姑等，

4　校勘記：「謂王父母以下之親諱」，各本同。阮校引段玉裁云：「『謂』當作『為』，去聲。」──呂友仁整理本：《禮記正義》，頁1691。

5　呂友仁整理本：《禮記正義》，頁1660。

皆是王父所生，今為之諱，故云『王父母以下之親諱』也。云『天子、諸侯諱群祖』者，以其天子七廟，諸侯五廟，故知諱群祖。」[6]

此條亦為王肅補鄭注之未備例。鄭注只及父之王父母、兄弟、世父、叔父、姑、姊妹，未及王父母之兄弟、伯父、叔父、姑、姊妹，王肅補之。

一〇三　母之諱，宮中諱。妻之諱，不舉諸其側。與從祖昆弟同名則諱。

鄭注：「母之所為其親諱，子孫於宮中不言；妻之所為其親諱，夫於其側亦不言也。孝子聞名心瞿。凡不言人諱者，亦為其相感動也。子與父同諱，則子可盡曾祖之親也。從祖昆弟在其中，於父輕，不為諱。與母、妻之親同名，重則諱之。」[7]

王注：「同名，同從祖昆弟所諱之名也。從祖昆弟之父，小功之親也，於禮不諱，妻名重則諱之。」（《通典》卷一百四〈禮〉六十四「內諱及不諱皇后名議」條引）

案：《釋文》：「重，直龍反。」此條經文緊接上條。孔穎達《禮記正義》：「『母之諱，宮中諱』者，謂母所為其親諱，其子於一宮之中為諱而不言也。○『妻之諱，不舉諸其側』者，謂妻諸親之諱，其夫不得稱舉其辭於其妻之側，但不得在側言之，則於宮中遠處得言之也。○『與從祖昆弟同名則諱』者，謂母與妻二者之諱，與己從祖昆弟名同，則為之諱，不但宮中、旁側，其在餘處皆諱之。○注『子與』至『諱之』○云『子與父同諱，則子可盡曾祖之親也』者，父為王父諱，於子則為曾祖，父之伯叔及姑，則是子曾祖之親，故云『子與父

6　呂友仁整理本：《禮記正義》，頁1661。

7　呂友仁整理本：《禮記正義》，頁1660-1661。

同諱，則子可盡曾祖之親也』。前經所云者是也。云『從祖昆弟在其中』者，從祖昆弟，共同曾祖之親，故云『在其中』。云『於父輕，不為諱』者，從祖昆弟，於父言之，是父之同堂兄弟子也，父服小功，不為之諱，己又不得從父而諱。『若與母、妻之親同名，重則諱之』，重，謂重累，謂母、妻諱與從祖昆弟名相重累，則諱之，不但為母、妻而諱，若從祖昆弟身死，亦為諱，故云『於父輕，不為之諱；與母、妻之親同名，重則諱之。』觀檢注意，是為從祖昆弟諱而生文也。」[8]

此條王肅注文主要與鄭注中「與母、妻之親同名，重則諱之」一句對應比勘。據孔穎達《正義》，鄭、王同義，無不同。不贅。

8　呂友仁整理本：《禮記正義》，頁1661-1662。

喪大記第二十二

一○四　君葬用輴，……

鄭注：「大夫廢輴。此言輴，非也。輴，皆當為『載以輇車』之
　　　　『輇』，聲之誤也。輇，字或作團，是以又誤為『國』。輇車，
　　　　柩車也。尊卑之差也。……」

王注：「輴，勑倫反。『云一國所用。』」

案：《釋文》：「輴，依注音輇，市專反，下同，王勑倫反。……國，
依注亦作輇，市專反，王如字，云『一國所用』。」孔穎達《禮記正
義》：「『君葬』至『功布』○此一節明葬時在路尊卑載柩之車，及
碑、綍之等。○『君葬用輴』者，諸侯載柩在路而用輴。當用輇車，
用輴非也。」[1]

　　此條鄭、王義解可對應比勘者主要在「輴」字。此處「輴」字與
〈喪大記〉「大夫葬用輴」之「輴」，「士葬用國車」之「國車」，鄭以
為均當作「輇」。《周禮》「天子以載柩」之「蜃車」，鄭亦以為當作
「輇車」，因為蜃、輇聲相近。王肅則從本讀。此條符合清人所謂
「鄭改字以解經」例。清・孫希旦《集解》則以為王肅從本讀為是：
「愚謂載柩之車，名為輲車，又曰蜃車。此云『君葬用輴』，『大夫
用輴』，則是柩車又名為輴車也。天子、諸侯所用以殯之車，與載柩
之車，其制相似，但其輪異耳，是以皆名為輴車也。上之國車，亦輴

1　呂友仁整理本：《禮記正義》，頁1775。

車也，曰『國車』者，言其為國人所同用也。……君大夫之輴皆自造之。士之柩車乃鄉器，故謂之國車。」[2]李振興《王肅之經學》考「輴」為柩車之通名，與輇、蜃、輲字可通，之所以有異名，或輪之形有不同耳，要之皆可名為輴。[3]此條鄭、王字訓之異，尚待詳考。

一〇五　士葬用國車

案：此條參上條，鄭以為「國」字亦當為「輇」字之誤，王肅則從本讀，云「一國所用」。或王肅以為鄭此種改字以解經，實為多此一舉也。李振興《王肅之經學》以為王說勝。

2　清・孫希旦：《禮記集解》，頁1187。
3　李振興：《王肅之經學》，頁661。

祭法第二十三

一〇六　祭法：有虞氏禘黃帝而郊嚳，祖顓頊而宗堯。夏
　　　　后氏亦禘黃帝而郊鯀，祖顓頊而宗禹。殷人禘嚳
　　　　而郊冥，祖契而宗湯。周人禘嚳而郊稷，祖文王
　　　　而宗武王。

鄭注：「禘、郊、祖、宗，謂祭祀以配食也。此禘，謂祭昊天於圜丘
　　　也。祭上帝於南郊曰郊，祭五帝、五神於明堂曰祖、宗。祖、
　　　宗通言爾。下有『禘、郊、宗、祖』。《孝經》曰：『宗祀文王
　　　於明堂，以配上帝。』〈明堂月令〉：『春曰其帝大昊，其神句
　　　芒。夏曰其帝炎帝，其神祝融。中央曰其帝黃帝，其神后土。
　　　秋曰其帝少昊，其神蓐收。冬曰其帝顓頊，其神玄冥。』有虞
　　　氏以上尚德，禘、郊、祖、宗，配用有德者而已。自夏已下，
　　　稍用其姓氏之。先後之次，有虞氏、夏后氏宜郊顓頊，殷人宜
　　　郊契。郊祭一帝，而明堂祭五帝。小德配寡，大德配眾，亦禮
　　　之殺也。」

附注：王肅「《聖證論》以此『禘黃帝』是宗廟五年祭之名，故〈小
　　　記〉云『王者禘其祖之所自出，以其祖配之。』謂虞氏之祖出
　　　自黃帝，以祖顓頊配黃帝而祭，故云『以其祖配之』。依〈五
　　　帝本紀〉，黃帝為虞氏九世祖，黃帝生昌意，昌意生顓頊，虞
　　　氏七世祖。以顓頊配黃帝而祭，是『禘其祖之所自出，以其祖
　　　配之』也。肅又以祖、宗為祖有功，宗有德，其廟不毀。肅又

以郊與圜丘是一，郊即圜丘。故肅難鄭云：『案《易》：帝出乎震。震，東方，生萬物之初，故王者制之，初以木德王天下，非謂木精之所生。五帝皆黃帝之子孫，各改號代變，而以五行為次焉，何大微之精所生乎？又郊祭，鄭玄云祭感生之帝，唯祭一帝耳，〈郊特牲〉何得云：郊之祭，大報天而主日？又，天唯一而已，何得有六？又《家語》云：季康子問五帝，孔子曰：天有五行，木火金水及土，四分時化育，以成萬物，其神謂之五帝，是五帝之佐也，猶三公輔王，三公可得稱王輔，不得稱天王，五帝可得稱天佐，不得稱上天。而鄭云以五帝為靈威仰之屬，非也。玄以圜丘祭昊天，最為首禮，周人立后稷廟，不立嚳廟，是周人尊嚳不若后稷及文、武。以嚳配至重之天，何輕重顛倒之失所？郊則圜丘，圜丘則郊，猶王城之內與京師，異名而同處。』」

案：《釋文》：「禘，大計反。嚳，口毒反。顓，音專。頊，許玉反。鯀，……古本反……契，息列反……大昊，音泰，下『大廟』、『大祖』、『大昊』同。昊，亦作皞……句，古侯反。……蓐，音辱，本亦作辱。……殺，色界反，徐所例反。」孔穎達《禮記正義》：「『祭法』至『武王』○此一經論有虞氏以下四代禘、郊、祖、宗所配之人。○『有虞氏禘黃帝』者，謂虞氏冬至祭昊天上帝於圜丘，大禘之時以黃帝配祭。『而郊嚳』者，謂夏正建寅之月祭感生之帝於南郊，以嚳配也。○『祖顓頊而宗堯』者，謂祭五天帝、五人帝及五人神於明堂，以顓頊及堯配之，故云『祖顓頊而宗堯』。祖，始也。言為道德之初始，故云『祖』也。宗，尊也，以有德可尊，故云『宗』。○其『夏后氏』以下禘、郊、祖、宗，其義亦然，但所配之人，當代各別。虞氏云『有』者，以『虞』字文單，故以『有』字配之，無義例也。夏云『后氏』者，后，君也，受位於君，故稱『后』。殷、周稱

『人』，以人所歸往，故稱『人』。此並熊氏之說也。○注『禘、郊』
至『殺也』○『此禘，謂祭昊天於圜丘也』者，但經傳之文，稱禘非
一，其義各殊。《論語》云『禘自既灌』及《春秋》『禘於大廟』，謂
宗廟之祭也。〈喪服小記〉云『王者禘其祖之所自出也』及〈大傳〉
云『禮，不王不禘』，謂祭感生之帝於南郊也。以『禘』文既多，故
云『此禘，謂祭昊天上帝於圜丘』。必知此是圜丘者，以禘文在於郊
祭之前，郊前之祭唯圜丘耳。但《爾雅》〈釋天〉云：『禘，大祭。』
以比餘處為大祭，總得稱禘。案《聖證論》以此『禘黃帝』是宗廟五
年祭之名，故〈小記〉云『王者禘其祖之所自出，以其祖配之。』謂
虞氏之祖出自黃帝，以祖顓頊配黃帝而祭，故云『以其祖配之』。依
〈五帝本紀〉，黃帝為虞氏九世祖，黃帝生昌意，昌意生顓頊，虞氏
七世祖。以顓頊配黃帝而祭，是『禘其祖之所自出，以其祖配之』
也。肅又以祖、宗為祖有功，宗有德，其廟不毀。肅又以郊與圜丘是
一，郊即圜丘。故肅難鄭云：『案《易》：帝出乎震。震，東方，生萬
物之初，故王者制之，初以木德王天下，非謂木精之所生。五帝皆黃
帝之子孫，各改號代變，而以五行為次焉，何大微之精所生乎？又郊
祭，鄭玄云祭感生之帝，唯祭一帝耳，〈郊特牲〉何得云：郊之祭，
大報天而主日？又，天唯一而已，何得有六？又《家語》云：季康子
問五帝，孔子曰：天有五行，木火金水及土，四分時化育[1]，以成萬
物，其神謂之五帝，是五帝之佐也[2]，猶三公輔王，三公可得稱王
輔，不得稱天王，五帝可得稱天佐，不得稱上天。而鄭云以五帝為靈

---

1 校勘記：「四分時化育」，阮本同。魏氏《要義》作「分四時化育」。浦鏜校云
　　「四」字衍，孫詒讓：《校記》同。──呂友仁整理本：《禮記正義》，頁1821。

2 校勘記：「是五帝之佐也」，阮本同，魏氏《要義》同。浦鏜校云：「『五帝』下當脫
　　『為天』二字。」孫詒讓：《校記》云：「佐」下疑奪「天」字。──呂友仁整理
　　本：《禮記正義》，頁1821。

威仰之屬，非也。[3]玄以圜丘祭昊天，最為首禮，周人立后稷廟，不立嚳廟，是周人尊嚳不若后稷及文、武。以嚳配至重之天，何輕重顛倒之失所？郊則圜丘，圜丘則郊，猶王城之內與京師，異名而同處。』又王肅、孔晁云：『虞、夏出黃帝，殷、周出帝嚳。〈祭法〉四代禘此二帝，上下相證之明文也。《詩》云：天命玄鳥，履帝武敏歆，自是正義，非讖緯之妖說。』此皆王肅難，大略如此。而鄭必為此釋者，馬昭申鄭云：『王者禘其祖之所自出，以其祖配之，案文自了，不待師說，則始祖之所自出，非五帝而誰？《河圖》云：姜嫄履大人之跡，生后稷，大姒夢大人死而生文王。[4]又〈中候〉云：姬昌，蒼帝子。經緯所說明文。又《孝經》云：郊祀后稷以配天。則周公配蒼帝靈威仰。漢氏及魏，據此義而各配其行。《易》云帝出乎震，自論八卦，養萬物於四時，不據感生所出也。』又張融評云：『若依《大戴禮》及《史記》，稷、契及堯，俱帝嚳之子。堯有賢弟七十，不用，須舜舉之，此不然明矣。漢氏，堯之子孫，謂劉媼感赤龍而生高祖，薄姬亦感而生文帝。漢為堯胤而用火德。大魏紹虞，同符土行。又孔子刪《書》，求史記，得黃帝玄孫帝魁之書。若五帝當身相傳，何得有玄孫帝魁？融據經典三代之正，以為五帝非黃帝子孫相續次也。一則稽之以湯、武革命，不改稷、契之行；二則驗之以大魏與漢，襲唐、虞火、土之法；三則符之堯、舜、湯、武，無同祖宗之言；四則驗以帝魁繼黃帝之世，是五帝非黃帝之子孫也。』此是馬昭、張融等申義也。但張融以禘為五年大祭，又以圜丘即郊，引董仲

3　校勘記：「而鄭云以五帝為靈威仰之屬非也」，浦鏜校云：「云」當「玄」字誤。孫詒讓校同。──呂友仁整理本：《禮記正義》，頁1821。

4　校勘記：「大姒夢大人死而生文王」，孫詒讓：《校記》云：「『死』字誤。《宋書・符瑞志》云：『大任夢長人感己而生昌。』則『死』疑當作『感』。」──呂友仁整理本：《禮記正義》，頁1821。

舒、劉向、馬融之論，皆以為《周禮》『圜丘』則《孝經》云『南郊』，與王肅同，非鄭義也。又《春秋命曆序》：『炎帝號曰大庭氏，傳八世，合五百二十歲。黃帝，一曰帝軒轅，傳十世，一千五百二十歲。[5]次曰帝宣，曰少昊，一曰金天氏，則窮桑氏，傳八世，五百歲。次曰顓頊，則高陽氏，傳二十世，[6]三百五十歲。次是帝嚳，即高辛氏，傳十世，四百歲。』此鄭之所據也。其《大戴禮》：『少典產軒轅，是為黃帝。產玄囂，[7]玄囂產喬極，喬極產高辛，是為帝嚳。帝嚳產放勳，是為帝堯。黃帝產昌意，昌意產高陽，是為帝顓頊。產窮蟬，[8]窮蟬產敬康，敬康產句芒，句芒產蟜牛，蟜牛產瞽叟，瞽叟產重華，是為帝舜，及產象、敖。又顓頊產鯀，鯀產文命，是為禹。』司馬遷為《史記》，依而用焉，皆鄭所不取。云『祭五帝、五神於明堂曰祖、宗，祖、宗通言爾』者，以〈明堂月令〉云『春曰其帝大暭，其神句芒』，五時皆有帝及神。又〈月令〉季秋『大享帝』，故知明堂之祭有五人神及五天帝也。又《孝經》云：『宗祀文王於明堂，以配上帝。』故知於明堂也。以《孝經》云『宗祀文王於明堂』，此云『宗武王』，又此經云『祖文王』，是文王稱『祖』，故知『祖、宗通言爾』。《雜問志》云：『春曰其帝大暭，其神句芒，祭蒼帝靈威仰，大暭食焉，句芒祭之於庭。祭五帝於明堂，五德之帝亦食焉，又以文、武配之。〈祭法〉：祖文王而宗武王。此謂合祭於明堂。

5　校勘記：「一千五百二十歲」，「一千」，阮本作「二千」。阮校云：「監、毛本同。閩本『二千』作『一千』。」——呂友仁整理本：《禮記正義》，頁1821。

6　校勘記：「傳二十世」，案《詩》〈大雅・生民〉疏、文十八年《左傳》疏並引作「傳九世」。——呂友仁整理本：《禮記正義》，頁1821。

7　校勘記：「產玄囂」，阮本同。浦鏜校云：「『產』上脫『黃帝』二字。案浦校與今本《大戴禮》合。」——呂友仁整理本：《禮記正義》，頁1822。

8　校勘記：「產窮蟬」，浦鏜校云：「『產』上脫『顓頊』二字。」——呂友仁整理本：《禮記正義》，頁1822。

漢以正禮散亡,《禮》戴文殘缺,不審周以何月也。於〈月令〉,以季秋。」此文、武之配,皆於明堂上。或解云:武王配五神於下,屈天子之尊而就五神在庭,非其理也。此祖、宗祭五帝,〈郊特牲〉祭一帝而在祖、宗上者,以其感生之帝,特尊之。故鄭注〈典瑞〉云:『所郊亦猶五帝,殊言天者,尊異之。』是異也。[9]云『有虞氏以上尚德,禘、郊、祖、宗,配用有德者而已』者,以虞氏禘、郊、祖、宗之人皆非虞氏之親,是尚德也。云『自夏已下,稍用其姓代之』者,而夏之郊用鯀,是稍用其姓代之,但不盡用己姓,故云『稍』也。云『先後之次,有虞氏、夏后氏宜郊顓頊,殷人宜郊契』者,今有虞氏先云郊嚳』,後云『祖顓頊』,夏后氏先云『郊鯀』,後云『祖顓頊』,殷人先云『郊冥』,後云『祖契』,是在前者居後,在後者居前,故云『宜』也。云『郊祭一帝,而明堂祭五帝。小德配寡,大德配眾,亦禮之殺也』者,郊祭雖尊,但祭一帝,以嚳與鯀及冥、后稷之等配之,皆不如所祖、宗之人,是『小德配寡』;明堂雖卑於郊,總祭五帝,而以顓頊、契、湯、文、武配之,皆優之於所配郊之人,是『大德配眾,禮之殺也』。」[10]

　　此條須與前〈王制〉篇第三十四條、〈郊特牲〉篇第四十九條參看,所涉為歷代禮家聚訟紛紜之事,非常複雜,需要擇其要點分而述之。(一)鄭玄堅信在正月郊天禮之前,頭年冬至有一圜丘祭昊天之禮。依據呢?在《周禮》。《周禮》〈春官·大司樂〉章有「圜丘」之名,曰:「大司樂掌成均之灋……乃奏黃鍾,歌大呂,舞〈雲門〉,以祀天神。……凡樂……〈雲門〉之舞,冬日至,於地上之圜丘奏

9　校勘記:「尊異之是異也」,阮本同。浦鏜校云:下「異」字當衍文。——呂友仁整理本:《禮記正義》,頁1822。

10　呂友仁整理本:《禮記正義》,頁1783-1786。

之，……」[11]鄭氏之所以關於圜丘祭昊天與正月郊天、祖、宗等等祭禮有了一整套較為完整的解說，是因為他對三禮中之相關記述進行了整合，而在此整合過程中，構建了一種以《周禮》為宗、融合三禮從而形成自洽的、圓融的、相互支撐而不矛盾的經學理念體系。筆者多年前曾分析過鄭氏以《周禮》為中心整合三禮的學術理路[12]。近來又有年輕學者據日本學者之研究成果，進一步分析和概括鄭玄這種幾乎天衣無縫的經學體系。[13]就祭天問題而言，王肅也認為祭天禮一年有二次，即頭年冬至一次，來年正月又一次，所謂「祭天歲二，冬至祭天，春祈農事。」[14]就一年兩祭天而言，鄭、王並無不同，但鄭玄曰前一次名圜丘祭，後一次名郊祭，有所不同；王肅則曰：圜丘即郊，郊即圜丘，無不同。「所在言之則謂之郊，所祭言之則謂圜丘。於郊築泰壇，象圜丘之形，以丘言之，本諸天地之性。」[15]（二）鄭曰圜丘祭昊天上帝，郊祭則祭感生帝，即所謂五帝。王肅則駁鄭曰：依鄭之說，天則有六，不可信。天只有一個，怎麼會有六個天？鄭玄之說並非無本。劉向云：「天神之大者曰昊天上帝，亦曰太乙。其佐曰五帝，東方蒼帝靈威仰，南方赤帝赤熛怒，西方白帝白招拒，北方黑帝叶光紀，中央黃帝含樞紐。牲帛及玉色各依方色。」[16]然依王肅義，一年兩祭天，但所祭為同一個天，只是祭祀目的或有差異而已。此處劉向、鄭玄之解，顯然與讖緯有淵源關係。然王肅注經，最大一特色為不信讖緯，故對鄭玄六天說不以為然。不過我們在後人所引王肅駁

---

11 清・孫詒讓：《周禮正義》，頁1711-1757。

12 參拙著：《鄭玄通學與鄭王之爭研究》第七章，成都市：巴蜀書社，2007年。

13 見華喆：《禮是鄭學——漢唐間經典詮釋變遷史論稿》，北京市：生活・讀書・新知三聯書店，2018年。

14 清・黃以周：《禮書通故》，頁611。

15 此為〈郊特牲〉疏引王肅《聖證論》語。——清・孫詒讓：《周禮正義》，頁1763。

16 清・黃以周：《禮書通故》，頁610。

鄭文字中，並未見到讖緯說何以不可信之專論。此一點在中國經典詮釋學史上當為值得注意之問題。（三）就此條經文而言，據孔穎達《正義》，鄭玄之所以將此條經文中之「禘」禮理解為頭年冬至之圜丘祭天禮，沒有別的理由，只是因為它在「郊」之前，鄭玄關於正月郊天禮之前、冬至日另有一圜丘祭昊天禮之理解已根深蒂固，故見此「郊」前之大祭，便理解為應當是「郊」前之圜丘祭。王肅則以為此「禘」就是「宗廟五年祭之名」，乃大型的祖宗祭禮，非祭天禮。（四）鄭、王均認為此「禘」與〈喪服小記第十五〉所謂「王者禘其祖之所自出，以其祖配之」之「禘」有關。但此「禘」據《正義》，鄭義是「冬至祭昊天上帝於圜丘」，〈小記〉一句據《正義》：「禘，大祭也，謂夏正郊天。……王者夏正禘祭其先祖所從出之天，若周之先祖出自靈威仰也。」[17]則是指夏正祭感生帝，則是指郊祭。則是此二禘不同也。此種不同，鄭玄是否意識到？或需再論。王肅則以為此二「禘」均為純粹的祖宗祭禮，非祭天。是以為此二禘同也。《正義》所引《聖證論》具體詮釋了這種純粹的祖宗祭祀，何以為「有虞氏禘黃帝」，「祖顓頊而宗堯」，何以「以其祖配之」，即有虞氏在祭祖時，配祭自己的始祖，並祭那些有功有德之先公先王，但何以「郊嚳」？它與「禘」、「祖」、「宗」等是何種關係？則未見王肅詮釋。（五）從上引《聖證論》看，王肅駁鄭有三個基本的理據：一是說依鄭義，冬至祭昊天於圜丘，夏正建寅之月又郊天，所祭為感生之五天帝，那麼天就有六個了。天怎麼會有六個呢？天是惟一的，不會有六個。二是據王肅深信之《孔子家語》之孔子所論，則鄭氏所謂感生五帝，至多只能算是天的輔佐，哪能直稱「天」？三是據鄭義，周人於冬至祭昊天上帝於圜丘時配祭嚳，似乎顯得嚳在周人心目中地位相當高，這恐

17　呂友仁整理本：《禮記正義》，頁1298。

怕與事實不符。王肅認為，周人有那麼多祖宗廟，卻沒有嚳的廟，說明嚳沒有那麼高的地位，因此鄭氏之祭天而配祭嚳的說法不足為據。於此我們看到，王肅駁鄭，基本以邏輯論證為之，並未能以事實上先王如何實施「禘」禮之史加以辯證。這也正是諸多禮制問題聚訟紛紜，千餘年不能有結果的原因所在。有些禮制，在經學家看來，非常重要，非加以辯證不可，但先王之事實禮典究竟如何，已無從知曉，於是只能依據自己的理解加以邏輯推斷。然而各人有各人的邏輯，於是就難有誰是誰非的結論。這是中國傳統經典詮釋學中的一大難題。（六）據馬昭申鄭義可知，鄭氏一派之主要依據是緯書，較王肅說為神異。而王肅注經，最不信讖緯。（七）張融雖然不同意王肅所謂五帝為黃帝子孫「相續次」，但在最主要的問題上，還是從王而不從鄭，即認為此「禘為五年大祭」，「圜丘即郊」，並「引董仲舒、劉向、馬融之論」以證之。（八）鄭玄解祖、宗二字曰：「祭五帝、五神於明堂曰祖、宗。祖、宗通言爾。」王肅則曰：「祖、宗者，不毀之名，其廟有功者謂之祖，至於周文王是也；有德者謂之宗，武王是也。二廟自有祖宗，乃謂之二祧。又以配食明堂之名亦可謂□違聖指，失實事也。」[18]是王肅與鄭解祖、宗二字大不同，王肅說近鄭解七廟制中的文、武二祧廟祭，鄭說則為明堂配食。宋·衛湜《禮記集說》引趙氏（匡，字伯循）曰：「虞氏禘黃帝，……則所謂禘其祖之所自出也……」引馬氏（睎孟，字彥醇）曰：「禘者，『三年一祫，五年一禘』之『禘』。郊者，祭天於圜丘之郊。……」引延平周氏（諝，字希聖）曰：「禘者，猶審諦之諦，言審諦其祖之所自出而祭於喪畢之五年也，故曰：禮不王不禘，王者禘其祖之所自出……郊者，

---

18 此段王肅語見《孔子家語》卷八〈廟制〉。因此段《孔子家語》文字傳世各本多有錯訛，華喆：《禮是鄭學——漢唐間經典詮釋變遷史論稿》（北京市：生活·讀書·新知三聯書店，2018年），頁216，引時參證了貴池劉氏玉海堂影宋本，茲姑從引。

即配天於圜丘。而郊言其地也……」引秦溪楊氏（復）曰：「禘者，禘其祖之所出而以其祖配之也。郊者，祀天以祖配食也。……蓋禘與祖、宗三條皆宗廟之祭，無與乎祀天，惟郊一條為配天之祭，經傳昭然不可誣也。……鄭氏見禘在郊上，便謂禘大於郊，遂強分圜丘於[19]郊為二，以禘為冬至日祀昊天上帝於圜丘而以嚳配之，以郊為祭感生帝於南郊而以稷配之。……王肅諸儒之說正矣！」[20]是宋人詮釋此經，皆以王肅說為是而不從鄭。清・王夫之《禮記章句》卷二十三：「郊、禘、祖、宗，皆王者尊祖之大典也。禘者，禘其所自出之遠祖，有天下者於太廟而以其祖配焉。蓋古之王者，皆出於上古有天下者之苗裔，德衰命改，降為諸侯，固未絕其統祀，後世復興起，陟天位，必推本所自出之帝，以昭大統之所從繫，所謂德厚者其流光也。郊者，祀帝於郊，而以祖配之也。古之有天下者，雖德衰命革，而統祀不絕，逮其復振，則必有有德有功者或為天子、或為諸侯而再興焉。後世王者因之以有天下，則尊其再興建國者以配天於郊，昭天統之所自垂也。祖者，開國受命百世不遷之祖，立太廟以祀之者也。宗者，有元德顯功、嗣先新命而始有天下，則亦為百世不祧之宗，與祖並建而立世室以祀之者也。帝堯出於黃帝，其後昌意降於若水而顓頊再興，嚳又承之，堯定摯亂而立陶唐氏虞受堯禪，異於三代之家天下，後不以傳其子，前不私尊其親，故雖出自虞幕，非黃帝之苗裔，而一修陶唐氏之祀典，宗堯，而郊、禘與祖，皆堯之先焉。禹受舜禪，而其世系本與堯同，故因虞以承黃帝、顓頊之緒，特以鯀始受崇伯之命，建國垂統，故配祀於郊。而宗禹，則啟以後家天下之法也。殷出於契，周出於稷，稷、契皆帝嚳十世後之子孫，故禘同而郊與祖、宗各奉其親，示革命焉。冥，契六世孫也。殷人祖遠而郊近，周

---

19 校勘記：此「於」字當作「與」。四庫本原文或誤。——筆者注。
20 宋・衛湜：《禮記集說》卷一百八，四庫本。

人祖近而郊遠。殷法虞夏，而周以郊尊而祖親，尊遠親近，義又別焉。至其以再興受命而始有天下者，為不祧之宗，則三代之制一也。右第一章，此章言四代尊祖之祭法，大祀之首也。按郊、禘之說，自漢以降，雜說繁興，考之五經，參之義理，惟王肅之說為近正，故宗其論議而折衷之。鄭玄襲讖緯之言，妖妄而誣。孔穎達守陋保殘，其固甚矣。至有虞氏所自出，自司馬遷以來，皆謂其與堯、禹同出黃帝，而世次淩越……其稷、契為帝嚳十世以後之子孫，而姜嫄非帝嚳之妃，則鄭玄已詳記之，末儒特未之審察爾。」而後來之經學家則多申鄭義，對鄭氏之篤信讖緯多有回護，如孫星衍曰：「謂靈威仰諸名目，即《周官》大祝所辨之神號，則讖緯非盡無本也。」[21]是對鄭氏六天之說以回護也。孫詒讓也對鄭玄六天說有所回護。此外如金榜、孔廣森等人，均申鄭六天說，都與二孫說一致。[22]黃以周亦以為鄭之六天說不無根據，「如王肅說，於《周禮》文殊少別白。若諸經散文渾稱上帝者，多合六帝言。」[23]為何王肅說「於《周禮》文殊少別白」？是否王肅不及鄭玄更相信《周禮》？我們就殘存王肅經注文字看，《周禮注》無一字存。李振興《王肅之經學》輯有王肅《周禮注》一條，據筆者考，當不屬於王肅注《周禮》本文。為何王肅經注文字後人均見有引，唯《周禮注》文字後人不引？連賈公彥義疏亦一條不引。這是非常值得關注的一個經典詮釋史上的現象。

一〇七　埋少牢於泰昭，祭時也。相近於坎壇，祭寒暑也。

---

21 清・黃以周：《禮書通故》，頁611。參拙作〈鄭代鄭學概說〉，刊方光華、彭林主編：《清代鄭學概述》（西安市：陝西人民出版社，2009年），頁600。

22 詳清・孫詒讓：《周禮正義》〈春官・大司樂〉。

23 清・黃以周：《禮書通故》，頁610。

鄭注：「昭，明也，亦謂壇也。時，四時也，亦謂陰陽之神也。埋之
　　　者，陰陽出入於地中也。凡此以下，皆祭用少牢。『相近』，當
　　　為『攘祈』，聲之誤也。攘，猶郤也。祈，求也。寒暑不時，
　　　則或攘之，或祈之。寒於坎，暑於壇。」

附注：「相近」，王肅作「祖迎」。

案：《釋文》：「相近，依注讀為禳，如羊反，下音巨依反，王肅作
『祖迎』也。」孔穎達《禮記正義》：「『埋少』至『不祭』○此一節
總明四時以下諸神所祭之處及明天子、諸侯之禮不同之事也。○『埋
少牢於泰昭，祭時也』者，謂祭四時陰陽之神也。泰昭，壇名也。
昭，亦取明也。春夏為陽，秋冬為陰。若祈陰則埋牲，祈陽則不應埋
之，今總云『埋』者，以陰陽之氣俱出入於地中而生萬物，故並埋
之，以享陰陽為義也。用少牢者，降於天地也。自此以下及日月至山
林，並少牢也。先儒並云不薦孰，唯殺牲埋之也。○『相近於坎壇，
祭寒暑也』者，『相近』，當為『攘祈』，攘，郤也。寒暑之氣應退而
不退，則祭攘郤之，令退也。祈，求也。寒暑之氣應至而不至，則祭
求之，令至也。寒則於坎。寒，陰也。暑則於壇。暑，陽也。」[24]

　　此條鄭、王義解可對應比勘者在「相近」二字。鄭、王均以為傳
世本中之「相近」二字誤，鄭「改字」以解經，讀為「攘祈」，以為
聲之誤也；王肅亦「改字」以解經，讀為「祖迎」，未言何以誤，蓋
形之誤也。宋・衛湜《禮記集說》引馬氏（睎孟，字彥醇）之說從鄭
而不從王肅。[25]元・陳澔《禮記集說》則用王肅說而不用鄭說：「相
近，當為『祖迎』，字之誤也。寒暑一往一來，往者祖送之，來者迎
這之。《周禮》仲春晝迎暑，仲秋夜迎寒。則送之亦必有其禮也。」[26]

---

24 呂友仁整理本：《禮記正義》，頁1787-1788。

25 宋・衛湜：《禮記集說》卷一百八，四庫本。

26 元・陳澔：《禮記集說》，頁253。

清・王夫之《禮記章句》卷二十三亦以為王肅說可取：「相近，當依《孔叢子》作『祖迎』。祖，送也。祖寒則迎暑，祖暑則迎寒。暑於壇，寒於坎。」孫希旦《禮記集解》亦以為王肅說較可取：「相近於坎壇祭寒暑，疑即《周禮》〈籥章〉『迎寒』、『逆暑』之祭。而『相近』二字，《孔叢子》作『祖迎』。祖，猶餞也，謂送其往也。迎，謂迓其來也。寒暑迴圈，於其來者迎之，則於其往者送之矣。」[27]李振興又引朱芹《十三經劄記》曰：「橫渠張氏曰：寒暑無定，暑近日壇，寒近月坎而已，故曰相近於坎壇祭寒暑也。注謂『相近』為『禳祈』者非。芹按：『相近』二字，切音為『迎』，王肅以為『祖迎』是也。《周禮》〈籥章〉……」準此觀之，王氏以「相近」作「祖迎」是也。[28]是此條自宋以來，解經者多不取鄭說而信王肅說也。

一〇八　王宮，祭日也。夜明，祭月也。幽宗，祭星也。雩宗，祭水旱也。四坎壇，祭四方也。……

鄭注：「王宮，日壇。王，君也。日稱君。宮，壇營域也。夜明，亦謂月壇也。『宗』，皆當為『禜』，字之誤也。幽禜，亦謂星壇也。星以昏始見。禜之言營也。雩禜，亦謂水旱壇也。雩之言吁嗟也。《春秋傳》曰：『日月星辰之神，則雪霜風雨之不時，於是乎禜之。山川之神，則水旱癘疫之不時，於是乎禜之。』四方，即謂山林、川谷、丘陵之神也。……」

王注：「宗如字。此為六宗，歲之常禮。〈宗伯〉不見，文不具也。」

案：此條經文緊接上條。《釋文》：「幽宗、雩宗，『宗』，依注並讀為『禜』，榮敬反；王如字。」孔穎達《禮記正義》：「『幽宗，祭星也』

27 清・孫希旦：《禮記集解》，頁1196。

28 李振興：《王肅之經學》，頁662。

者，祭星壇名也。幽，闇也。宗，當為禜。禜，壇域也。星至夜而出，故曰幽也。為營域而祭之，故曰『幽禜』也。○『雩宗，祭水旱也』者，亦壇名也。雩，吁嗟也。水旱為人所吁嗟。禜，亦營域也。為營域而祭之，故曰『雩禜』也。○『四坎壇，祭四方也』者，謂山林、川谷、丘陵之神有益於人民者也。四方各為一坎一壇，壇以祭山林、丘陵，坎以祭川谷、泉澤、故言坎壇祭四方也。……○注『昭，明』至『數也』○『時，四時也，亦謂陰陽之神也』者，以天是陽神，地為陰神，春夏為陽，秋冬為陰，故云『亦謂陰陽之神』。言『亦』者，亦天地也。案《周禮》〈大宗伯〉備列諸祀而不見祭四時、寒暑、水旱者，〈宗伯〉所謂，依《周禮》常祀，歲時恆祭，此經所載，謂四時乖序，寒暑僭逆，水旱失時，須有祈禱之禮，非關正禮之事，故不列於〈宗伯〉也。是以康成之意，謂此諸神為祈禱之禮，故康成六宗之義，不以此神尊之，明非常禮也。祭時者，謂春夏秋冬四時之氣不和，為人害，故祭此氣之神也。祭寒暑者，或寒暑大甚，祭以攘之；或寒暑頓無，祭以祈之。祭水旱者，水甚祭水，旱甚祭旱，謂祭此水旱之神。若王肅及先儒之意，以此為六宗，歲之常禮，〈宗伯〉不見，文不具也。非鄭義，今不取。○云『凡此以下，皆祭用少牢』者，以『埋少牢』之文在諸祭之首，故知以下皆用少牢。案〈小司徒〉：『小祭祀，奉牛牲。』則王者之祭，無不用牛。此用少牢者，謂祈禱之祭也。必知祈禱者，以有寒暑水旱，非歲時常祀，是祈禱所為，故鄭皆以為祈禱之祭也，故讀『相近』為『攘祈』，為禱祈之祈，讀『宗』為『禜』也。然案莊二十五年《左傳》云：『凡天災，有幣，無牲。』此禱祈得用少牢者，彼天災者，謂日月食之，示以戒懼。人君初有水旱之災，先須脩德，不當用牲，故天災有幣無牲。若水旱歷時，禱而不止，則當用牲。故《詩》〈雲漢〉云『靡愛斯牲』。又鄭注〈大祝〉云：『類、造、禬、禜皆有牲，攻、

說用幣而已。』攻、說以是日月之災，又暫時之事，且不假用牲故
也。案何休《膏肓》引《感精符》云：『立推度以正陽，日食則皷，
用牲於社，朱絲營社，鳴鼓脅之。』《左氏》云『用牲，非常』，明
《左氏》說非夫子《春秋》，於義《左氏》為短。鄭箴之曰：『用牲
者，不宜用《春秋》之通例。此讖說正陽、朱絲、鳴鼓，豈說用牲之
義也？讖用牲於社者，取經宛句耳。』如鄭此言，是『用牲於社』
非，當從《左氏》義也。○云『宗，皆當為祟』者，以經云『幽
宗』、『雩宗』之字，義無所取，『宗』字與『祟』字相近，故並讀為
『祟』也。○『祟之言營』者，案莊二十五年《公羊傳》云：『以朱
絲營社，或曰脅之，或曰為闇，恐人犯之，故營之。』是『祟』有
『營』義，故讀為『祟』。○云『雩之言吁嗟也』者，案《考異郵》
云：『雩，呼吁嗟哭泣』，故云『雩』為吁嗟也。引『《春秋傳》曰』
以下者，昭元年《左傳》文。時晉侯有疾，上實沈、臺駘為祟，子產
以此對晉侯。言晉侯之疾，非由日月星辰及山川之神也。鄭引此文
者，證經弔『宗』為『祟』，[29] 祟是除去凶災之祭也。……案《聖證
論》王肅『六宗』之說，用《家語》之文，以此四時也、寒暑也、日
也、月也、星也、水旱也為六宗。孔注《尚書》亦同之。伏生與馬融
以天、地、四時為六宗。劉歆、孔晁以為乾坤之子六為六宗。賈逵
云：『天宗三，日、月、星也；地宗三，河、海、岱也。』《異義》：
『今《尚書》歐陽、夏侯說：六宗上及天，下及地，旁及四方[30]，中
央，恍惚助陰陽變化，有益於人者也。古《尚書》說：天宗日、月、

---

29 校勘記：「證經弔宗為祟」，「弔」，阮本作「中」。潘宗周《校勘記》云：「『弔』、
　『中』皆誤。當是『兩』字。」蓋以「宗」字在經中凡兩見也。——呂友仁整理
　本：《禮記正義》，頁1822。
30 校勘記：「六宗上及天下及地旁及四方」，阮本同。孫詒讓《校記》在三個「及」
　字上各補出一「不」字，云：「三『不』字，依〈大宗伯〉疏引增。《漢書》〈郊祀
　志〉亦同。」——呂友仁整理本：《禮記正義》，頁1822。

北辰，地宗岱、河、海也。日、月為陰陽宗，北辰為星宗，河為水宗，海為澤宗，岱為山宗。」許君謹案：與古《尚書》同。鄭駁之云：『《書》云：類於上帝，禋於六宗，望於山川。既六宗云禋，山川言望，則六宗無山川明矣。〈大宗伯〉云：以禋祀祀昊天上帝，以實柴祀日、月、星、辰，以槱燎祀司中、司命、飌師、雨師。凡此所祭，皆天神也。〈郊特牲〉曰：郊之祭也，大報天而主日也。又〈祭義〉曰：郊之祭，大報天而主日，配以月。則郊天並祭日、月可知。其餘星也，辰也，司中也，司命也，風師也，雨師也，此之謂六宗亦明矣。」如鄭此言，六宗稱禋，則天神也。日、月也在郊祭之中[31]，又類於上帝之內，故以其餘為六宗也。案〈禮論〉六宗，司馬彪等各為異說，既非鄭義，今略而不論。」[32]

此條鄭、王義解可對應比勘者：（一）「宗」，鄭改字以讀為「祭」，王則從本讀。王肅每駁鄭之改字。（二）何謂六宗？此乃當時經學界之熱點，鄭、王不同。其他各家亦多有異說。鄭以為星、辰、司中、司命、風師、雨師為六宗。王肅以寒暑、四時、日、月、星、水旱為六宗。鄭玄以《尚書》和《周禮》互證的方法認為得出自己的六宗說。王肅則主要依據《孔子家語》得出自己的六宗說。《孔子家語》是王肅主要的解經依據。偽孔《尚書》傳文同王肅說。孔穎達《禮記正義》依「禮是鄭說」的原則，自取鄭說。宋・衛湜《禮記集說》引眉山孫氏（佖）說從王肅而不從鄭。[33]清・王夫之《禮記章句》卷二十三：「宗，或作祭，為營域之祈禳也。一說宗之為言尊也。義亦通。」六宗之異，王夫之亦存而不論。黃以周《禮書通

---

31 校勘記：「日月也在郊祭之中」，浦鏜校云：「也」當「已」，字誤。孫詒讓校同。——呂友仁整理本：《禮記正義》，頁1822。

32 呂友仁整理本：《禮記正義》，頁1787-1790。

33 宋・衛湜：《禮記集說》卷一百八，四庫本。

故》：「六宗之說，多難據信。」³⁴無可考辨。不贅。

一〇九　……是故王立七廟，一壇，曰考廟，曰王考廟，
　　　　曰皇考廟，曰顯考廟，曰祖考廟，皆月祭之。遠
　　　　廟為祧，有二祧，享嘗乃止……

鄭注：「……祧之言超也，超上去意也。……天子遷廟之主，以昭穆
　　　合藏於二祧之中。諸侯無祧，藏於祖考之廟中。〈聘禮〉曰：
　　　『不腆先君之祧。』是謂始祖廟也。……」³⁵鄭以此「二祧」
　　　指文、武廟。

附注：「王肅以為高祖之父與高祖之祖為二祧，即五世、六世之祖。」
案：此條主要對勘鄭、王對於「祧」字之解。本經下未見明晰鄭、王
注文，參他經所引可見。《周禮》〈春官・守祧〉：「守祧掌守先王先公
之廟祧，其遺衣服藏焉。」鄭注：「廟，謂大祖之廟及三昭三穆。遷
主所藏曰祧。先公之遷主，藏於后稷之廟。先王之遷主，藏於文、武
之廟。……」依鄭義，「二祧」為特指，指文、武廟。王肅則以為
「二祧」指高祖之祖及高祖之父，即五世、六世之祖，為泛指，有常
規性意義。鄭、王以後之經學家，除孔穎達《禮記正義》尊鄭外，多
是王而非鄭，如賈公彥等人。「案孔君、王肅之義，二祧乃是高祖之
父、高祖之祖，……鄭不然者，……明其義非也。」諸儒皆難鄭「先
王遷主藏文、武二祧」之說，以為先公、先王遷主同藏大祖廟。³⁶
宋・衛湜《禮記集說》引馬氏（睎孟，字彥醇）之說亦從王而不從
鄭：「說者以為七廟之中祧廟二則為文、武之廟，其說非也。……」³⁷

---

34 清・黃以周：《禮書通故》，頁679。
35 呂友仁整理本：《禮記正義》，頁1792-1793。
36 清・孫詒讓：《周禮正義》，頁1675-1678。
37 宋・衛湜：《禮記集說》卷一百九，四庫本。

晚清經學家孫詒讓亦以為鄭說不可取，其引許宗彥云：「賈疏言周初文、武在親廟內，不得為祧」。引金鶚云「二祧非遷主所藏也」。「案許、金二說是也。」[38]黃以周《禮書通故》：「鄭玄說：周制七廟，太祖及文、武二祧與親廟四。王肅云：天子七廟謂高祖之父及高祖之祖為二祧，並始祖及親廟四為七。……王肅據劉歆說，謂文、武非常廟之數。……」[39]此條需參證前〈王制〉「天子七廟」條。不贅。

一一○　……大夫立三廟、二壇：曰考廟，曰王考廟，曰皇考廟，享嘗乃止。顯考、祖考無廟，有禱焉，為壇祭之；去壇為鬼。……

鄭注：「封土曰壇，除地曰墠。……諸侯無祧，藏于祖考之廟中。……大夫祖考，謂別子也。……」[40]

王注：「大夫無祖考廟，唯別子為宗者有祖考廟，然有祖考廟者，無皇考廟。」（《通典》卷四十八）

案：此條需與上條參而論之。王夫之《禮記章句》卷二十三：「父曰考，祖曰王考，曾祖曰皇考，高祖曰顯考……祖考，始祖始受命者也。」孔穎達《禮記正義》：「……『曰祖考廟』者，祖，始也。此廟為王家之始，故云『祖考』也。計則祖考之廟當在二祧壇墠之上，應合在後始陳，今在此言之者，因皇考、顯考同皆月祭之，故此先言之也。……○『享嘗乃止』者，享嘗，四時祭祀。……○『諸侯立五廟、一壇一墠』者，降天子，故止有五廟，壇墠與天子同，無功德之祖為二祧也。○『曰考廟，曰王考廟，曰皇考廟，皆月祭之』者，天

38　清・孫詒讓：《周禮正義》，頁1675-1678。
39　清・黃以周：《禮書通故》，頁723-725。
40　呂友仁整理本：《禮記正義》，頁1793。

子月祭五，諸侯卑，故唯得月祭三也。○『顯考廟，祖考廟，享嘗乃止』者，顯者，高祖也。祖考，大祖也。大祖乃不遷，而與高祖並不得月祭，止預四時，又降天子也。……○『大夫立三廟、二壇』者，大夫異於君，故立二壇而不墠也。○『顯考、祖考無廟』者，以其卑，故高祖、大祖無廟也。○『有禱焉，為壇祭之』者，大夫無主，故無所寄藏，而高、大二祖既又無廟，若應有祈禱，則為壇祭之。二壇之設，實為於此矣。然墠輕於壇，今二壇無墠者，為大祖雖無廟，猶重之故也。○『去壇為鬼』者，謂高祖若遷去，於壇則為鬼，不復得祭，但薦之於大祖壇而已。若大夫有大祖之廟者，其義已具在〈王制〉疏。」[41]〈王制〉經文：「天子七廟，三昭三穆，與大祖之廟而七。諸侯五廟，二昭二穆，與大祖之廟而五。大夫三廟，一昭一穆，與大祖之廟而三。」鄭注：「……大祖，別子始爵者。〈大傳〉曰：『別子為祖。』謂此雖非別子，始爵者亦然。」孔穎達《正義》：「注『大祖』至『亦然』○此據諸侯之子始為卿大夫謂之別子者也。是嫡夫人之次子，或眾妾之子，別異於正君繼父言之，故云『別子』。引〈大傳〉者，證此大祖是別子也。云『雖非別子，始爵者亦然』者，此事凡有數條。一是別子初雖身為大夫，中間廢退，至其遠世子孫始得爵命者，則以為大祖，別子不得為大祖也。二是別子及子孫不得爵命者，後世始得爵命，自得為大祖。三是全非諸侯子孫，異姓為大夫者，及他國之臣初來任為大夫者，亦得為大祖。故云『雖非別子，始爵者亦然』。此總包上三事。如《鄭志》答趙商：此〈王制〉所論，皆殷制，故云雖非別子，亦得立大祖之廟。若其周制，別子始爵，其後得立別子為大祖。若非別子之後，雖為大夫，但立父、祖、曾祖三廟而已。隨時而遷，不得立始爵者為大祖。故鄭答趙商問：『〈祭法〉云：

---

41 呂友仁整理本：《禮記正義》，頁1793-1795。

大夫立三廟，曰考廟，曰王考廟，曰皇考廟。注：非別子，故知祖考無廟。商案：〈王制〉：大夫三廟，一昭一穆，與大祖之廟而三。注云：大祖，別子始爵者。雖非別子，始爵者亦然。二者不知所定。」鄭答云：『〈祭法〉，周禮。〈王制〉之云，或以夏、殷雜，不合周制。』是鄭以為殷、周之別也。鄭必知周制別子之後得立別子為大祖者，以〈大傳〉云『別子為祖，繫之以姓而弗別，綴之以食而弗殊，雖百世而昏姻不通者，周道然也』，故知別子百世不遷，為大祖也。周既如此，明殷不繫姓，不綴食。〈大傳〉又云『其庶姓別於上，而戚單於下，五世而昏姻可以通』，明五世之後，不復繫於別子，但始爵者則得為大祖也。此大夫三廟者，天子、諸侯之大夫皆同。知者，以此及〈祭法〉歷陳天子、諸侯即云大夫，更不別云諸侯之大夫，故知与天子大夫同也。」[42]

此條所涉天子、諸侯、大夫等各級貴族之廟數及廟主，頗為複雜，故參列疏義於上。鄭、王義解可對應比勘者主要在「大夫三廟」說。就一般大夫無祖考廟之義，鄭、王無不同，但鄭注重點關注了什麼身分的大夫才會有祖考廟，即「別子」及「雖非別子，始爵者亦然」之後，就這一點而言，王肅顯然也無不同意見，但鄭注未能說明，如果有了祖考廟，加上經中所言「考廟、王考廟、皇考廟」就四廟了，不合三廟之制，故王肅特別補充說明：如果是「別子」或「雖非別子，始爵者亦然」之後得有祖考廟者，則無皇考廟，這樣祖考廟、考廟加王考廟，則合三廟之制，也就是父廟、祖廟加始祖廟。如果不是「別子」或「雖非別子」之「始爵者」之後，則只有父廟、祖廟和曾祖廟三廟。此條合王肅補鄭注之未備例。

---

42 呂友仁整理本：《禮記正義》，頁516-519。

一一一　……官師一廟，曰考廟……

鄭注：「官師，中士、下士。」
附注：「王肅曰：官師，中下士也。」（《通典》卷四十八〈禮〉八
　　　　「諸侯大夫士宗廟」條）
案：孔穎達《禮記正義》：「『官師一廟』者，謂諸侯中士、下士也。
謂為官師者，言為一官之長也。一廟，祖、禰共之，又無壇也。」[43]
　　　此條鄭、王義解可對應比勘者唯「官師」之訓，鄭、王同。不贅。

一一二　王為群姓立社曰大社。王自為立社曰王社。諸侯
　　　　為百姓立社曰國社。諸侯自為立社曰侯社。大夫
　　　　以下成群立社曰置社。

鄭注：「群，眾也。『大夫以下』，謂下至庶人也。大夫不得特立社，
　　　　與民族居，百家以上則共立一社，今時里社是也。〈郊特牲〉
　　　　曰：『唯為社事單出里。』」
附注：「大夫以下成群立社曰置社」，王肅曰：「今之里社是也。」
　　　　《晉書》〈禮志上〉：太康九年車騎司馬傅咸表曰：「〈祭法〉王
　　　　社、太社各有其義。天子……親耕故自報。自為立社者，為藉
　　　　田而報者也。國以人為本，人以穀為命，故又為百姓立社而祈
　　　　報焉。事異報殊，此社之所以有二。王景侯之論王社，亦謂春
　　　　祈籍田，秋而報之也。其論太社，則曰王者布下坼內，為百姓
　　　　立之，謂之太社，不自立之於京都也。景侯此論據〈祭法〉。
　　　　〈祭法〉：『大夫以下成群立社曰置社。』景侯解曰：今之里社

43　呂友仁整理本：《禮記正義》，頁1796。

是也。景侯解〈祭法〉，則以置社為人間之社矣。而別論復乙
太社為人間之社，未曉此旨也。太社，天子為人而祀，故稱天
子社。〈郊特牲〉曰：『天子太社，必受霜露風雨』。以群姓之
眾，王者通為立社，故稱太社也。若夫置社，其數不一，蓋以
里所為名，《左氏傳》盟於清丘之社是也。眾庶之社，既已不
稱太矣，若復不立之京都，當安所立乎！……」

案：孔穎達《禮記正義》：「『王為』至『置社』○此一經明天子以下
立社之義。○『王為群姓立社曰大社』者，群姓，謂百官以下及兆
民。言群姓者，包百官也。大社在庫門內之右，故〈小宗伯〉云『右
社稷』。○『王自為立社曰王社』者，其王社所在，書傳無文，或云
與大社同處，王社在大社之西。崔氏並云：『王社在藉田，王自所
祭，以供粢盛。』今從其說。故《詩》〈頌〉云『春藉田而祈社稷』，
是也。其諸侯國社，亦在公宮之右。侯社在藉田。○『大夫以下成群
立社曰置社』者，大夫以下，謂包士庶。成群，聚而居，其群眾滿百
家以上，得立社。為眾特置，故曰置社。○注『群，眾』至『出里』
○此云『大夫以下，謂下至士庶人』者，謂大夫至庶人等共在一處
也。云『大夫不得特立社，與民族居，百家以上則共立一社，今時里
社是也』者，大夫，北面之臣，不得自專土地，故不得特立社。社以
為民，故與民居百家以上則可以立社。知『百家』者，《詩》〈頌〉
云：『百室盈止，殺時犉牡。』故曰『百家』。言『以上』，皆不限多
少。故鄭《駁異義》云：『有國及治民之大夫乃有社稷』。是也。此大
夫所主立社稷，則田主是也。故鄭《駁異義》引〈大司徒職〉云：
『樹之田主，各以其野之所宜木，遂以名其社與其野。』注云：『田
主、田神，后土、田正之所依也。』后土則社神，田正則稷神，其義
已具〈郊特牲〉疏。」[44]

---

44 呂友仁整理本：《禮記正義》，頁1798-1799。

　　此條就大夫以下成群立社謂之「置社」一句而言，鄭、王解義無不同，均以為相當於後之「里社」。但參較鄭氏群經注之特色看，此句仍可看出鄭氏更關注經中所涉之等級秩序問題，故特別關注「大夫以下」不得特立社之事。日人喬秀岩根據王肅「王者布下圻內，為百姓立之，謂之太社，不自立之於京都也」一句，以為「王肅的用意在反對天子二社」，且以為孔晁說與王肅同，故引《通典》卷四十五注引孔晁云：「漢氏及魏初，皆立一社一稷，至景初之時，更立太社、太稷，又特立帝社云。《禮記》〈祭法〉云『王為群姓立社曰大社』，言為群姓下及士庶，皆使立社，非自立也。今並立二社，一神二位，同時俱祭，於事為重，於禮為黷。宜省除一社，以從舊典。」[45]

　　此條當與前文第四十八條參看。

一一三　王為群姓立七祀，曰司命，曰中霤，曰國門，曰國行，曰泰厲，曰戶，曰竈。

鄭注：「此非大神所祈報大事者也。小神居人之間，司察小過，作譴告者爾。……司命主督察三命。中霤，主堂室居處。門、戶主出入。行，主道路行作。厲，主殺罰。竈，主飲食之事。……司命與厲，其時不著……是必春祠司命，秋祠厲也。或者合而祠之。山即厲也。民惡言『厲』，巫、祝以厲山為之，謬乎！《春秋傳》曰：『鬼神所歸，乃不為厲。』」

附注：「〈祭法〉又曰：王為群姓立七祀……景侯解大厲[46]曰：『如周杜伯。鬼有所歸，乃不為厲。』」（《晉書》〈禮志上〉）

---

45 日・喬秀岩：〈論鄭王禮說異同〉，刊氏著《北京讀經說記》（臺北市：萬卷樓圖書公司，2013年9月第2版），頁165。

46 「泰厲」，今本《晉書》〈禮志〉作「大厲」。

案：孔穎達《禮記正義》：「『曰泰厲』者，謂古帝王無後者也。此鬼無所依歸，好為民作禍，故祀之也。」[47]

　　此條鄭、王義解可對應比勘者主要在「泰厲」之解，鄭、王義同。不贅。

---

47 呂友仁整理本：《禮記正義》，頁1800。

祭義第二十四

一一四　文王之祭也，事死者如事生，思死者如不欲生，
忌日必哀，稱諱如見親。祀之忠也，如見親之所
愛，如欲色然，其文王與？……

鄭注：「思死者如不欲生，言思親之深也。如欲色者，以時人於色
厚，假以喻之。」

附注：王肅解「欲色然」：「如欲見父母之顏色。鄭何得比父母於女
色？」

案：孔穎達《禮記正義》：「『文王』至『必哀』○此一節明文王祭思親
忠敬之甚。……『如見親之所愛，如欲色然』者，解祀之忠敬之事。
言齊時思念親之平生嗜欲，如似真見親所愛在於目前，又思念親之所
愛之甚，如似凡人貪欲女色然。○『其文王與』者，唯文王能如此
與？『與』是不執定之辭。王肅然解欲色[1]：『如欲見父母之顏色。鄭
何得比父母於女色？』馬昭申云：『孔子曰：吾未見好德如好色者。如
此亦比色於德。』張融亦云：『如好色，取其甚也，於文無妨。』」[2]

　　此條鄭、王義解可對應比勘者主要在「如欲色然」一句，王於鄭
注大不以為然。此條亦為鄭、王兩派爭議之熱點。馬昭、張融、孔穎
達《正義》皆以為鄭說無不妥，但《正義》特引王肅說，說明對於王

1　校勘記：「王肅然解欲色」，各本同。魏氏《要義》作「王肅解欲色然」。是
也。──呂友仁整理本：《禮記正義》，頁1824。

2　呂友仁整理本：《禮記正義》，頁1812。

肅說的重視。宋・衛湜《禮記集說》引毗陵慕容氏（彥逢，字叔遇）
曰：「……如欲承順其顏色，則言思之深……如欲色然，如生事之色難
也。沒而思之猶如此，非文王其孰能之？……」慶源輔氏（廣，字漢
卿）曰：「……如欲色然，言己如欲得父母之顏色……」是皆近王肅
說而遠鄭。然山陰陸氏（佃，字農師）曰：「……如欲色然，〈大
學〉所謂『如好好色』，誠之謂也。初言祭，此言祀。初言『稱諱如
見親』，此言『如見親之所愛』。言文王之忠誠有加無已。」[3]〈大
學〉：「所謂誠其意者，毋自欺也。如惡惡臭，如好好色。」朱熹
《集注》：「言欲自修者知為善以去其惡，則當實用其力，而禁止其自
欺，使其惡惡則如惡惡臭，好善則如好好色，皆務決去而求必得之，
以自快足於己，……」[4]則是宋人亦有以為鄭說有理者。元・陳澔
《禮記集說》：「如欲色然，言其想像親平生所愛之物，如見親有欲之
之色也。」[5]陳澔不用鄭說，然亦與王肅說不同。清・王夫之《禮記
章句》卷二十四：「如好色之誠，則積孝通於神明，而臨事尤為加
篤，所謂唯孝子為能饗親也。」則是用鄭而不用王。孫希旦《集
解》：「愚謂欲色，謂有欲得之色也。《大戴禮》〈文王官人篇〉：『欲色
嫗然以愉。』蓋致齊之時，思親之所樂、嗜，故祭之日如見親之所
愛，若有欲得之色然也。」[6]是用陳澔之說也。杭世駿《續禮記集
說》：「姜氏兆錫曰：……色，猶顏也。《家語》作『思之深，如見親之
所愛，祭欲見親顏色者，其唯文王乎？』言文王……必欲見親之顏色
而思之，如不欲生也。」[7]是姜氏亦以為王肅說有理。日人喬秀岩：

3 宋・衛湜：《禮記集說》卷一百十，四庫本。
4 宋・朱熹：《四書集注》，十大古典哲學名著叢書，顧美華標點，（上海市：上海古
籍出版社，1995年12月版，1996年8月第2次印刷），頁12。
5 元・陳澔：《禮記集說》，頁257。
6 清・孫希旦：《禮記集解》，頁1211。
7 清・杭世駿：《續禮記集說》卷八十，清光緒三十年（1904）浙江書局刻本，收入

「王肅顯然認為，用喜好美人來比喻祭祀的虔誠，有失嚴肅。」[8]

一一五　仲尼嘗，奉薦而進，其親也愨，其行也趨趨以
　　　　數。已祭，子贛問曰：「子之言祭，濟濟漆漆
　　　　然。今子之祭，無濟濟漆漆，何也？」子曰：
　　　　「濟濟者，容也，遠也。漆漆者，容也，自反
　　　　也。容以遠，若容以自反也，夫何神明之及交？
　　　　夫何濟濟漆漆之有乎？……」

鄭注：「嘗，秋祭也。親，謂身親執事時也。愨與趨趨，言少威儀
　　　　也。趨讀如促。數之言速也。漆漆，讀如『朋友切切』。自
　　　　反，猶言自脩整也。容以遠，言非所以接親親也。容以自反，
　　　　言非孝子所以事親也。及，與也。此皆非與神明交之道。」
附注：「其『容也，遠也』，王肅以『容』為『客』」。「王肅為『客』
　　　　字，破鄭義，明鄭義『容』字也。」
案：《釋文》：「仲尼嘗，絕句。嘗，秋祭。奉薦而進，絕句。其親也
愨，絕句。趨，音促，注及下注皆同。數，色角反，速也，徐音速，
注同。……漆，依注音切，下同。濟濟者，容也，口白反，賓客也，
下『容以遠』同。漆漆者容也，羊凶反，儀容也，下『若容以自反』
同。」孔穎達《禮記正義》：「『仲尼』至『當也』○此一節記仲尼嘗
祭之儀。○『奉薦而進，其親也愨』者，愨，謂質愨，謂仲尼奉薦進
尸之時，其身執事，其形貌愨質，少威儀。○『其行也趨趨以數』
者，其行步促促速疾，少威儀，舉足而數也。○『今子之祭，無濟濟

8　日・喬秀岩：〈論鄭王禮說異同〉，刊《北京讀經說記》（臺北市：萬卷樓圖書公
　　司，2013年9月第2版），頁169。

漆漆何也』者，子贛先聞夫子說：祭事威儀須濟濟漆漆然也。今子之
為祭，無濟濟漆漆者，何也？○『子曰：濟濟者，容也遠也』○夫子
為子贛說『濟濟』之義，言濟濟者，是容貌自疏遠。○『漆漆者，容
也自反也』○謂容貌自反覆而脩整也。○『容以遠，若容以自反也』
者，覆結上文。言孝子若容貌以疏遠，若容貌以自脩正，[9]此乃賓客
之事。○『夫何神明之及交』者，及，與也。言孝子若賓客之容，[10]
何得神明之與交？言不得與神明交也。○『夫何濟濟漆漆之有乎』
者，更覆結之云：夫孝子何得濟濟漆漆之有乎？言不得有也。其『容
也，遠也』，王肅以『容』為『客』，皇氏用王肅以客有其容之義，其
義亦通，但於文勢不便，至注更具詳。……注『漆漆』至『之道』○
云『漆漆，讀如朋友切切』者，以漆漆非形貌之狀，『漆』音近
『切』。『朋友切切偲偲』，《語》〈子路〉文也。云『自反，猶言自脩
整也』者，凡脩整之人，必自反覆顧省，故云『自反，猶言自脩
整』。云『容以遠，言非所以接親親也』者，凡接親親，不事容貌，
又相附近。今既事容貌，又相疏遠，故云『非所以接親親』。言親
親，孝子之辭。或『容』為『客』字，則是義遠，何須云『容以
遠』？又『客以自反』與『容以遠』相對，[11]一字為『容』，一字為
『客』，未之有也。又王肅為『客』字，破鄭義，明鄭義『容』字
也。」[12]

　　此條鄭、王義解可對應比勘者主要在解「濟濟漆漆」之「容」
字，鄭本作「容」，與「遠也」並解為「容貌自疏遠」；王肅作「客」

9　校勘記：「若容貌以自脩正」，據上下文，「正」當作「整」。——呂友仁整理本：
　　《禮記正義》，頁1824。

10　校勘記：「言孝子若賓客之容」，阮本「若」下有「作」字，閩、監、毛本同。

11　校勘記：「又客以自反與容以遠相對」，阮本「客」作「容」，閩、監、毛本同。今
　　按：疑作「容」是也。——呂友仁整理本：《禮記正義》，頁1824。

12　呂友仁整理本：《禮記正義》，頁1813-1815。

字，其句義似與鄭義無大異，故孔疏鄭義亦曰「孝子若賓客之容……」。鄭、王據所《禮記》文本不同。皇侃用王肅說解此句。筆者曾在比勘《論語》鄭、王義解時，論及王肅經說對於皇侃的影響較大一事。[13]《釋文》以為「濟濟者容也」當作「濟濟者客也」，「容以遠」當作「客以遠」，「漆漆者容也」與「若容以自反」則從本字作「容」，蓋從王肅也。清·王夫之《禮記章句》卷二十四亦從鄭「容」解而不從王肅「客」解。孫希旦《集解》亦從鄭作「容」而不從王作「客」。[14]李振興《王肅之經學》引張敦仁撫本《禮記鄭注考異減革例》曰：「容也，容以遠，諸本間作『客』字，及考石經舊監本、蜀大字本及越中注疏，並作『容』。今依疏義及石經等本，並改作『容』。今按：《正義》云：王肅以『容』為『客』，皇氏用王肅義。又云：或『容』為『客』字。又云：王肅為『客』字，破鄭義，明鄭義『容』字也。《釋文》云『客也』，口白反，賓客也，下『客以遠』同。陸本或與皇侃同耳。其《正義》所言鄭、王之異，必自不誤，此《正義》是而《釋文》本非也。」[15]

一一六　孝子之祭可知也：其立之也，敬以詘；其進之也，敬以愉；其薦之也，敬以欲；退而立，如將受命；已徹而退，敬齊之色不絕於面。

鄭注：「詘，充詘，形容喜貌也。進之，謂進血腥也。愉，顏色和貌也。薦之，謂進孰也。欲，婉順貌。齊，謂齊莊。」

---

13 參拙作：〈論語鄭王注比勘發微〉，刊《經典與解釋》第39期，古典文明研究工作坊編，主編：彭磊，北京市：華夏出版社，2013年5月版。

14 清·孫希旦：《禮記集解》，頁1212。

15 李振興：《王肅之經學》，頁667。

附注：「齊，王肅音側皆反。」

案：《釋文》：「齊，如字，注及下同，王、徐側皆反。」孔穎達《禮
記正義》：「『已徹而退，敬齊之色不絕於面』者，謂祭畢已徹饌食，
孝子退者，恭敬齊莊之色不離絕於面。」

　　此條鄭、王義解可對應比勘者主要在「齊」字之讀音，鄭、王有
不同，然據李振興《王肅之經學》考，義無不同也。不贅。

一一七　祭之日，君牽牲，穆答君，卿大夫序從。既入廟
　　　　門，麗於碑，卿大夫袒⋯⋯

鄭注：「祭，謂祭宗廟也。穆，子姓也。答，對也。序，以次第從
　　　　也。序，或為『豫』。麗，猶繫也。毛牛尚耳，以耳毛為上
　　　　也。⋯⋯」

附注：「王肅云：『以紖貫碑中，君從北待之也。』」

案：《釋文》：「從，才用反，注同。」孔穎達《禮記正義》：「『祭之』
至『至也』○前經郊祭之致敬，此一節明祭廟牽牲致敬。○『穆答
君』者，穆，謂子姓。答，對也。言祭廟君牽牲之時，子姓對君共牽
牲。○『卿大夫序從』者，卿大夫佐幣，士奉芻，依次第而從君也。
○『既入廟門，麗於碑』者，麗，繫也。君牽牲入廟門，繫著中庭碑
也。王肅云：『以紖貫碑中，君從北待之也。』⋯⋯」[16]

　　此條顯然亦為王肅補鄭注之未備，鄭僅言繫牲，王肅補繫牲之具
體儀節。不贅。

16　呂友仁整理本：《禮記正義》，頁1827。

哀公問第二十七

一一八　……公曰：「今之君子胡莫之行也？」孔子曰：
「今之君子，好實無厭，淫德不倦，荒怠敖慢，
固民是盡，午其眾以伐有道，求得當欲，不以其
所。……」

鄭注：「實，猶富也。淫，放也。固，猶故也。午其眾，逆其族類
也。當，猶稱也。所，猶道也。……」
午，王肅作「迕」。
案：《釋文》：「好，呼報反。……午，五故反，一音如字，注同；王
肅作『迕』。迕，違也。當，丁浪反，注同。稱，尺證反。」
此條鄭、王經文用字不同，然訓義無不同。不贅。

一一九　……公曰：「寡人願有言然。冕而親迎，不已重
乎？」孔子愀然作色對曰：「合二姓之好，以繼
先聖之後，以為天地、宗廟、社稷之主，君何謂
已重乎？」公曰：「寡人固，不固焉得聞此言
也？寡人欲問，不得其辭，請少進。」孔子
曰：……

鄭注：「已，猶大也。怪親迎乃服祭服。先聖，周公也。固不固，言
吾由鄙固故也。請少進，言以曉己。」

附注：「王肅之義，二『固』皆為固陋，上『固』言己之固陋，下
　　　『固』言若不鄙固則不問，不問，焉得聞此言哉？」

案：《釋文》：「大，音泰。好，呼報反。……」孔穎達《禮記正義》：
「此一節明哀公問政之事，並問為政何以必須親迎，孔子對之三事。
今各隨文解之。……注『怪親迎乃服祭服』○昏禮迎婦，二傳不同。
《春秋公羊》說：天子至庶人皆親迎。《左氏》說：天子至尊無敵，
故無親迎之禮。諸侯有故若疾病，則使上卿逆，上公臨之。許氏謹
案：『高祖時皇太子納妃，叔孫通制禮，以為天子無親迎。從《左氏》
義。』玄駁之云：『大姒之家，在渭之涘，文王親迎於渭。即天子親
迎明文也。』引《禮記》『冕而親迎，繼先聖之後，以為天地、宗廟、
社稷之主』，非天子則誰乎？如鄭此言，從《公羊》義也。又《詩說》
云：『文王親迎於渭，紂尚南面，文王猶為西伯耳。以《左氏》義為
長。』鄭駁未定。○注『先聖，周公也』○以哀公所問，當問己諸
侯，唯魯出周公，故解『先聖』為周公。又魯得郊天，故云『天地、
宗廟、社稷之主。』若《異義駁》所云，則以『先聖』及『天地』據
天子。以事含兩義，故彼此各舉一邊。○『固不固』者，上『固』是
鄙固，下『固』，故也。言寡人由鄙固之故，所以得聞此言。由其固
陋，殷重問之，故得聞此言。皇氏用王肅之義，二『固』皆為固陋，
上『固』言己之固陋，下『固』言若不鄙固則不問，不問，焉得聞此
言哉？○『寡人欲問，不得其辭，請少進』者，寡人更欲問所疑之
事，不能得其所問之辭，請孔子少進言，使簡約易了。」[1]

　　此條鄭注與《正義》不及王注之文義更順暢。上引經文依王注句
讀，呂友仁整理本《禮記正義》句讀為「寡人固不固」，似文義難
明。此條孔穎達《正義》所引再證王肅經學對皇侃經學的影響甚大。

1　呂友仁整理本：《禮記正義》，頁1916-1919。

元・陳澔《禮記集說》亦用王肅此讀。[2]清・王夫之《禮記章句》卷
二十七:「固,陋也。識陋,故疑,疑則問之,乃聞聖人之言也。」
雖不言從王,似實從王肅義也。孫希旦《集解》亦用王肅此讀。[3]朱
彬《禮記訓纂》亦用王肅此讀。[4]或孔穎達《正義》解鄭義有誤。

---

2 詳元・陳澔:《禮記集說》,頁276。

3 詳清・孫希旦:《禮記集解》,頁1262。

4 詳清・朱彬:《禮記訓纂》,頁742。

仲尼燕居第二十八

一二〇　　……子曰：「慎聽之，女三人者！吾語女禮，猶
　　　　有九焉，大饗有四焉。苟知此矣，雖在畎畝之
　　　　中，事之，聖人已。兩君相見，揖讓而入門，入
　　　　門而縣興，揖讓而升堂，升堂而樂闋，下管〈象
　　　　武〉，〈夏〉籥序興，陳其薦俎，序其禮樂，備其
　　　　百官，如此而後，君子知仁焉。行中規，還中
　　　　矩，和鸞中〈采齊〉，客出以〈雍〉，徹以〈振
　　　　羽〉，是故君子無物而不在禮矣。入門而金作，
　　　　示情也。升歌〈清廟〉，示德也。下而管〈象〉，
　　　　示事也。是故古之君子不必親相與言也，以禮樂
　　　　相示而已。」

鄭注：「猶有九焉，吾所欲語女餘有九也，但大饗有四。大饗，謂饗
　　　　諸侯來朝者也。四者，謂金再作，升歌〈清廟〉，下管〈象〉
　　　　也。事之，謂立置於位也。聖人已者，是聖人也。縣興，金作
　　　　也。金再作者，獻主君又作也。下，謂堂下也。〈象武〉，武舞
　　　　也。〈夏〉籥，文舞也。序，更也。堂下吹管，舞文武之樂更
　　　　起也。知仁焉，知禮樂所存也。〈采齊〉、〈雍〉、〈振羽〉，皆樂
　　　　章也。〈振羽〉——〈振鷺〉，及〈雍〉，金作示情也，賓主人
　　　　各以情相示也。金性內明，象人情也。示德也，相示以德也。
　　　　〈清廟〉，頌文王之德。示事也，相示以事也。〈武〉，象武王

之大事也。」

附注：「王肅以為大饗九者，其下五事與鄭同，又以揖讓而入門、入
門而縣興、揖讓而升堂為一也；升堂而樂闋，二也；下管〈象
武〉，〈夏〉籥序興，三也；陳其薦俎，序其禮樂，備其百官，
為四也。添下五事為九也。」

案：孔穎達《禮記正義》：「『猶有九焉』者，言上經所說禮外，猶有
九事焉，今為汝說之。○『大饗有四焉』者，言九事之中，兩君相
見，大饗有四。四者，謂賓初入門而縣興，揖讓而升堂，主人獻賓，
賓飲訖而樂闋，是一也；賓酢主人，金奏作，主人飲畢而樂闋，是二
也；至工入，升歌〈清廟〉，是三也；歌畢，堂下管〈象武〉，是四
也。是『大饗有四焉』。……『入門而縣興』者，謂鐘磬興而動作，
謂金奏作也。『揖讓而升堂，升堂而樂闋』者，賓主及階，揖讓升
堂，主人獻賓，賓卒爵而樂闋，是大饗之一也。又於此之後，賓酢主
君而縣興，主君飲畢而樂闋，是大饗之二也。鄭注所謂『金再作』是
也。『下管〈象武〉』者，謂升歌〈清廟〉，是大饗之三也。堂下管中
吹〈象武〉之曲，是大饗之四也。但此『下管〈象武〉』之上少『升
歌〈清廟〉』之一句，下文既詳，故於此略之。……『行中規』至
『徹以〈振羽〉』者，是大饗四禮之外，加有此五事，總為九也。但
以前四事義廣意深，故特明於上。此之五事，折旋揖讓，其理淺露，
故別於下。『行中規』者，謂曲行，配前為第五。『還中矩』者，謂方
行也，通前為六也。『和鸞中〈采齊〉』者，〈采齊〉，樂章名。言和鸞
之聲，中〈采齊〉之曲。謂出門迎賓之時。通前為七也。『賓出以
〈雍〉』者，〈雍〉，《詩》樂章名也。言客出之時，歌〈雍〉以送之。
通前為八也。『徹以〈振羽〉』者，〈振羽〉，即〈振鷺〉詩，亦樂章名
也。言禮畢徹器之時，歌〈振鷺〉也。通前為九也。……注『猶有』
至『事也』○『大饗，謂饗諸侯來朝者也』，經云『兩君相見』，故知

是『饗諸侯來朝』，謂鄰國相會也。○云『四者，謂金再作，升歌〈清廟〉，下管〈象〉也』者，是數大饗有四之事：金再作，是二也；升歌〈清廟〉，是三也；下管〈象〉，是四也。○云『事之，謂立置於位也』者，以經先云『大饗有四焉』，乃云『事之』，故鄭注亦先數四事，乃解『事之』也。而皇氏以『〈夏〉篇序興』與『下管〈象武〉』合為一，為大饗之事四。今鄭數四事，直云『下管〈象武〉』，不數『〈夏〉篇序興』。又經云『金作示情，〈清廟〉示德，下管示事』，不論〈夏〉篇。皇氏通數〈夏〉篇，其義非也。○云『縣興，金作也』者，解經『入門而縣興』，謂金奏第一作也。案〈大射禮〉『賓及庭，奏〈肆夏〉』，至主人獻賓，賓再拜受爵，樂闋，是金一作也。但〈大射〉以臣為賓，故及庭始金奏。若鄰國君來，入門即金奏也。○云『金再作者，獻主君又作也』者，案〈大射禮〉主人獻賓之後，『主人洗象觚，獻於公。公拜受爵，乃奏〈肆夏〉』，公卒爵而樂闋。〈大射禮〉謂臣為主人而獻君。若兩君相見，則賓獻主君，故『獻主君又作也』。○云『堂下吹管，舞文武之樂更起也』者，以經云『下管〈象武〉』，即云『〈夏〉篇序興』，是初時管中吹〈象武〉之曲，已後與〈夏〉篇文舞更遞而作，故云『舞文武之樂更起也』。○云『〈采齊〉、〈雍〉、〈振羽〉，皆樂章也』，以〈雍〉是《詩》篇名，〈振羽〉即〈振鷺〉，故知與〈采齊〉之等皆是樂章之名也。○云『〈武〉，象武王之大事也』，以此〈象武〉與〈清廟〉相對，〈清廟〉是文王之詩，故知〈象武〉是武王之樂。案〈周頌〉：『〈維清〉，奏〈象〉舞也。』注云『武王制焉』。○盧解大饗有九者：揖讓而入門，一也；入門而縣興，二也；揖讓而升堂，三也；升堂而樂闋，四也；下管〈象武〉，五也；〈夏〉篇序興，六也；陳其薦俎，七也；序其禮樂，八也；備其百官，九也。王肅以為大饗九者，其下五事與鄭同，又以揖讓而入門、入門而縣興、揖讓而升堂為一也；升堂而樂

閾，二也；下管〈象武〉，〈夏〉籥序興，三也；陳其薦俎，序其禮
樂，備其百官，為四也。添下五事為九也。」[1]

此條鄭、王之異主要在對經文「大饗」之禮的內容詮釋不同，鄭
以為「大饗有四」，經文下五事非大饗事；鄭玄師兄盧植及王肅皆以
為經文所述「大饗」有九，見上《正義》引。盧以為大饗有九者，自
經文「揖讓而入門」至「備其百官」正好九事。王肅則以為大饗有九
分別是指經文中：（一）揖讓而入門、入門而縣興、揖讓而升堂；
（二）升堂而樂闋；（三）下管〈象武〉，〈夏〉籥序興；（四）陳其薦
俎，序其禮樂，備其百官。此四事再加經文中下述五事，共為九事。
顯然，盧與王之解較鄭玄簡明。元·陳澔《禮記集說》：「知者，知其
理也。事者，習其儀也。聖人已者，言可以進於聖人禮樂之道也。兩
君相見，諸侯相朝也。縣，樂器之懸於筍虡者也。興，作也。升堂而
樂闋者，既升堂，主人獻賓酒，賓卒爵而樂止也。此饗禮之一節也。
賓酢主君，又作樂，主君飲畢則樂止，此饗禮之二節也。下管〈象
武〉之上，缺升歌〈清廟〉一句，或記者略耳。升堂而歌〈清廟〉之
詩，是三節也。堂下以管吹〈象武〉之曲，是四節也。〈夏籥〉，禹大
夏之樂曲，以籥吹之也。行中規，第五節也。還中矩，第六節也。
〈采齊〉，樂章名。和鸞，車上之鈴也。車行整緩，則鈴聲與樂聲相
中，蓋出門迎賓之時，此第七節也。客出之時，歌〈雍〉詩以送之，
此第八節也。〈振羽〉即〈振鷺〉。禮畢徹器，則歌〈振鷺〉之詩，九
節也。九者之禮，大饗有其四，一是賓卒爵而樂闋，二是賓酢主卒爵
則樂又闋，三是升歌〈清廟〉，四是下管〈象武〉，餘五者則非饗禮所
得專也。○方氏曰：〈雍〉，禘太祖之詩也，其用為大，故歌之以送
客。〈振鷺〉，助祭之詩，其用為小，故歌之以徹器而已。二詩本主於

1　呂友仁整理本：《禮記正義》，頁1928-1934。

禘太祖與助祭，而又用之於此者，猶〈鹿鳴〉本以燕群臣，而又用於
鄉飲也。然《論語》言以〈雍〉徹，其用與此不同又何也？蓋彼言天
子饗神之事，此言諸侯饗賓之事，重輕固可知矣。示情者，欲賓主以
情相接也。示德者，欲賓主以德相讓也。示事者，欲賓主以事相成
也。……○縣，音玄。闋，音缺。……還，音旋。齊，音慈。……」[2]
陳澔顯然承《正義》之說。清‧王夫之《禮記章句》卷二十八：「九
者，入門縣興一也，升堂樂闋二也，升歌〈清廟〉三也，下管〈象
武〉、〈夏〉篇四也，行中規五也，還中矩六也，和鸞中〈采齊〉七
也，出〈雍〉八也，徹〈振羽〉九也。皆不言而以禮樂相示者也。大
饗，諸侯相朝而主饗賓也。九者大饗皆有之而言四者，行還之度，和
鸞之節，人君之恒度；出〈雍〉徹〈振羽〉，祭祀所通用；唯四者為
大饗之獨也。……聖人已，謂道合於聖人也。縣興者，金奏作
也。……入門而興，無先時者；升堂而闋，無後時者。揖讓周旋，疾
徐應節也。下堂下管吹〈象〉而舞〈大武〉，篇吹而舞〈大夏〉，獻酢
時所奏也。序興，〈夏〉繼〈武〉而作也。行周行還，折行和鸞，主
君以車出迎送賓之車音也。……」依王夫之解，則鄭、王、盧之異，
只是解經角度不同而已，對文意之理解未有不同。而就「聖人已」一
句，王夫之顯然以宋、元人之解為是，而不取鄭說。鄭每於此種義理
之解不能讓後代經學家滿意。李振興《王肅之經學》並未能發現王肅
「大饗九」與鄭「大饗四」概念之不同。[3]不贅。

2　元‧陳澔：《禮記集說》，頁280。
3　詳李振興：《王肅之經學》，頁669-670。

坊記第三十

一二一　子云：「孝以事君，弟以事長，示民不貳也。故君子有君不謀仕，唯卜之日稱二君。……」

鄭注：「不貳，不自貳於尊者也。自貳，謂若鄭叔段者也。君子有君，謂君之子父在者也。不謀仕，嫌遲為政也。卜之日，謂君有故而為之卜也。二，當為貳。唯卜之時，辭得曰『君之貳某』爾。晉惠公獲於秦，命其大夫歸擇立君，曰：『其卜貳圉也。』」

附注：「王肅不曉鄭旨，乃引傳云『大子之貳』，又云『子者，身之貳』，又以『旁人稱貳』而難鄭。其義非也。」

案：《釋文》：「弟，音悌。」孔穎達《禮記正義》：「此一節明事君父之道。○『孝以事君，弟以事長，示民不貳也』者，用孝以事君，示民以恭敬之情，不敢自副貳於其君，謂與尊者相敵，若鄭叔段貳君於兄也。○『故君子有君不謀仕』者，君子，謂國君之子。有君在，不謀欲仕官。若謀仕官，似嫌為政之遲，故欲速為仕也。○『唯卜之日稱二君』者，二，當為貳，謂副貳也。謂君有事故，不得親臨卜筮，其嗣子為君而卜，其辭得稱『君之貳某』，告龜筮也。……○注『自貳』至『圉也』○案隱元年《左傳》稱鄭莊公弟共叔段封於京邑，請西鄙北鄙貳於己，段又收貳以為己邑。公子呂曰：『國不堪貳。』謂除君身之外，國中不堪更有副貳之君。是段之自貳於君也。云『卜之

日[1]，謂君有故而為之卜也』者，言當卜之日，君應須親臨，君有事故，而適子為君卜也。云『二，當為貳』者，小『二』是一、二之二，大『貳』是副貳之貳。此取副貳之貳，不取一二之二，故轉『二』為『貳』也。云『唯卜之時，辭得曰君之貳某爾』者，言嗣子於他餘事皆不得自稱君之貳，惟代君臨卜之時得稱『君之貳某』。所以然者，敬重卜之神靈，不敢私顧父子之嫌。若不稱『君貳』，無緣代君而卜，稱窮不得不稱君貳故也。此謂世子對君自稱也。王肅不曉鄭旨，乃引傳云『大子之貳』，又云『子者，身之貳』，又以『旁人稱貳』而難鄭。其義非也。云『晉惠公獲於秦，命其大夫歸擇立君，曰其卜貳圉也』者，鄭以書傳無世子為君卜稱貳之文，故引僖公十五年《左傳》之文以證君貳之事，與此經文不正相當，取其一邊耳。惠公獲於秦者，案僖公十五年《傳》稱晉惠公被秦伯所納，既而背秦，秦伯伐之，戰於韓，被秦所獲，命其大夫歸立其子圉為君，稱卜副貳之子圉，令為君。」[2]

此條鄭、王義解可對應比勘者主要在「貳」字之解。據《正義》，鄭、王有大不同，惜王肅原文未見具引，只站在鄭玄立場上述王肅之義，據此知鄭強調臣下不得「貳君」之義，王肅似以為「不貳」未有特別強調不得「貳君」之義，以為子固可稱「身之貳」，旁人代己亦可稱己之貳，則此經文中「示民不貳」王肅作何解，不得而知也。鄭說似強化了君之唯我獨尊之義，王肅義則淡化了此義。元・陳澔《禮記集說》：「推事父之道以事君，推事兄之道以事長，皆誠實之至，豈敢有副貳其上之心乎？欲貳其君，是與尊者相敵矣，故云

1　筆者校：「卜之日」，呂友仁整理本《禮記正義》作「曰」，恐誤。未見校勘說明。筆者引時逕改。——詳見呂友仁整理本：《禮記正義》，頁1975。

2　呂友仁整理本：《禮記正義》，頁1974-1975。

『示民不貳』也。」[3]清・王夫之《禮記章句》卷三十:「弟,特計反。……貳,如鄭伯貳於楚之貳,有異心也。以事父兄之道事君長,不容有貳矣。……」是王夫之申鄭說也。清・孫希旦《集解》亦同鄭。[4]朱彬《禮記訓纂》亦同鄭。[5]今李振興《王肅之經學》亦言王肅說「非經旨」。[6]

3 元・陳澔:《禮記集說》,頁288。
4 詳清・孫希旦:《禮記集解》,頁1292。
5 詳清・朱彬:《禮記訓纂》,頁769。
6 詳李振興:《王肅之經學》,頁671。

表記第三十二

一二二　子曰：「事君欲諫不欲陳。《詩》云：心乎愛矣，
　　　　瑕不謂矣。中心藏之，何日忘之！」

鄭注：「陳，謂言其過於外也。『瑕』之言『胡』也。謂，猶告也。
　　　　藏，善也。」
王注：「藏，善也。」
案：《釋文》：「藏，如字，鄭解《詩》作『臧』，云『善也』。」孔穎
達《禮記正義》：「此一節明臣事君諫靜之道。……『《詩》云：心乎
愛矣，瑕不謂矣』。此〈小雅・隰桑〉之篇，刺幽王之詩，君子在
野，詩人念之，云心乎愛此君子矣。瑕，遠也。謂，勤也。言念此君
子遠離，此不勤乎？言近於勤矣，終當念之。○『中心藏之，何日忘
之』者，藏，善也，言中心善此君子，何日忘此君子矣。《詩》之本
文如此。今記人所引，此云心乎愛此君子矣。『瑕之言胡』，胡，何
也；謂，猶告也。言何不以事告諫於君矣。『中心藏之』與《詩》文
同。王肅以為『藏，善』，鄭亦然也。皇氏以為人臣中心包藏君惡，
不欲嚮人陳之，非其義也。凡諫者，若常諫之時，天子諍臣七人，諸
侯五人，大夫三人。唯大臣得諫。若歲初，則貴賤皆得諫也。故襄十
四年《左傳》……」[1]
　　此條鄭、王義解可對應比勘者主要在「藏」字，據《正義》，

1　呂友仁整理本：《禮記正義》，頁2087-2088。

鄭、王無不同。然皇侃卻與鄭、王解義均不同,可證王肅解義雖對皇
侃影響不小,但皇氏解經並不唯王是從。

服問第三十六

一二三　……君為天子三年，夫人如外宗之為君也。

鄭注：「外宗，君外親之婦也。其夫與諸侯為兄弟，服斬，妻從服期。諸侯為天子服斬，夫人亦從服期。〈喪大記〉曰：『外宗房中南面。』」[1]

附注：《通典》卷八十一〈禮〉四十一「諸侯及公卿妻為皇后服議」條：「……徐邈以為有服，記有其證：『君為天子三年，夫人如外宗之為君。』又曰：『外宗為君，夫人猶內宗也。』宋庾蔚之謂〈服問〉云：『君為天子三年，夫人如外宗之為君。』按鄭玄注云：『外宗，君外親之婦也，其夫與諸侯為兄弟，服斬，妻從服期。諸侯為天子服斬，夫人亦從服期。』按王肅注云：『外宗，外女之嫁於卿大夫者也，為君服期。』今鄭、王雖小異，而同謂夫服君斬縗，故妻從服期耳。未聞王妃服后與不。〈雜記〉云：『外宗為君夫人，猶內宗也。』鄭注皆謂嫁於國中者也，為君服斬縗，夫人齊縗，不敢以其親服服至尊。外宗，謂姑姊妹之女、舅之女及從母皆是也。內宗，五屬之親也……」

案：孔穎達《禮記正義》：「『君為天子三年』者，謂列國諸侯之君為天子三年也。○『夫人如外宗之為君也』者，言諸侯夫人為天子，如

1　呂友仁整理本：《禮記正義》，頁2182。

諸侯外宗之婦為君也。諸侯外宗之婦為君期，則夫人為天子亦期也，故云『如外宗之為君』。諸侯為天子服斬衰，〈喪服〉正文，此記載之者，謂以『夫人如外宗之為君』起文，以君與夫人，故知將欲明諸侯夫人為天子，故載君為文之首也。○注『外宗』至『南面』○『外宗，君外親之婦也』者，其夫既是君之外姓，其婦即是外宗也。云『其夫與諸侯為兄弟，服斬，妻從服期』者，謂夫與諸侯為兄弟之親，在於他國，諸侯既死，來為之服，當尊諸侯，不繼本服之親，故皆服斬，其妻從服期也。云『諸侯為天子服斬，故夫人亦從服期』，是為夫之君如外宗也。熊氏云：『凡外宗有三。案《周禮》，外宗之女有爵，通卿大夫之妻，一也。〈雜記〉云：外宗為君夫人，猶內宗。是君之姑、姊妹之女，舅之女，從母之女，皆為諸侯服斬，為夫人服期，是二也。此文外宗，是諸侯外宗之婦也，若姑之子婦，從母之子婦，其夫是君之外親，為君服斬，其婦亦名外宗，為君服期，是三也。內宗有三者，案《周禮》云內女之有爵，謂其同姓之女悉是，一也；〈雜記〉云內宗者，是君之五屬之內女，是二也；引〈喪大記〉曰外宗房中南面者，證外宗之義也。』」[2]

　　此條鄭、王義解對應比勘可分為兩個層面：（一）就列國國君為天子三年，而其夫人則為之服期而言，鄭、王無不同，《通典》已言之。（二）「外宗」之解，頗為複雜，茲引徵經注文字以明之。〈雜記下〉：「外宗為君、夫人，猶內宗也。」鄭注：「皆謂嫁於國中者。為君服斬，夫人齊衰，不敢以其親服服至尊也。外宗，謂姑、姊妹之女，舅之女，從母，皆是也。內宗，五屬之女也。其無服而嫁於諸臣者，從為夫之君，嫁於庶人，從為國君。」五屬，當指族中五服內之親也。孔穎達《正義》：「……君內宗為君悉服斬衰，為夫人齊衰，則

2　呂友仁整理本：《禮記正義》，頁2168-2169。

君之外宗之女為君及夫人，與內宗同，故云『猶內宗也』。亦即是與諸侯為兄弟者服斬之例也。○注『皆謂』至『國君』○知『皆謂嫁於國中』者，以經云『為君、夫人』，則君、夫人者，是國人所稱號，故知嫁於國中。國外當云『諸侯』。云『為君服斬，夫人齊衰，不敢以其親服服至尊也』者，案禮，族人不敢以其戚戚君，則異族者亦不可以戚戚君，故不得以其親服服至尊也。云『外宗，謂姑、姊妹之女，舅之女及從母，皆是也』者，古者大夫不外取，故君之姑、姊妹嫁於國內大夫為妻，是其正也。『舅之女及從母，皆是』者，謂君之舅女及君之從母在國中者，非正也。所以非正者，以諸侯不內取，故舅女及從母不得在國中。諸侯雖曰外取，舅及從母元在他國，而舅之女及從母不得來嫁與己國卿大夫為妻，以卿大夫不外取。知『內宗，五屬之女』者，以其稱『內』，故知五屬之女也。凡外宗、內宗，皆據有爵者。○云『其無服而嫁於諸臣者，從為夫之君』者，總謂外宗、內宗之女皆然也。云『嫁於庶人，從為國君』者，亦內外宗之女並言之，則服齊衰三月。此等內宗、外宗，熊氏云：『雖嫁在他國，皆為本國諸侯服斬也。』今依用之。若賀循、譙周之等，云『在己國則得為君服斬，夫人齊衰，若在他國，則不得也。』今並存焉。任賢者擇之。此『外宗』與〈喪服〉『外宗為君』別也。故鄭注彼云：『外宗是君之外親之婦。』此外宗唯據君之宗，崔氏云『兼據夫人外宗』，其義非也。又《周禮》外宗、內宗，謂外、內之女，而崔氏云『鄭注〈特牲〉云：女者，女有出適，嫌有降理。故舉女不言男。』其義亦非也。」[3]孔穎達《禮記正義》所引〈喪服〉「外宗為君」及鄭注，不見於今本〈喪服〉，而見於《禮記》本篇〈服問〉：「君為天子三年，夫人如外宗之為君。」鄭注：「外宗，君親之婦也。其夫與諸

---

3 呂友仁整理本：《禮記正義》，頁1678-1679。

侯為兄弟，服斬，妻從服期。諸侯為天子服斬，夫人亦從服期。」黃
以周案：「外宗之女於君有本服者宜服斬，其無服者則從夫之服服
期。〈服問〉言『夫人如外宗之為君』，〈雜記〉言『外宗為君夫人猶
內宗』，義本一貫。王氏以外宗為外女，即〈雜記〉鄭注所謂姑姊妹
之女、舅之女。而鄭此注與彼異者，謂彼外女與君有本服宜斬，故於
此別以外親婦之無服者，以明從服之期。竊玩本文，不逕曰為天子
期，而曲言之曰『如外宗之為君』，是兼有服、無服言之，明其服有
齊、斬之別也。《周禮》內宗、外宗是女之嫁於卿大夫者，亦兼有
服、無服言。王說固悖於禮，鄭說亦偏於義。熊安生謂外宗有三，內
宗有二，說尤舛錯。《記》〈雜記〉：『外宗為君夫人，猶內宗也。』鄭
玄云：『皆謂嫁於國中者也。為君服斬，夫人齊衰，不敢以其私服服
至尊也。外宗，謂姑姊妹之女、舅之女及從母皆是也。內宗，五屬之
女也。其無服而嫁於諸臣者，從為夫之君；嫁於庶人，從為國君。』
以周案：鄭注內、外宗，有親服服斬，無親服嫁從夫服，或從國君
服，其義本明。黃勉齋《續通解》採用此注，而增內宗五屬之女嫁於
庶人從為國君一條。徐健庵《讀禮通考》沿其說。殊違經義。注云五
屬之女，是於君有本親服者，嫁於庶人，亦為君斬，何得從為國君？
其云從為國君者，以五屬外之無親服言也。譙周、賀循說：內宗、外
宗之親，在己國則得為君服斬，夫人齊衰；若在他國則不得也。熊安
生說：雖嫁在他國，皆為本國諸侯服斬。以周案：鄭〈雜記〉注：
『內、外宗嫁於國中，為君服斬。』熊說與鄭不合。賈公彥云：『婦
人不貳斬。〈雜記〉云與諸侯為兄弟者服斬，是婦人為夫並為君得二
斬者，此其常事，彼為君不可以輕服服君，非常之事，不得決此
也。』李如圭云『男子為君、為長子猶有斬服，婦人則惟於所天服
斬，故傳每連言婦人不貳斬以別之。鄭氏謂內宗、外宗為君服斬，非
也。〈服問〉曰：君為天子三年，夫人如外宗之為君也。夫人為天子

期,則外宗為君亦期矣。〈雜記〉:外宗為君夫人猶內宗也。是內宗、外宗之服不異也。所謂與諸侯為兄弟服斬者,自為男子生文。婦人不貳斬,何義而以斬服服君乎?為夫之君自應服期。其異者,內宗外宗並服夫人,猶之仕焉而已者並服小君耳。」以周案:凡女行於大夫以上曰嫁,行於士庶人曰適人。〈不杖期章〉『女子子適人者為其父母』,據士庶立文,以該大夫。傳連言婦人不貳斬,專指父言,初不關君,與『為人後者為其父母』,傳言男子『不貳斬』同,亦止據士庶之女,以該大夫。而君之內外宗,其義自別。如謂內外宗一從為夫之君,則與國人無異,既屬可疑,且或內外宗在家未嫁,又將何服?如以私服服至尊,則與『不以戚戚君』之義戾;如依與君有服皆斬之例,則為父為君亦貳斬矣。以彼決此,疑竇滋益。須知〈喪服傳〉所言,原不為君之內外宗者發,不必泥也。」[4]

　　此條就諸侯國國君夫人為天子服期一義,鄭、王無不同。《通典》已言。略見解說不同者,在「外宗」。鄭曰「外宗,君外親之婦也。」王曰「外宗,外女之嫁於卿大夫者也。」似王注較鄭注稍為明晰,因鄭注未明所謂「外宗」之身分界限,王則稍明之,然據孔氏《正義》,則似鄭義本有其義。另,此處鄭、王皆未明本有親服與否,後之禮家詳辨此中之別。清・王夫之《禮記章句》卷三十六:「君,諸侯。外宗,外親之婦,謂姑、姊妹、從母之子婦之類。外宗之夫為國君服斬,其妻服齊衰期;諸侯之夫人為天子亦如之。從夫之所尊而服重也。」是王夫之申鄭義也。李振興《王肅之經學》:「外宗者,宗婦也。以其自他族來嫁於宗內,故曰外宗。」[5]

4　清・黃以周:《禮書通故》,頁320-322。
5　李振興:《王肅之經學》,頁671。

投壺第四十

一二四　投壺之禮：主人奉矢，司射奉中，使人執壺。主
　　　　人請曰：「某有枉矢哨壺，請以樂賓。」賓
　　　　曰：……

鄭注：「枉、哨，不正貌，為謙辭。」

王注：「枉，不直。哨，不正也。」（《釋文》）

案：此條鄭、王義解同。不贅。

儒行第四十一

一二五　哀公命席。孔子侍，曰：「……儒有不隕穫於貧
　　　　賤，不充詘於富貴，不慁君王，不累長上，不閔
　　　　有司，故曰儒。今眾人之命儒也妄常[1]，以儒相
　　　　詬病。」

鄭注：「隕穫，困迫失志之貌也。充詘，喜失節之貌。[2]慁，猶辱
　　也。累，猶繫也。閔，病也。言不為天子、諸侯、卿大夫、群
　　吏所困迫而違道。孔子自謂也。充，或為『統』。閔，或為
　　『文』。『妄』之言『無』也。言今世名儒，無有常人，遭人名
　　為儒，而以儒靳故相戲，此哀公輕儒之所由也。詬病，猶恥辱
　　也。」鄭氏「妄常」連讀。
王注：「妄，音忘尚反，虛妄也。『常』字下讀。」
案：《釋文》：「……穫，本又作穫……閔，本亦作『潛』，武謹反，病
也。……命儒，命，名也。妄常，鄭音亡。亡，無也。王亡尚反，虛
妄也。」
　　此條鄭、王句讀、解義均有異。孔穎達《禮記正義》：「『今眾人之

1　校勘記：「眾人之命儒也妄常」，鄭玄如此讀。王肅讀「妄」句絕，「常」字屬下。
　　後人多從王讀。——呂友仁整理本：《禮記正義》，頁2248。
2　校勘記：「充詘喜失節之貌」，阮本、岳本、撫本、互注本、嘉靖本同，閩本同。
　　監、毛本「喜」上有「歡」字，衛氏《集說》同。——呂友仁整理本：《禮記正
　　義》，頁2248。

命儒也妄常」者，此一節明孔子說儒既畢，遂言今世賤儒以譏哀公
也。命，名也。妄，無也。言今世眾人名之為儒者，無復常人，遭人
則謂之為儒。……」[3]據孔氏《正義》努力疏鄭義，仍顯牽強，不及王
肅說可取。宋・衛湜《禮記集說》引嚴陵方氏（愨，字性夫）曰：
「無儒者之行而為儒者之服，無儒者之實而盜儒者之名，故曰『今眾
人之命儒也妄』。以其妄，故常為人相詬以言，相病以行也。」[4]是從
王肅而不從鄭也。清・王夫之《禮記章句》卷四十一：「隕，墜也。
穰，滒也。充詘，謂盈滿而失節也。慁，擾也。累、閔，皆病也。言
無損於人也。命，言也。此節立意鄙陋，文體俳諧，與漢王褒所戲作
僮約相似，其侮聖人之言，益劇矣！」是王夫之因不信此段記述，以
為此段當是後人偽託，鄙陋不堪，故不作詳解。孫希旦《集解》亦從
王肅說而不從鄭氏。[5]王念孫、朱彬皆從王說而不從鄭。[6]

3　呂友仁整理本：《禮記正義》，頁2235。
4　宋・衛湜：《禮記集說》卷一百四十八，四庫本。
5　詳清・孫希旦：《禮記集解》，頁1409。
6　詳清・朱彬：《禮記訓纂》，頁865。

主要徵引文獻

《史記》　漢・司馬遷撰　中華書局點校本

《博物志》　晉・張華撰　四庫本

《魏書》　齊・魏收撰　四庫本

《隋書》　唐・魏徵等撰　中華書局點校本

《舊唐書》　後晉・劉昫等撰　中華書局點校本

《通典》　唐・杜佑撰　中華書局　1984年影印本

《呂氏春秋》　漢・高誘注　清・畢沅校，余翔標點　十大古典哲學
　　名著叢書　上海市　上海古籍出版社　1996年

《鄭氏佚書》　清・袁鈞輯　袁堯年校補　清光緒十四年浙江書局刊本

《漢魏遺書鈔》　清・王謨輯　嘉慶三年刻本

《春秋集傳纂例》　唐・陸淳撰　四庫本

《毛詩正義》　漢・毛亨傳　漢・鄭玄箋　唐・孔穎達疏　龔抗雲、
　　李傳書、胡漸逵、肖永明、夏先培整理　劉家和審定　北京市
　　北京大學出版社　2000年版

《論語正義》　清・劉寶楠撰　十三經清人注疏本　高流水點校　中
　　華書局　1990年版　2007年第4次印刷

《論語集釋》　程樹德撰　程俊英、蔣見元點校　新編諸子集成本
　　中華書局　1990年版　2008年第6次印刷

《尚書正義》　十三經注疏整理本編纂委員會　主編：張豈之；黃懷
　　信整理　上海市　上海古籍出版社　2007年

《尚書譯註》　王世舜著　成都市　四川人民出版社　1982年

《問字堂集、岱南閣集》合編本　清・孫星衍撰，駢宇騫點校　中國
　　歷史文集叢刊　中華書局　1996年

《揅經室集》　清・阮元撰　中國歷史文集叢刊　中華書局　1993年
　　2006年第2次印刷

《經韻樓集（附補編、年譜）》　清・段玉裁撰，鍾敬華校點　上海
　　市　上海古籍出版社　2008年

《周易古經今注（重訂本）》　高亨著　中華書局　1984年3月版
　　1987年北京第2次印刷

《列子譯註》　嚴北溟、嚴捷著　上海市　上海古籍出版社　1986年

《四書集注》　宋・朱熹撰　十大古典哲學名著叢書　顧美華標點
　　上海市　上海古籍出版社　1995年12月版　1996年8月第2次印刷

《周禮正義》　清・孫詒讓撰　十三經清人注疏本　王文錦、陳玉霞
　　點校　中華書局　1987年

《儀禮注疏》　主編：張豈之　執行編輯：王立翔、呂健　王輝整理
　　上海市　上海古籍出版社　2008年

《儀禮正義》　清・胡培翬撰　清・楊大堉補　影印南京圖書館藏清
　　木犀香館刻本　收入《續修四庫全書》經部禮類

《禮記集說》　宋・衛湜撰　四庫本

《續禮記集說》　清・杭世駿撰　清光緒三十年（1904）浙江書局刻
　　本　收入《續修四庫全書》經部禮類（101）

《禮記正義》　漢・鄭玄注　唐・孔穎達正義　呂友仁整理　上海市
　　上海古籍出版社　2008年9月第1版

《禮記要義》　宋・魏了翁撰　國家圖書館藏宋淳祐十二年（1252）
　　魏克愚徽州刻本　收入《續修四庫全書》經部禮類（96）

《禮記集說》　元‧陳澔撰　上海市　上海古籍出版社　1987年影印本

《禮記通解》　明‧郝敬撰　明萬曆郝千秋郝千石刻《九部經解》本　收入《續修四庫全書》經部禮類（97）

《禮記章句》　清‧王夫之撰　影印上海辭書出版社圖書館藏清同治四年湘鄉曾氏金陵節署刻船山遺書本　收入《續修四庫全書》經部禮類（98）

《禮記集解》　清‧孫希旦撰　十三經清人注疏本　沈嘯寰、王星賢點校　中華書局　1989年第1版　1995年第2次印刷

《禮記訓纂》　清‧朱彬撰　十三經清人注疏本　饒欽農點校　中華書局　1996年

《禮書通故》　清‧黃以周撰　十三經清人注疏本　王文錦點校　中華書局　2007年

《三禮辭典》　錢玄、錢興奇編著　上海市　鳳凰出版社　2014年6月版　2015年第2次印刷

《三禮研究論著提要（增訂本）》　王鍔著　蘭州市　甘肅教育出版社　2007年第2版

《禮記譯註》　楊天宇著　中華古籍譯註叢書　上海市　上海古籍出版社　1997年

《禘祫問答》　清‧胡培翬撰　《皇清經解續編》卷七百三十八　收入《續修四庫全書》經部禮類

《鄭志疏證》　皮錫瑞撰　《續修四庫全書》　經部群經總義類（171）

《鄭氏禘祫義》　吳承仕撰　刊《國學論衡》第四期　民國23年（1934）11月出版

《王肅之經學》　李振興著　臺灣嘉新水泥公司文化基金會研究論文
　　第366種　1979年

《馬融之經學》　　李威熊著　臺灣政治大學中國文學研究所博士論文
　　1975年

《清儒學案》　　徐世昌等編　沈芝盈、梁運華點校　中華書局

《中國古代史籍校讀法》　張舜徽著　中華書局　1962年

《鄭玄通學與鄭王之爭研究》史應勇著　成都市　巴蜀書社　2007年

《尚書鄭王比義發微》　史應勇著　上海市　華東師範大學出版社
　　2011年6月版

《毛詩鄭王比義發微》　史應勇著　北京市　華夏出版社　2016年

《北京讀經說記》　日・喬秀岩著　臺北市　萬卷樓圖書公司　2013
　　年9月第2版

《禮是鄭學──漢唐間經典詮釋變遷史論稿》　華喆撰　北京市　生
　　活・讀書・新知三聯書店　2018年

〈從鄭玄、王肅的喪期之爭看經典與社會的互動〉　張煥君著　刊
　　《清華大學學報》（哲社版）2006年第6期

〈「泰伯三讓天下」的不同解釋鏡像〉　史應勇著　刊《古典研究》
　　2011年夏季卷　總第6期

〈論語鄭王注比勘發微〉　史應勇著　刊《經典與解釋》第39期　古
　　典文明研究工作坊編　彭磊主編　北京市　華夏出版社　2013年
　　5月版

〈清代鄭學概說〉　史應勇著　刊《中國經學論集》　方光華、彭林
　　主編　西安市　陝西人民出版社　2009年

跋

　　筆者注目于經學史上的「鄭王之爭」這一學術課題多年。

　　漢朝確立起了經學的地位，但繁榮以後的經學，出現了「經有數家，家有數說，異說紛紜」的局面，學術繁榮的豐富性要求，和求道、求真的唯一性要求或王朝要求「天下無異議，則安寧之術矣」的要求，常常是一對矛盾。

　　史書記載，鄭玄這位自幼不願「出人頭地」、只願讀書的「經神」，在漢末遍學名師之後，「括囊大典，貫通六藝」，實現了經學的「小統一」，甚至人稱「伊、洛以東，淮漢以北，康成一人而已」，「甯道周、孔誤，諱聞鄭、服非」。可是，隨之出現的與這位「經神」的經學意見相左者，以王肅為代表，後來的影響也很大，甚至影響到了整個魏晉至隋唐時代的學界及社會生活，這我們從留存的《五經正義》和《通典》中的相關文字中，看得很清楚。遺憾的是，鄭玄遍注群經的文獻，有一部分完整的流傳到了後世，成為經典；王肅也曾遍注群經，其學術也曾很受人重視，卻沒有一部完整流傳到後世，基本全部散失。這使得後人想要清理「鄭王之爭」這樣一個影響深遠的學術課題，遇到極大的困難。清人的輯佚工作，是清理中國傳統文化學術工作中的一大貢獻。後來人也有不少努力借助各種傳世文獻中可資參驗的佐證，探求鄭玄、王肅的經學面貌究竟是怎樣一回事，筆者便是其中的一員。王肅的經學著述幾乎散失殆盡，卻還是擋不住後人竭盡全力對其經學內容進行考索，如臺灣李振興先生的《王肅之經學》。

　　筆者從二十幾歲開始，因為教授歷史文獻學課程的機緣，研討鄭

玄學術成為一項任務。後來跟隨朱維錚師攻讀博士學位，再次以鄭玄經學作為研究課題，於是不得不關注與鄭玄經學密切相關的王肅經學。在四川大學從事博士後研究期間，此一課題進一步得到深化，並獲得了中國博士後科學基金會第三十四批獎助金的支持。後來便有了我的第一部著作《鄭玄通學及鄭王之爭研究》（巴蜀書社2007）。這部著作中關於「鄭王之爭」的部分，只是作了一個綱要性的排比，無疑是有所缺憾的。於是後來的若干年，筆者在繁重的教學工作之餘，職志于逐經清理「鄭、王之爭」的具體內容，先後出版、發表了《尚書鄭王比義發微》（華東師範大學出版社2011）、《毛詩鄭王比義發微》（華夏出版社2016）、《經典詮釋學視域下的文獻分析——論語鄭王注比勘發微》（《古文獻研究集刊》第六輯，趙生群、方向東主編）、《儀禮‧喪服鄭玄、王肅注比勘發微》（《新經學》第一輯）等幾部。本部《禮記鄭王比義發微》成稿也已有若干年，由於種種原因，未能出版，此次承蒙臺灣中研院蔡長林教授推薦，萬卷樓圖書公司支持，得以刊印，也算對筆者多年青燈古卷、不闇俗務的艱辛的安慰，不勝感激。

史應勇

二〇二一年初冬於江南大學

經學研究叢書・經學史研究叢刊 0501032

禮記鄭王比義發微

作　　者	史應勇
責任編輯	官欣安
特約校稿	林秋芬

發 行 人　林慶彰

總 經 理　梁錦興

總 編 輯　張晏瑞

編 輯 所　萬卷樓圖書股份有限公司

　　　　　臺北市羅斯福路二段 41 號 6 樓之 3

　　　　　電話 (02)23216565

　　　　　傳真 (02)23218698

發　　行　萬卷樓圖書股份有限公司

　　　　　臺北市羅斯福路二段 41 號 6 樓之 3

　　　　　電話 (02)23216565

　　　　　傳真 (02)23218698

　　　　　電郵 SERVICE@WANJUAN.COM.TW

香港經銷　香港聯合書刊物流有限公司

　　　　　電話 (852)21502100

　　　　　傳真 (852)23560735

ISBN　978-986-478-597-1

2022 年 3 月初版

定價：新臺幣 420 元

如何購買本書：

1. 劃撥購書，請透過以下郵政劃撥帳號：

　　帳號：15624015

　　戶名：萬卷樓圖書股份有限公司

2. 轉帳購書，請透過以下帳戶

　　合作金庫銀行 古亭分行

　　戶名：萬卷樓圖書股份有限公司

　　帳號：0877717092596

3. 網路購書，請透過萬卷樓網站

　　網址 WWW.WANJUAN.COM.TW

大量購書，請直接聯繫我們，將有專人為

您服務。客服：(02)23216565 分機 610

如有缺頁、破損或裝訂錯誤，請寄回更換

版權所有・翻印必究

Copyright©2022 by WanJuanLou Books CO., Ltd.

All Rights Reserved　　　　　**Printed in Taiwan**

國家圖書館出版品預行編目資料

禮記鄭王比義發微/史應勇著.-- 初版.-- 臺
北市 ： 萬卷樓圖書股份有限公司, 2022.03
　　面 ；　　公分. -- (經學研究叢書. 經學史
研究叢刊 ;501032)

ISBN 978-986-478-597-1(平裝)

1.CST: (漢)鄭玄　2.CST: (魏)王肅　3.CST: 禮記
4.CST: 注釋　5.CST: 比較研究

531.22　　　　　　　　　　　　110022280